中央党校（国家行政学院）校级重点项目
"世界百年未有之大变局和我国外部环境问题研究"（2019ZD009）

**大有国际
战略论丛**

在世界大变局中
深化与发展中国家团结合作

罗建波 ◎ 著

Strengthen Solidarity and Cooperation
with Developing Countries in a Changing World

中国社会科学出版社

图书在版编目（CIP）数据

在世界大变局中深化与发展中国家团结合作/罗建波著.—北京：中国社会科学出版社，2023.12

（大有国际战略论丛）

ISBN 978-7-5227-2975-6

Ⅰ.①在… Ⅱ.①罗… Ⅲ.①发展中国家—对外经贸合作—经济发展战略—研究—中国　Ⅳ.①F125.4

中国国家版本馆 CIP 数据核字（2024）第 033998 号

出 版 人	赵剑英	
责任编辑	张　林	
责任校对	赵雪姣	
责任印制	戴　宽	

出　　版	中国社会科学出版社	
社　　址	北京鼓楼西大街甲 158 号	
邮　　编	100720	
网　　址	http://www.csspw.cn	
发 行 部	010-84083685	
门 市 部	010-84029450	
经　　销	新华书店及其他书店	
印　　刷	北京明恒达印务有限公司	
装　　订	廊坊市广阳区广增装订厂	
版　　次	2023 年 12 月第 1 版	
印　　次	2023 年 12 月第 1 次印刷	
开　　本	710×1000　1/16	
印　　张	17	
字　　数	265 千字	
定　　价	99.00 元	

凡购买中国社会科学出版社图书，如有质量问题请与本社营销中心联系调换
电话：010-84083683
版权所有　侵权必究

目　　录

导　论 ……………………………………………………………………（1）
 一　何谓"发展中国家"和"全球南方"？………………………（1）
 二　中国与发展中国家关系的历史和经验 ………………………（9）
 三　新时代中国与发展中国家关系需要研究的重要问题 ………（23）
 四　文献回顾、创新之处与研究思路 ……………………………（26）

第一章　世界百年大变局：深化与发展中国家团结合作的时代
    背景与意义 …………………………………………………（36）
 第一节　世界百年大变局的内涵与时代特征 ……………………（37）
 第二节　大变局下中国与发展中国家面临的机遇与挑战 ………（44）
 第三节　大变局下发展中国家对中国外交的战略价值 …………（52）
 第四节　大变局下深化与发展中国家团结合作的世界意义 ……（58）

第二章　负责任的发展中大国：中国的身份定位与大国责任 ……（65）
 第一节　负责任的发展中大国 ……………………………………（66）
 第二节　以发展中国家为国际责任的重点区域 …………………（73）
 第三节　以推动国际秩序发展和完善为愿景 ……………………（76）
 第四节　履行大国责任的基本原则 ………………………………（82）

第三章　正确义利观：新时代对发展中国家外交的新理念 ………（85）
 第一节　正确义利观的理论定位与内涵 …………………………（86）

第二节　正确义利观彰显大国外交的中国特色……………（89）
　　第三节　践行正确义利观的新思路与新举措………………（93）
　　第四节　需要思考的几个问题………………………………（96）

第四章　"一带一路"：深化南南互利合作的新纽带…………（100）
　　第一节　"一带一路"究竟是什么？…………………………（101）
　　第二节　"一带一路"的愿景与目标…………………………（110）
　　第三节　"一带一路"深化南南互利合作……………………（116）
　　第四节　需要统筹的几对关系………………………………（126）

第五章　对外援助：推动解决全球发展和治理问题……………（131）
　　第一节　对外援助的历史演进逻辑…………………………（132）
　　第二节　对外援助模式的理论概括…………………………（139）
　　第三节　对外援助模式的经验总结…………………………（146）
　　第四节　对外援助模式的世界意义…………………………（152）
　　第五节　需要注意的几个问题………………………………（158）

第六章　经验交流：治国理政经验交流与南南知识共享………（162）
　　第一节　治国理政经验交流的时代背景与意义……………（163）
　　第二节　中国治国理政经验的理论概括……………………（165）
　　第三节　治国理政经验交流的机制建设……………………（173）
　　第四节　需要秉持的理念与原则……………………………（175）

第七章　和平与安全合作：以建设性参与非洲安全治理为例…（177）
　　第一节　非洲安全形势新变化新特点………………………（178）
　　第二节　对非安全合作的理念与原则………………………（183）
　　第三节　对非安全合作的路径与方式………………………（192）

第八章　合作范例一：中非命运共同体的愿景与推进路径……（200）
　　第一节　中非命运共同体的内涵与愿景……………………（201）

第二节　中非命运共同体的推进路径 …………………………（206）
　　第三节　中国对非外交实践创新 ……………………………（211）

第九章　合作范例二：中拉命运共同体的机遇、挑战与建议 ……（217）
　　第一节　中拉命运共同体的提出 ……………………………（218）
　　第二节　中拉命运共同体的合作增长点 ……………………（219）
　　第三节　当前中拉合作面临的困难与挑战 …………………（225）
　　第四节　对中拉合作的一些建议 ……………………………（233）

总结　一个有待继续研究的课题 ………………………………（239）

参考文献 …………………………………………………………（246）

图表目录

表 0—1　世界银行的划分标准 ·················· (3)
表 0—2　UNDP 的划分标准 ···················· (3)
表 0—3　IMF 的划分标准 ····················· (4)
表 0—4　OECD 会员国一览 ···················· (5)
表 4—1　中非合作论坛会议拟订的非洲人力资源培训计划 ········ (119)
表 4—2　中巴经济走廊远期规划重点项目 ·············· (120)
表 5—1　美国"千年挑战账户"（MCA）的评选指标 ·········· (144)
表 7—1　2009—2018 年非洲活跃武装冲突的数量 ··········· (179)
表 7—2　问卷调查：中国应如何参与非洲的和平与安全建设
　　　　（多选）······················· (188)
表 7—3　当前中国参与的联合国在非洲维和行动 ··········· (194)
表 8—1　新兴国家（地区）主办的非洲论坛（峰会）
　　　　一览························ (216)
表 9—1　拉美国家独立后的经济发展 ················ (223)

图 4—1　中国债务在非洲外债总额中的比重 ············· (106)
图 5—1　2017 年经合组织 DAC 成员国对非双边援助
　　　　资金分配······················· (149)
图 5—2　2010—2012 年中国对外援助的资金分配 ··········· (149)

导　　论

思考中国与发展中国家团结合作，需要站在新时代中国外交全局的战略高度，也要有全球纬度的大历史视野。当前，中国处于近代以来最好的发展时期，世界处于百年未有之大变局，两者同步交织，相互激荡。着眼推进实现中华民族伟大复兴，发展中国家对于中国拓展发展机遇、筑牢外交依托、舒缓外部环境、提升国际影响，以及弘扬国际道义精神具有重要的战略意义。着眼推进构建人类命运共同体，新时代中国与发展中国家团结合作正在通过全方位南南互信互助互利合作，显著推进全球发展和治理进程以及更大意义上国际秩序的变革与完善。加强对中国与发展中国家关系的相关研究，不断完善中国对发展中国家的战略与政策，对于推动中国复兴和世界发展都有着重要的理论与现实意义。

一　何谓"发展中国家"和"全球南方"？

在国际社会，人们一般根据经济社会发展程度来判断一个国家是否属于"发达国家"或者"发展中国家"。发展中国家（developing country），有时也称欠发达国家（less-developed country）、不发达国家（underdeveloped country），通常是指那些工业基础较为薄弱、经济发展相对滞后、社会发展程度相对较低的国家。国际社会习惯于把发展中国家中的最贫穷国家称为最不发达国家（least developed countries）。进入 21 世纪以来，随着部分发展中国家的快速发展，国际社会提出一些新的概念，用新兴工业化国家（newly industrialized country）、新兴市场（emerging markets)、前沿市场（frontier markets）来指称那些经济发展较快的发展中国家。当前，国际社会正在热议"全球南方"（Global South）的概念，也意在指称那些正在追求经济现代化的发展中国家。

（一）"发展中国家"是一个发展概念且有重要的身份属性

由于发展中国家可能在国际经济交往中享受一定的特殊照顾，因此划分发达国家或发展中国家一直备受世人关注。从实践来看，尽管很多国际组织都使用了"发展中国家"这一概念，但国际社会在这一概念上远未达成共识，更没有制定出全球通行的划分"发达国家"和"发展中国家"的国际标准。WTO主要采用自定义的方法，即成员国自行选择和宣布自己属于哪一类国家。由于WTO框架下的发展中国家可以适用"特殊与差别待遇"（Special and Differential Treatment，SDT），享受一些"非对等""非互惠"（Non-reciprocity）的优惠待遇，从而导致国家身份与具体的权益相挂钩，也使身份定位成为WTO一个颇有争议的重要问题。在长期的实践中，世界银行、联合国开发计划署（UNDP）、国际货币基金组织（IMF）等国际组织为了便于进行经济学意义上的统计和研究，逐步形成了自己对经济社会发展程度的划分标准，这些标准对判断一个国家是否属于"发展中国家"没有法律上的意义，但具有一定的参照价值。

世界银行的划分标准。世界银行按照人均国民总收入（GNI）把各经济体划分为低收入经济体、中低收入经济体、中高收入经济体和高收入经济体。在2023年财政年度，世界银行把2021年人均GNI等于或低于1085美元的国家列为低收入经济体，在1086—4255美元的为中低收入经济体，在4256—13205美元的为中高收入经济体，达到13205美元及以上的为高收入经济体（见表0—1）。[①] 国际社会多习惯认为，高收入经济体在经济发展程度上已经达到了发达经济体水平，而低收入经济体、中低收入经济体、中高收入经济体则可以归为发展中经济体。

[①] "World Bank and lending Groups", World Bank, https：//datahelpdesk.worldbank.org/knowledgebase/articles/906519－world－bank－country－and－lending－groups（2023－12－24）

表 0—1　　　　　　　　　世界银行的划分标准

类别	人均 GNI（美元）	经济体数量（个）
低收入经济体（Low-income economies）	≤1025	28
中低收入经济体（Lower-middle-income economies）	1026—3995	54
中高收入经济体（Upper-middle-income economies）	3996—12375	54
高收入经济体（High-income economies）	≥12376	81

资料来源：世界银行。

联合国开发计划署（UNDP）的划分标准。为了避免世界银行单纯依赖经济指标的做法，UNDP 创设了"人类发展指数"（HDI）来衡量世界主要国家和地区的发展程度。HDI 有三个关键指标：预期寿命、受教育年限、人均国民总收入。按照 UNDP 公布的《2021/2022 年人类发展报告》，HDI 值小于 0.550 的为低人类发展水平，HDI 值介于 0.550 和 0.699 之间的为中等人类发展水平，HDI 值介于 0.700 和 0.799 之间的为高人类发展水平，HDI 值大于或等于 0.800 的为极高人类发展水平（表 0—2）。[①] 在这四大类别中，前三类大体上属于发展中的状态，第四类极高人类发展水平则大体属于发达状态。

表 0—2　　　　　　　　　　UNDP 的划分标准

类别	人类发展指数（HDI）	国家和地区（个）
低人类发展水平	<0.550	32
中等人类发展水平	0.550—0.699	44
高人类发展水平	0.700—0.799	49
极高人类发展水平	≥0.800	66

资料来源：UNDP。

国际货币基金组织（IMF）的划分标准（表 0—3）。20 世纪 80 年代

[①] "Human Development Report 2021–22: Uncertain Times, Unsettled Lives: Shaping our Future in a Transforming World", The United Nations Development Programme, New York, September 8, 2022, p. 268.

初期，IMF依据国家的发展程度引入了"工业国家"（Industrial Countries）和"发展中国家"（Developing Countries）的简单分类。1993年又增加了"转型国家"（Countries in Transition）。1997年，"工业国家"这一类别更名为"先进经济体"（Advanced Economies），以色列、韩国、新加坡、中国香港、中国台湾先后被列入此类。2004年，"转型国家"和"发展中国家"被合并为"新兴和发展中国家"（Emerging and Developing Countries）。2014年，IMF又从"新兴和发展中国家"类别中单列出"低收入发展中国家"（Low-Income Developing Countries，LIDC）。

表0—3　　　　　　　　　　IMF的划分标准

类别	标准	国家和地区
先进经济体（Advanced Economies）	较高经济收入、发达的金融市场、服务业发达的多元经济结构	美国、加拿大、欧元区国家、英国、日本、以色列、韩国、新加坡、中国香港、中国台湾、其他
新兴和发展中国家（Emerging And Developing Countries）	经济社会发展程度尚未达到先进经济体的国家	中国、印度、东盟国家、独联体国家、新兴和发展中欧洲（如乌克兰）、拉丁美洲和加勒比地区、中东、北非、撒哈拉以南的南非和尼日利亚
低收入发展中国家（Low-Income Developing Countries，LIDC）	2017年度人均GNI＜2700美元，辅之以其他社会发展指标	59个国家

资料来源：IMF。

经合组织（OECD）的参照。经合组织，全称经济合作与发展组织，是由美国、加拿大、西欧等20个发达的市场经济国家和地区在1960年宣布组建，并于次年正式运行，其宗旨是推动和协调彼此经济合作，同时鼓励和协调对发展中国家的发展援助。此后不断扩容，目前拥有会员国36个（表0—4）。OECD一直被视为发达国家俱乐部，是否是其成员国也因此成为判断一个国家是否是发达国家的标准。但墨西哥、智利、土耳其3个成员国是否算是真正意义上的发达国家，国际社会仍有争议。

表0—4　　　　　　　　　OECD会员国一览

1960年创始会员国	美国、英国、法国、德国、意大利、加拿大、爱尔兰、荷兰、比利时、卢森堡、奥地利、瑞士、挪威、冰岛、丹麦、瑞典、西班牙、葡萄牙、希腊、土耳其
增补会员国及加入时间	日本（1964）、芬兰（1969）、澳大利亚（1971）、新西兰（1973）、墨西哥（1994）、捷克（1995）、匈牙利（1996）、波兰（1996）、韩国（1996）、斯洛伐克（2000）、智利（2010）、斯洛文尼亚（2010）、爱沙尼亚（2010）、以色列（2010）、拉脱维亚（2016）、立陶宛（2018）

资料来源：OECD。

上述划分方法均着眼一个国家或经济体的经济社会发展程度。中国对发展中国家有着自己的独特理解，既考虑它们的经济和社会发展程度，也带着许多历史和文化情感。在中国人眼里，发展中国家是过去第三世界的历史延续，这些国家在历史上曾为政治独立和民族解放而奋斗，当前则正在追求实现经济发展和国家复兴；发展中国家的团结合作也自然与历史上的第三世界携手反帝反殖反霸有着历史的联系，与过去亚非万隆会议和不结盟运动的独立精神一脉相承。在中国来看，发展中国家既是一个经济社会发展概念，又有着它特定的政治和文化属性；发展中国家团结合作既有经济发展上的需要，即携手追求经济发展和国家现代化，也有共同的政治和外交需求，即共同捍卫发展中国家的地位和权益，共同追求国际秩序的变革和完善。正是从这个角度讲，中国一再承诺将始终与发展中国家站在一起，一如既往地加强与发展中国家团结合作仍将是中国外交的重要方面。

在谈论对发展中国家的认识之时，既要对发展中国家这个群体的总体特征有整体把握，还要看到发展中国家之间发展程度差异极大，资源禀赋极为不同。按照经济社会发展程度，发展中国家既有发展程度相对较好的新兴经济体或新兴发展中国家，也有发展程度显著落后的低收入经济体或最不发达国家。按照社会转型的角度，一些国际组织还专门单辟"转型国家"一类，用来指称那些从计划经济向市场经济转轨的独联体和东欧国家。在学术研究或外交实践中，发展中国家还可以按照综合实力和国际影响力分为发展中大国、中等强国和中小弱国。如果从地理或文化属性讲，发展中国家还可以分为东亚、南亚、中亚、西亚、非洲、拉美和加勒比、中东欧、南太平洋地区。

对发展中国家进行细致的分类，有助于中国实施更加差异化的外交政策，因而有着显见的外交实践意义。作为一个负责任的发展中大国，作为发展中国家中经济实力最强的国家，中国对其他所有发展中国家都应当践行正确义利观，做到义利兼顾，在外交实践中做到讲信义、重情义、扬正义、树道义。同时也要有程度上差异，对那些最不发达国家，特别是那些与中国保持良好外交关系的最不发达国家，要明确强调先义后利、重义轻利，必要时甚至舍利取义。当前中国最大的"义"，就是要携手发展中国家实现互利共赢和共同发展，其中最不发达国家是最需要予以重点关注的对象。哪些国家是最不发达国家呢？联合国贸易与发展会议（UNCTAD）每三年审查一次最不发达国家名单，2018年公布的最不发达国家名单共有47个国家，其中非洲34个，亚洲9个，大洋洲3个，北美洲1个。① 其依据的指标有三类：一是人均收入标准，即人均GNI低于1025美元；二是人类发展指数，包括入学率、识字率、儿童死亡率、妇女死亡率、营养不良率；三是经济脆弱指标，包括农业生产不稳定指数、商品和出口不稳定指数等。

对发展中国家进行细致的分类，也有助于中国进一步完善全方位外交布局。在中国外交棋盘中，周边是首要，是中国安身立命之所，发展繁荣之基，经略好与周边发展中国家关系对中国有效维护自身主权、安全与发展利益有着重大意义。非洲虽然距离相对遥远，但在中国与各大地区的外交关系中，中非关系总体上是基础最为牢固、发展最为稳定、外交最值得倚重的地区，在中国与外部世界关系中发挥着积极的支点效应和示范效应。中东地区事关中国能源供给和能源安全，也是三洲五海

---

① UNCTAD, *The Least Development Countries Report* 2018, New York & Geneva, 2018, https://unctad.org/en/PublicationsLibrary/ldcr2018_en.pdf（2020-07-05）.

之地、世界的十字路口，因而有着极为重要的地缘战略价值。拉美是"一带一路"的重要合作伙伴，是中国拓展国际发展空间的增长点，中拉关系的迅速发展成为中国与发展中国家关系不断深化拓展的重要方面。当前中国同中东欧国家"17+1"合作稳步推进，双方合作对于撬动中欧关系发展和推动"一带一路"向欧洲延伸发挥着重要的桥梁和示范作用。

党的十八大以来，中国外交布局得到进一步优化，日益形成了思路更加清晰、方位更加全面、结构更为合理的外交新布局，发展中国家在中国外交全局中的地位由此得到进一步凸显。其一，随着"一带一路"的稳步推进，欧亚一体、印太联结的世界互联互通新态势日益形成，陆海内外联动、东西双向互济的中国对外开放新格局日益清晰呈现。其二，周边地区的重要性得到进一步提升，逐步形成了大国和周边"双重点"的联动态势。随着亚太地区的快速发展以及世界主要大国对该地区的更加重视，中国—周边国家关系与中国—大国关系在地理区域和关注议题上呈现高度会合，需要我们更多从周边视角思考和应对中国与大国关系的互动，也要更加重视中国与大国关系结构中的周边因素。其三，中非合作的深化拓展与中拉双方的日益接近，推动形成了对非洲和拉美外交的"两翼齐飞"。[①] 非洲和拉美是发展中国家最为集中的两个大陆，是共建"一带一路"的重要合作伙伴，是中国参与全球治理的重点区域，中非关系和中拉关系的不断升级对中国拓展外部发展空间、维护国际战略平衡有着重要意义。

（二）"全球南方"是地理概念且有着特殊的发展和政治含义

全球南方首先是一个地理概念。从地理上看，"南方"主要指的是南半球国家，而"北方"主要指的是北半球国家。从发展水平来看，发达国家主要分布在北半球北部，发展中国家主要分布在南半球和北半球南部。因此，国际社会习惯把发达国家称为"北方国家"，将发展中国家称为"南方国家"。从词源学看，当前兴起的"全球南方"概念承袭了"南方国家"概念的范畴，主要指代发展中国家。

[①] 袁鹏：《新时代中国国际战略思想和外交布局》，《现代国际关系》2017年第11期，第1—8页。

全球南方还有特殊的发展属性和国际政治含义。无论是第三世界国家，还是发展中国家，抑或是全球南方国家，它们都不是一个国际组织或者国家集团，而是一些有着不同发展程度、文化传统、价值观念的国家群体。但这些国家又有着许多共同的特点：历史上大多遭受过西方的殖民侵略，因而对独立自主有着强烈的追求；在经济发展程度上相对滞后，因而都在探寻适合自身的现代化道路；在不同程度上受到全球性问题的影响，因而对全球治理抱有很大的期待；在国际体系中处于相对弱势，因而都重视南南合作并主张建立更加公正合理的国际秩序。

正是这些特点，赋予了这些国家以某些共同的身份属性，以及积极的国际政治声誉。当代发展中国家，以及当下热议的全球南方，这些曾经在追求民族独立过程中携手前行的亚非拉国家仍然面临实现经济发展和国家现代化的发展任务，在国际事务中也面临相似的政治和外交需求。发展中国家加强彼此互信，全球南方不断深化相互合作，在减贫和发展领域互学互鉴、互帮互助，在国际政治舞台相互同情和声援，能够显著提升它们在世界经济和国际政治的影响力和话语权，对于推动全球治理进程乃至国际秩序的变革和完善有着重要的意义。西方国家也因此不得不更加重视这个群体，因为国际形势的变化已经让它们清楚看到，未来的国际秩序必须囊括这个世界上最大多数的国家、最大多数的人口，西方国家在外交姿态上也必须作出应有的调整。一大批新兴经济体和发展中国家呈现快速发展态势，全球南方的国际影响力进一步提升，这是当今世界百年未有之大变局最富历史意义的变化之一。

我们还要看到，当前全球南方概念受到国际社会的极大关注，还有一个不能忽视的背景，即一些西方国家刻意强调全球南方而不是发展中国家的概念，从一开始就意在把中国从全球南方剥离出去，进而达到否定中国的发展中国家身份的目的，在国际社会进一步孤立中国。西方国家还极力配合印度的世界抱负，不断抬高印度在全球南方中的领导者地位，故意激化新兴大国间的矛盾，针对中国的意图更是清晰可见。在美国不断推升中美大国博弈的时代，我们应该及时研判美国在发展中国家或全球南方进行战略布局的新态势新特点。

事实上，中国是全球南方天然一员，一直在为南方国家的发展进步作出自己独特的贡献。过去中国大力支持亚非拉国家的民族解放事业，今天则积极支持它们追求经济发展的努力，在国际上携手捍卫公平正义。正如中国国家主席习近平 2023 年 8 月 22 日在金砖国家工商论坛闭幕式发表致辞时所强调的，作为发展中国家、"全球南方"的一员，中国始终同其他发展中国家同呼吸、共命运，坚定维护发展中国家共同利益，推动增加新兴市场国家和发展中国家在全球事务中的代表性和发言权。南南合作将始终是中国外交的重要着力方向，加强与发展中国家团结合作始终是中国对外合作的重要方面。

二　中国与发展中国家关系的历史和经验

中国与发展中国家的团结合作，在本质上是南南合作框架下的互尊互信和互助互援。20 世纪以来的百余年里，中国同第三世界国家先是联合反帝反殖反霸，共同追求政治独立和民族解放，在此基础上开始追求经济发展与民族复兴，携手推进全球发展和治理进程。其世界历史意义在于，亚非拉国家的团结合作在过去曾有力摧毁了延续数百年之久的殖民体系，极大地推动了国际秩序的革命性进步，今天则共同致力于世界的和平与发展，共同推动构建人类命运共同体。中国与发展中国家团结合作，从一开始就具有重大的世界历史意义。

（一）携手反帝反殖反霸

中国与其他多数亚非国家一样，是伴随着西方的侵略而步入近代历史的。这种相似的历史经历使中国对被压迫民族所遭受的历史屈辱与苦难感同身受，对它们掀起的反帝和反殖斗争给予了深刻同情和坚定支持。虽然新中国成立前夕做出了向以苏联为首的社会主义阵营"一边倒"的政治选择，但中国自始认为自己同时属于被压迫民族和新兴民族独立国家的一员。[①] 新中国成立之始，就把帮助其他被压迫民族的独立斗争和正

[①] 1949 年 9 月中国人民政治协商会议通过了具有临时宪法作用的"共同纲领"，规定了处理对外事务的政策和基本原则："中华人民共和国联合世界上一切爱好和平、自由的国家和人民，首先是联合苏联、各人民民主国家和各被压迫民族，站在国际和平民主阵营共同反对帝国主义侵略，以保障世界的持久和平。"（第 11 条）谢益显主编：《中国外交史（中华人民共和国时期 1949—1979）》，河南人民出版社 1988 年版，第 11 页。

义事业看作自己应尽的国际义务，就有着超越民族国家范畴的全球视野和国际主义精神。

和平共处五项原则和亚非万隆会议，对中国拓展与其他民族独立国家关系具有里程碑式的意义。1953年年底，中国总理周恩来率先提出了相互尊重领土主权、互不侵犯、互不干涉内政、平等互利、和平共处的五项原则。这一外交原则在次年6月中印、中缅总理发表的联合声明中得到确认。和平共处五项原则的确立，在很大程度上增进了亚非国家对新中国和平外交政策的认识，为中国发展同亚非国家乃至更广阔世界的关系奠定了基础。1955年4月，周恩来总理率团参加了在印度尼西亚万隆举行的第一次亚非会议，提出了著名的"求同存异"的方针，维护了会议的团结，与其他亚非国家一道缔造了团结、合作、和平的"万隆精神"。万隆会议的历史意义有二：一是中国借此向世界展示了中国支持亚非民族独立斗争的坚定意志和决心，由此赢得了与会国家的了解和信任；二是周恩来总理在会议期间广泛接触亚非国家的代表，为新中国外交打开了一扇新的窗口。亚非会议后至1959年，同中国建交的民族主义国家迅速增多，包括南亚和东南亚的3个国家（尼泊尔、锡兰、柬埔寨），西亚北非6个国家（埃及、叙利亚、也门、伊拉克、阿尔及利亚和苏丹），以及撒哈拉沙漠以南非洲的几内亚。至此，同中国建交的民族主义国家，已不再局限在东南亚和南亚地区，而发展至西亚和非洲国家了。[①]

中苏关系的破裂客观上推动了中国与发展中国家关系的发展。在中国遭到美苏两个超级大国封锁孤立的时期，中国执行了最广泛的反帝反霸外交路线，以亚非国家为主要力量的发展中国家成为中国国际统一战线的重要组成部分。在中国来看，通过支持第三世界的独立与发展，不仅能极大改善自身面临的外交孤立，也可以动员尽可能多的国际力量反对帝国主义和霸权主义，体现了爱国主义（自身利益）与国际主义（国

[①] 谢益显主编：《中国外交史（中华人民共和国时期1949—1979）》，河南人民出版社1988年版，第237—238页。

际义务）的高度统一。① 中国总理周恩来和副总理陈毅于1963年12月至翌年3月对亚非13个国家进行了友好访问，其间提出了中国同非洲国家和阿拉伯国家发展关系的"五项原则"②和对亚非国家提供经济技术援助的"八项原则"③。中国在自身经济非常困难的情况下，给予了亚非国家力所能及的无私援助。1971—1975年，援外支出占同期国家财政支出的比重达到5.88%，1973年一度高达6.92%。④ 特别是，中国帮助非洲国家修建了长达1860公里的坦赞铁路，有力支援了南部非洲国家争取民族独立的斗争，奠定了中国与非洲国家友好关系的基础，成为那一时期中非团结合作最具标志性意义的事件。⑤ 坦赞铁路架起了中非友谊的桥梁，其历史意义至今仍在显现。

毛主席"三个世界"理论是那一时期中国外交的指导思想。1974年2月，毛泽东主席在会见外宾时说："我看美国、苏联是第一世界。中间派，日本、欧洲、加拿大，是第二世界。咱们是第三世界。""第三世界

---

① 周恩来总理曾对这种爱国主义与国际主义的高度吻合做过阐释："我国对外援助的出发点是，根据无产阶级国际主义精神，支援兄弟国家进行社会主义建设，增强整个社会主义阵营的力量；支援未独立的国家取得独立；支援新独立的国家自力更生，发展民族经济，巩固自己的独立，增强各国人民团结反帝的力量。我们对兄弟国家和新独立国家进行援助，把他们的力量加强了，反过来就是削弱了帝国主义的力量，这对我们也是巨大的支援。"《在第三届全国人民代表大会第一次会议上周恩来总理作政府工作报告》，《人民日报》1964年12月31日。

② "五项原则"是：（1）支持非洲各国人民反对帝国主义和新老殖民主义、争取和维护民族独立的斗争；（2）支持非洲各国政府奉行和平中立的不结盟政策；（3）支持非洲各国人民用自己选择的方式实现统一和团结的愿望；（4）支持非洲国家通过和平协商解决彼此之间的争端；（5）主张非洲国家的主权应得到一切国家的尊重，反对来自任何方面的侵略和干涉。

③ "八项原则"是：（1）中国根据平等互利的原则对外提供援助，从来不把这种援助看作单方面的赐予；（2）严格尊重受援国的主权，绝不带任何条件；（3）在需要的时候延长还款期限，以尽量减少受援国的负担；（4）提供援助的目的是帮助受援国逐步走上自力更生、独立发展的道路；（5）援助项目力求投资少，收效快，使受援国政府能够增加收入；（6）中国提供自己所能生产的、质量最好的设备和物资；（7）中国对外提供任何一种技术援助时，保证做到使受援国的人员充分掌握这种技术；（8）中国援外专家同受援国自己的专家享受同样的物质待遇。

④ 《孙广相谈援外体制改革》，《国际经济合作》1993年第5期，第10—11页。

⑤ 赞比亚总统卡翁达曾这样称赞道："中国是南部非洲同殖民主义、法西斯主义和种族主义进行斗争的爱国力量的主要支持者之一。中国对莫桑比克、安哥拉和津巴布韦人民的支持对这些国家的解放起了决定性的作用。"谢益显主编：《中国外交史（中华人民共和国时期1949—1979）》，河南人民出版社1988年版，第596页。

人口很多。亚洲除了日本都是第三世界。整个非洲都是第三世界，拉丁美洲是第三世界。"①"三个世界"的理论划分以最精练的语言勾勒出了国际矛盾斗争和国际力量对比的基本态势，在当时外部环境异常尖锐时期清晰地指出了敌我友的关系。中国国际战略的基本方向，就是要团结第三世界，争取第二世界，共同反对第一世界。"三个世界"理论划分是中国共产党国际统一战线思想最为集中的体现和运用，它大手笔地把中国与世界最大多数的国家、最大多数的人民团结在了一起，为中国外交找到了可以长期依靠的立足点。

当时其他亚非民族国家也十分珍视来自中国的政治支持和经济援助。对这些正在追求政治独立或亟须巩固国家独立主权的亚非国家而言，如何通过南南合作以团结更为广泛的反帝反殖力量，是它们最为主要的政治和外交任务。当时非洲国家在非洲大陆层面开展政治团结，以非统组织为舞台展开外交斗争，同时也注重发展同其他民族独立国家包括中国的外交关系。②中国同第三世界国家和人民，因为共同的反帝、反殖和反霸需要而坚定地走到了一起。正由于此，当时中国争取重返联合国就不再仅仅是中国人的外交努力，而成为以第三世界为主体的国际正义力量的共同事业。中国最终被它们"抬进"了联合国。③"第三世界强调这是战后新兴力量的有历史意义的巨大胜利。许多国家的代表表示：有九亿人口和国际关系上享有良好声望的中华人民共和国的参加，才使联合国具有充分的代表性。"④ 中国没有辜负广大发展中国家的期望，在恢复联

---

① 中华人民共和国外交部、中共中央文献研究室编：《毛泽东外交文选》，中央文献出版社、世界知识出版社1994年版，第600—601页。

② 当坦桑尼亚总统尼雷尔频频访问中国后，他告诉他的同胞，非洲大陆仅有自己内部的团结还不够，非洲必须同中国进行广泛的合作。刘鸿武：《中非关系30年：撬动中国与外部世界关系结构的支点》，《世界经济与政治》2008年第11期，第80—88页。

③ "当表决结果一公布，联大会场就沸腾起来，与我们建交的或是友好的国家代表都激动地站起来，高声欢呼，忘情地握手和拥抱，一些国家的代表还兴奋地唱起歌，跳起舞。"周南口述，吴志华整理：《回顾中国重返联合国》，《决策探索》2005年第12期，第31页。

④ 黄华：《亲历与见闻——黄华回忆录》，世界知识出版社2007年版，第183页。

合国合法席位后一直坚定支持第三世界国家的反殖斗争和正义事业。① 在那个特殊的年代，中国有力支援了第三世界的民族解放运动，让西方世界不得不重新思考并调整它们与第三世界国家的关系；中国借助第三世界的整体力量打破了自己面临的外交封锁和孤立，彰显了自己应有的国际地位与影响。这是南南合作之于中国和第三世界的重要历史贡献。

（二）共同追求发展与复兴

1978年改革开放开启了中国外交大变局时代的来临。在党的"解放思想""实事求是"思想路线的指引下，中国战略观念发生了巨大变化：一是对国际形势有了全新判断，和平与发展成为世界两大主题；二是对国家利益和发展目标有了全新认识，国家战略重心开始转移到经济建设上来。中国外交由过去主要着眼国际政治斗争的需要，逐步转向于强调服务经济建设和国家全面发展。随着第三世界民族解放运动的逐步完成，反帝反殖反种族主义斗争渐成历史，这些新生的民族独立国家开始着手经济发展和国家建设。② 东盟逐步由政治合作为主转向以经济合作为主，在1992年提出建立自由贸易区的目标后，东盟一体化进程显著提速，由东盟撬动的东亚地区"10＋1"和"10＋3"合作也得到全面推进。非洲国家于2002年正式成立了非洲联盟，及时推出了"非洲发展新伙伴计划"以推动非洲一体化进程。在此背景下，发展中国家对于西方发达国家及西方主导的国际秩序的态度，也逐步由过去较为激进的反抗与批判，转变为更为务实、更为灵活的处理方式，不结盟运动和七十七国集团的历史任务也已悄然发生了巨大变化。

在此背景下，中国与发展中国家南南合作的时代主题发生了历史性调整，逐步由反帝反殖反霸斗争中的相互支持转向了对和平、发展和复

---

① 例如，联合国大会第二十九届全体会议上，中国代表团团长乔冠华发言中有专门一节是"关于非洲反对殖民主义问题"，阐明了中国的立场："在非洲，我们坚决支持莫桑比克、安哥拉、津巴布韦、纳米比亚、阿扎尼亚等地区人民反对殖民主义和种族主义的正义斗争。"谢益显主编：《中国外交史（中华人民共和国时期1949—1979）》，河南人民出版社1988年版，第595页。

② 1980年津巴布韦的独立是南部非洲民族解放斗争的重大胜利，随后纳米比亚在1990年的独立和1994年新南非的诞生，标志着非洲民族解放的历史使命和政治任务最终得到解决。

兴事业的共同追求。传统意义上的国际主义和意识形态色彩有明显淡化，各方的合作日益体现出务实理性的特点。这一历史转型奠定了新时期中国与发展中国家关系深入发展的基础，开启了中国与发展中国家关系的新时代。1982年，中国政府总理在访问非洲国家时宣布了中国对非经济技术合作的"四项原则"，即平等互利、讲求实效、形式多样、共同发展，成为指导新时期中国开展对发展中国家的经贸合作和对外援助工作的基本原则。所谓平等互利，就是强调合作的双向互利性，由此前单方面赠予演变为双方在平等互利基础上的经济合作；所谓讲求实效，就是强调合作的经济效益，由此前主要着眼国际政治斗争需要演变为更加注重项目的可持续发展；所谓形式多样，就是强调合作形式的多元化，由此前单一的对外援助形式转变为因地制宜地探索新的合作方式和举措；所谓共同发展，就是强调经济合作要以共同发展为目标，其政策含义在于强调对外经济合作特别是对外援助工作要从中国的实际能力出发，要与中国国内经济建设相协调相促进。

在"四项原则"的指导下，中国与发展中国家的经贸合作得到快速发展，合作平台建设不断推进。从1990年开始的十余年里，中国同东盟国家的贸易总量年均增长20%以上，2008年双边贸易总额达到2311.2亿美元。2010年，中国—东盟自贸区全面启动，这是发展中国家经济规模最大的自由贸易区。中非经贸合作在经历20世纪八九十年代的调整后，进入21世纪后实现了历史性的跨越式发展。中非贸易从2000年的105.9亿美元迅速增长至2008年的1068.4亿美元，首次跨越了1000亿美元大关，年均增长率更是达到了33.5%。[1] 从2009年开始，中国成为非洲第一大贸易伙伴。2012年，中国与非洲贸易总额达到1984.9亿美元，接近2000亿美元大关。[2] 中非贸易结构不断优化，对非投资领域不断拓展，经贸合作形式也在不断丰富。特别是，2000年中非合作论坛机制的创建，为中非双方搭建了集体磋商和务实合作的重要平台，成为推动中非合作

---

[1] 国务院新闻办公室：《中国与非洲经贸合作》，2010年12月，http://www.gov.cn/zwgk/2010-12/23/content_1771638.htm（2020-07-06）。

[2] 国务院新闻办公室：《中国与非洲经贸合作》，《人民日报》2013年8月30日。

不断发展的重要因素。

在南南合作历史主题发生重大变化之后,中国与发展中国家在共同追求经济发展和复兴进程中找到了新的合作基础、新的合作动力、新的合作议题。发展中国家普遍重视中国快速发展带来的历史机遇,希望搭乘中国经济发展的快车。正如坦桑尼亚学者梅威斯加·巴热古（Mwesiga Baregu）所言,当前非洲面临两扇机会之窗,第一扇窗是推动区域一体化和非洲大陆的统一进程,第二扇窗是加速发展和中国、印度这些飞速发展经济体的关系。[①] 肯尼亚总统乌胡鲁·肯雅塔（Uhuru Kenyatta）也曾强调,肯尼亚实现增长与稳定具有两大支柱,一是在非洲一体化进程中扮演主要角色,二是一个崛起的亚洲所带来的机遇。[②] 中国同样重视开拓发展中国家的广阔市场,特别是在20世纪90年代中期提出"大经贸"战略和"走出去"战略之后,把积极利用好国内国际两个市场、两种资源、两类规则已经提升到了对外开放的战略高度。同时,在中国经济实力和国际影响力不断增长,在西方大国对华战略疑虑不断显现的背景下,中国也需要继续巩固与其他发展中国家的战略合作,利用它们的整体力量制衡少数国家对中国的可能阻遏,改变和优化中国在国际社会的处境。此外,在重大国际斗争和台湾问题上,中国仍需要发展中国家在政治上的坚定支持。一如既往地重视与广大发展中国家的关系,无疑将使中国进一步获得成就世界大国所必需的硬实力和软实力资源。

（三）推动构建人类命运共同体

2012年党的十八大以来,中国开始进入全面追求大国复兴的新时代。新时代中国外交的视野更加开阔,愿景更加宏大,既要奋力实现中华民族伟大复兴,完成近代以来中国人的民族夙愿,又要携手世界推动构建人类命运共同体,充分展现当代中国的世界胸怀和全球担当。当前世界处于百年大变局,其中重要方面,是一批新兴经济体和发展中国家呈现群体性崛起新态势,以及它们在国际经济和政治格局中的地位不断上升。

[①] ［坦桑尼亚］梅威斯加·巴热古:《非洲—中国—欧盟关系:来自非洲的观点》,祝鸣译,《国际问题论坛》2008年夏季号（总第51期）。

[②] Uhuru Kenyatta, "What We See When We Look East", *China Daily*, August 19, 2013, http://www.china.org.cn/opinion/2013-08/19/content_29757526.htm9（2020-07-21）.

在世界大发展、大变革、大调整的时代，中国与发展中国家既需要通过南南合作不断拓展新的发展机遇，同时也需要携手推动国际秩序的变革和完善，为建设更加美好的世界贡献更多来自发展中国家的方案和力量。南南合作有了新的愿景和目标，中国与发展中国家关系由此进入新的历史阶段。

当前中国与发展中国家合作具有引领人类命运共同体建设的积极意义。推动构建人类命运共同体是关乎全人类的重大愿景，前景十分美好，但也不可能一蹴而就。由于各国各地区的发展程度不一，文化观念差异甚大，外交选择不同，因此推动构建人类命运共同体，也需要分国别、分地区、分领域、分层次予以稳步推进。携手与我战略对接融洽、双边关系友好的国家和地区，通过双边和区域层次的命运共同体建设打造积极的示范效应，共同推动国际社会更多国家参与构建人类命运共同体的进程，是一条相对可行的路径。在人类命运共同体思想提出以后，习近平主席在2013年3月率先提出中非命运共同体，此后又提出亚太命运共同体、亚洲命运共同体、中国—东盟命运共同体、中阿命运共同体、中拉命运共同体等区域命运共同体，以及中老命运共同体、中柬命运共同体、中巴命运共同体、中越命运共同体等双边命运共同体。中国的意愿很明确，正是希望通过携手发展中国家共筑更加紧密的利益共享、责任共担和价值互鉴新局面，为推动构建人类命运共同体树立样板和典范。

当前中国与发展中国家合作的理论指导与推进路径更加清晰呈现。习近平主席在2013年3月访非时提出"真实亲诚"的对非合作理念①；在同年10月召开的周边外交工作会议上提出周边外交工作要突出体现"亲诚惠容"的理念，要求以"正确义利观"开展同周边和发展中国家团结合作②；在2014年11月中央外事工作会议上详细阐述了"正确义利观"的内涵，要求对发展中国家做到义利兼顾，"讲信义、重情义、扬正

---

① 习近平：《永远做可靠朋友和真诚伙伴——在坦桑尼亚尼雷尔国际会议中心的演讲》，《人民日报》2013年3月26日。

② 习近平：《为我国发展争取良好的周边环境　推动我国发展更多惠及周边国家》，《人民日报》2013年10月26日。

义、树道义。"① 在2018年6月22日召开的中央外事工作会议上,习近平同志再次强调,广大发展中国家是我国在国际事务中的天然同盟军,要坚持正确义利观,做好同发展中国家团结合作的大文章。② 在正确义利观的指引下,中国与东盟达成《中国—东盟战略伙伴关系2030年愿景》的重要共识,以政治安全、经贸合作、人文交流三大支柱为主线,推动建设更为紧密的中国—东盟命运共同体。中非双方正在致力于构建更加紧密的中非命运共同体,全面打造中非责任共担、合作共赢、幸福共享、文化共兴、安全共筑、和谐共生"六位一体"新范式。中国还积极推动与拉美地区的整体合作,以打造中拉命运共同体为目标,携手构建政治上真诚互信、经贸上合作共赢、人文上互学互鉴、国际事务中密切协作、整体合作和双边关系相互促进的中拉关系"五位一体"新格局。在上述合作框架指引下,中国正在以"一带一路"合作为主线厚植与发展中国家的利益纽带,以人文交流合作为主线培育与发展中国家的互信与共识,以全球治理合作为主线弘扬与发展中国家的共同责任精神。中国与发展中国家的互利合作由此全面展开。

(四) 中国与发展中国家合作的历史经验

七十余年来,中国与发展中国家团结合作整体呈现阶段性向前推进的态势。其历史主题始终着眼中国和发展中国家的独立、发展与复兴进程,其合作议程始终对接中国与发展中国家的战略和实际需要,其合作进程始终基于相互尊重、平等互利、合作共赢的基本原则,这是中国与发展中国家友好关系之所以不断行稳致远的根本原因,也是七十余年中国与发展中国家合作的基本经验。

1. 始终着眼南南合作的历史主题

中华人民共和国成立后,从一开始就把自己视为被压迫民族和新生民族独立国家的一员,积极关注和支持亚非殖民地、半殖民地的民族解放运动,把它们视为世界无产阶级革命的一部分,把支持第三世界革命

---

① 《中央外事工作会议在京举行》,《人民日报》2014年11月30日。
② 习近平:《坚持以新时代中国特色社会主义外交思想为指导 努力开创中国特色大国外交新局面》,《人民日报》2018年6月24日。

视为中国应尽的国际主义义务。从20世纪50年代支持亚洲的朝鲜、越南，以及非洲的埃及、阿尔及利亚反抗外来侵略开始，直到70年代支持南部非洲国家实现反殖反种族主义斗争和印支三国的抗美斗争，以及在此期间对其他民族独立国家提供大量经济援助，都体现了中华人民共和国外交的国际主义精神。在亚非民族解放运动胜利之后，中国及时调整国际战略进取方向，开始携手发展中国家追求国家发展和民族复兴，共同提升和捍卫发展中国家在国际体系中的地位和权益。当前中国更是着眼推进人类命运共同体建设，这一重大愿景赋予中国与发展中国家合作以新的使命和任务，呼唤中国与发展中国家携手打造利益共享、责任共担、价值共享的命运共同体，为人类建设更加美好的世界树立典范和引领作用。

2. 始终顺应和引领国际体系的变迁趋向

自15—16世纪以来，世界在西方的资本和军事征服中连为一体。这些被压迫民族要追求独立、发展和复兴，必须面对西方主导的国际体系，必须不断推动国际体系的变革完善。回顾过去，亚非世界的民族独立与解放运动摧毁了西方国家经营数百年的殖民体系，极大改变了长期存在的不平等的国际政治结构和国家间交往原则，昭示着一个对人类历史发展具有革命性意义的全新时代的到来。正如英国著名历史学家杰弗里·巴勒克拉夫所言："1945年到1960年期间，至少40个国家和8亿人口——超过世界人口的四分之一——反抗过殖民主义，并赢得了他们自己的独立。在整个人类历史上，以前还不存在如此迅猛进行的这样一次革命性反复。"① "20世纪的历史已经……导致了亚洲和非洲在世界上相对地位的改变，这种改变几乎肯定是我们时代最为重要的革命。亚洲和非洲的复兴赋予当代史一种与以前发生的任何事情都截然不同的性质；帝国的崩溃是其若干主题之一，但是另外的也是更为重要的是亚洲和非洲人民——以及拉丁美洲人民，尽管较为缓慢但确实也明白无疑——被

---

① ［英］杰弗里·巴勒克拉夫：《当代史导论》，张广勇等译，上海社会科学院出版社1996年版，第149—150页。

提高到世界上一个新的尊严地位。"① 当前发展中世界掀起的发展和复兴浪潮，连带所具有的政治和文化影响，正在对世界体系带来更为深刻更为全面的影响。近年来，一大批发展中国家开始脱颖而出，展现出前所未有的经济成就、政治影响和发展信心，欧美以外地区特别是亚非拉地区的迅速发展开始成为世人热议的话题。"太平洋时代""印度洋时代"频频见诸媒体，"金砖五国"（BRICS）、"远景五国"（Vista）、"新兴七国"（E7）、"新钻十一国"（N-11）等概念不断涌现，反映了发展中国家日益增长的自信以及世界对发展中国家经济发展的重大关切与期望。得益于南南合作的深入推进，发展中国家在一定程度上能够更为自主地追求经济发展，能够更为自信地处理与外部世界的关系。这些在近代资本主义世界体系中长期处于边缘的发展中国家，如今通过自主发展和横向联合，逐渐成为世界经济增长的新引擎，成为国际政治舞台的重要参与方。不争的事实是，世界财富、权力和话语权都在发生某种具有历史意义的结构性改变。②

3. 始终坚持相互尊重、相互平等、不干涉内政的原则

近代欧洲虽然较早地确立了"民族国家"的概念和"主权平等"的外交原则，但西方人从未把亚非拉各民族国家视为平等的交往对象。伴随船坚炮利和强势资本，西方列强建立起以自己为中心、以广大不发达欠发达世界为外围的现代世界体系，其基本格局及本质至今未有根本改变。因此，对曾经遭受西方列强欺凌的发展中国家而言，国际关系领域的"平等"与"公正"具有特殊重要的意义。中华人民共和国自始便坚持"主权平等"和"相互尊重"的原则，始终以和平共处五项原则为基础处理与其他发展中国家的关系。1964 年，毛泽东在接见亚非朋友时表示，"我们之间相互平等""我们之间的相互关系是兄弟关系，不是老子对儿子的关系"。③ 2013 年，习近平主席在访非时再次强调，中非关系的

---

① ［英］杰弗里·巴勒克拉夫：《当代史导论》，张广勇等译，第 195 页。
② 罗建波：《亚非复兴进程与世界地缘政治演变》，《西亚非洲》2009 年第 3 期，第 12—17 页。
③ 李安山：《论"中国崛起"语境中的中非关系》，《世界经济与政治》2006 年第 11 期，第 7—14 页。

本质特征是"真诚友好、相互尊重、平等互利、共同发展"。他说:"我们双方谈得来,觉得相互平等;我们不把自己的意志强加给你们,你们也不把自己的意志强加给我们。"① 中国对相互平等的最好诠释,是对"不干涉内政"原则的一贯坚持。中国尊重亚非国家选择适合自身发展道路的权利,认为发展中国家的内部事务应该由这些国家政府和人民自主协商解决。特别是,中国对外援助从不附带任何条件,这与西方国家对外援助大多带有苛刻的政治和经济条件有着截然的不同。② 2018年,习近平主席在中非合作论坛北京峰会上明确宣示"五不",即:不干预非洲国家探索符合国情的发展道路,不干涉非洲内政,不把自己的意志强加于人,不在对非援助中附加任何政治条件,不在对非投资融资中谋取政治私利。③ 其实,中国同样关心其他发展中国家的和平与发展,注重推动它们实现政治稳定和社会有效治理,但中国的此种帮助是建立在尊重他国自主选择发展道路的基础上,且不会强行输出自己的意识形态和政治制度,这构成中国与某些西方国家在对外政策上的显著不同。

4. 始终坚持互利共赢、共同发展的原则

中国与发展中国家关系还是一种双向的互利合作,始终遵循"互助""互利"与"双赢"的原则。在亚非民族独立时期,此种合作主要着眼政治发展需要,双方通过联合起来的力量共同反抗西方殖民主义和帝国主义势力,而在发展中国家追求发展和复兴时期,这种合作则主要面向经济和社会发展之需,双方通过不断扩大的贸易、投资和援助来实现南方世界的共同发展。尤为突出的是,中国提出"一带一路"国际合作倡议,把发展中国家视为共建"一带一路"的主要伙伴;中国提出更加深入参与全球治理,携手发展中国家解决紧迫的发展和治理难题,不断推进全

---

① 习近平:《永远做可靠朋友和真诚伙伴——在坦桑尼亚尼雷尔国际会议中心的演讲》,《人民日报》2013年3月26日。

② 正如周恩来总理1964年在访问亚非国家归来后指出:"目前,中国在力所能及的范围内,正在向某些亚非国家提供一些经济援助。这些援助就其数量来说是极其微小的,然而是不附带任何条件的,这表示我们帮助这些国家独立发展的真实愿望。"谢益显主编:《中国外交史(中华人民共和国时期1949—1979)》,河南人民出版社1988年版,第240页。

③ 习近平:《携手共命运 同心促发展——在2018年中非合作论坛北京峰会开幕式上的讲话》,《人民日报》2018年9月4日。

球治理体系的变革和完善。无须否认,中国外交有自己的利益需要,比如拓展外部发展空间、维护国际战略平衡,但中国对发展中国家外交的基本出发点是相互分享发展机遇,实现发展中国家的共同发展。中国与发展中国家合作也难免出现这样那样的问题,但这本是国际经济活动中的正常现象,双方完全可以通过平等协商方式予以解决。习近平主席提出"真实亲诚"的对非合作理念,其中"诚"就是要坦诚面对中非关系面临的新情况新问题,本着相互尊重、合作共赢的精神对现存的一些问题加以妥善解决。[①] 如果因存在经济结构上的不平衡而指责中国推行"新殖民主义",如果因为个别国家的债务问题而指责"一带一路"是中国的"债务陷阱外交",明显是把经济问题政治化,是对中国外交政策的人为误读甚至恶意曲解。

5. 始终注重对发展中国家的外交理论创新

中华人民共和国成立以来,中国历届领导人不断把脉国家利益和国际形势变化趋势,不断推动外交理论的创新和发展。中国与发展中国家关系一直是中国外交理论创新的沃土,为中国外交理论的创新发展提供了重要的经验素材和思想灵感。历史上,1953年和平共处五项原则向世界表达了中国处理与外部世界关系的基本立场和原则。在中国外交异常困难的时期,毛主席的"三个世界"理论从国家身份和民族命运的角度把中国和第三世界紧密联结在了一起,在国际斗争异常尖锐复杂的特殊历史时期为中国找到了最广泛的可以依靠和借助的力量。在此之后,中国长期把广大发展中国家视为自身外交战略的基础,把南南互信互助作为拓展外交空间、舒展外部环境、提升国际影响,进而维护国际战略平衡的重要支撑。在当前世界百年大变局背景下,习近平同志提出了推动构建人类命运共同体的宏大愿景,携手发展中国家打造中非命运共同体、中国—东盟命运共同体、中阿命运共同体、中拉命运共同体,显著拓展提升了中国外交的视野和格局,赋予中国外交以更大的历史使命。中国明确提出对发展中国家践行正确义利观,在开展南南合作时讲信义、重

---

① 习近平:《永远做可靠朋友和真诚伙伴——在坦桑尼亚尼雷尔国际会议中心的演讲》,《人民日报》2013年3月26日。

情义、扬正义、树道义。如果说人类命运共同体是中国给世界提出的重大愿景，是新时代中国外交高举的道义旗帜，那么正确义利观则是当代中国外交应当秉持的价值观，集中体现了中国对发展中国家义利兼顾、弘义融利的道义观和责任观，彰显了中国作为一个社会主义国家、一个负责任的发展中大国所应当坚持的国际责任和道义精神。

6. 始终不断推进对发展中国家的外交实践创新

七十余年来，中国与发展中国家合作的伙伴不断增多、领域不断拓展、内容不断丰富、方式更加多元，机制不断完善。新时代中国对发展中国家外交的特点有四：①"大视野"，中国外交的全球视野更加宽阔，日益呈现大开大合的新气象，特别是"一带一路"国际合作更是着眼贯通亚欧三大陆、连接印太两大洋、进而辐射全世界，是新时代中国推动经济全球化深入发展的重要合作新平台。②"全方位"，即日益形成一种政治、经济、文化、安全各领域平衡发展的"全方位"合作新局面，特别是人文交流和安全合作的深入发展，为中国与发展中国家关系提供了重要的软支撑和硬支撑，显著增进了中国与发展中国家关系的全面性、稳定性、可持续性。③"大外交"，随着合作领域的不断拓展和外交任务的多元化，日益形成一种政府外交与政党外交、公共外交与民间外交、国家外交和地方外事相互携手的"大外交"新体系，这是一种以外交部门为主体，各领域、各层级、各部门共同参与，政党、人大、政协、妇女、青年、智库、学者密切配合的外交新体系。④"立体化"，日益形成一种双边、三边、多边与整体外交相互配合的"立体化"外交新格局。特别是，中国开创了对发展中国家的整体外交这一新形式，成为推动中国与发展中国家关系的重要牵引。整体外交是一种"1＋N"模式，即以中国为一方，以一个地区所有国家为另一方的合作模式，兼具双边合作和多边合作的性质。自2000年中非合作论坛开启中国与非洲国家的多边磋商和集体对话以来，中国相继搭建了中阿合作论坛、中国—中东欧"17＋1"合作机制、中拉合作论坛，实现了对发展中国家整体外交的全覆盖。这种整体外交，显著推动了中国与发展中国家关系的拓展与提升，显著推动了国际社会对发展中国家的重视，因而具有重要的理论与实践创新意义。

三 新时代中国与发展中国家关系需要研究的重要问题

党的十八大以来,站在新时代新方位,中国正在全面推进中国特色大国外交,不断完善和提升中国与外部世界的关系。发展中国家一直是中国外交的基础,在很多关键节点上甚至是中国撬动与外部世界关系的结构性支点,这一重要作用在今天不是降低了,而是增加了。[1] 习近平主席在2018年中央外事工作会议上明确指出,广大发展中国家是我国在国际事务中的天然同盟军,要坚持正确义利观,做好同发展中国家团结合作的大文章。[2] 继续深化与发展中国家的团结合作,尤其需要研究以下重要问题:

其一,新时代中国与发展中国家合作面临的国际处境和机遇挑战。分析中国与发展中国家合作的时代背景,研判中国与发展中国家面临的国际战略处境,需要有宽广的全球视野,看到世界发展大势,看到国际关系的结构性变化趋向,也要有角色意识,要把中国发展置于国际体系变迁进程之中,看到中国发展对世界的影响以及世界大势对中国发展的影响。当今世界正处于百年未有之大变局,这就需要认真研究世界大变局的本质、内涵及其世界影响,特别是要研究中国与发展中国家关系在世界大变局背景下面临的机遇和挑战。世界大变局最积极的方面,在于包括中国在内的一批新兴经济体和发展中国家出现群体性崛起的新态势,这是世界大变局的重要推动因素。但也要看到,国际秩序演进涉及权力、利益、规则和观念上的再分配、再调整,其间自然充满着矛盾、分歧和斗争,可能伴随着困难、反复与挫折。特别是,还要及时分析全球疫情背景下国际关系和国际秩序的新变化新动向,以及在这一背景下中国与发展中国家合作面临的诸多不确定性不稳定性因素。世界如何变,我们怎么办?这是当下需要回答的重要问题。

---

[1] 对"支点"概念的论述,可参见刘鸿武《中非关系30年:撬动中国与外部世界关系结构的支点》,《世界经济与政治》2008年第11期,第80—88页;罗建波:《如何认识21世纪上半叶非洲在中国外交战略中的重要地位》,《西亚非洲》2011年第2期,第66—73页。

[2] 习近平:《坚持以新时代中国特色社会主义外交思想为指导 努力开创中国特色大国外交新局面》,《人民日报》2018年6月24日。

其二，新时代中国与发展中国家关系具有的战略价值和世界意义。这里首先需要对中国与发展中国家关系的性质进行界定，在此基础上探讨其对中国、对发展中国家所具有的战略价值，以及此种合作对世界和平与发展乃至对国际体系变迁所具有的世界意义。在性质上，中国与发展中国家合作是南南合作框架下的互尊互信与互助互援，是那些国际体系中的"后来者"共同追求自立自强进而推动国际体系变革完善的一种持续追求，是那些世界经济领域的"后发者"携手追求发展与复兴的一种不懈努力。在过去七十余年里，特别是在中国外交的一些重大关键节点上，发展中国家一直是中国走向世界的窗口，是中国拓展与外部世界关系的重要助力。在当前世界大发展、大变革、大调整的时代，发展中国家对于中国拓展发展机遇、筑牢外交依托、舒缓外部环境、提升国际影响，以及弘扬国际道义精神仍然具有重要的战略价值。着眼世界大变局，中国不断深化与发展中国家的战略互信、发展合作和人文交流互鉴，不断拓展以互信、互助和互利为根本特点的南南合作，其重要诉求，就是要为国际社会贡献新的国际关系伦理和范式，为解决紧迫的全球发展和全球治理问题提供新路径新动力，为人类文明更加平等多元的交流互鉴贡献新思想和新观念，进而有力推动国际秩序更为公平公正的变革和发展。

其三，新时代中国对发展中国家外交的重大理论创新。这里涉及两个层面的理论创新，一是宏观层面上对发展中国家的正确义利观，二是在具体合作领域和合作实践中的一些理论总结和思考。正确义利观是中国特色大国外交的重要价值观，是新时代中国对发展中国家外交理论创新的重要成果。理解正确义利观，首先需要清晰定位中国的国家身份，因为国家身份是决定外交选择的重要因素。理解正确义利观的理论内涵与理论特色，全面阐述"义"与"利"的辩证关系，还需要深入分析正确义利观的传统文化渊源，以及中华人民共和国自成立以来外交理论与实践的经验累积和历史传承。在具体合作领域，中国也在不断推进实践层面的理论总结和突破，比如"一带一路"国际合作所倡导的共商共建共享理念以及呈现出的和平、合作、互利、共赢的当代丝路精神，对外援助一贯坚持的"不干涉内政"原则，和平安全合作所主张的"建设性参与"理念，以及治国理政经验交流进程中对中国治理经验的总结和提炼。

其四，新时代中国与发展中国家合作的推进路径和合作方式创新。践行对发展中国家的正确义利观，推进与发展中国家的利益共享、责任共担、价值互鉴，还需要清晰拟定与发展中国家合作的推进路径，不断拓展合作领域，不断创新合作方式，不断搭建新的合作机制。这就需要以共建"一带一路"筑牢与发展中国家的利益纽带，以更高质量的对外援助撬动发展中国家的发展与治理进程，以治国理政经验交流打造南南知识与价值共同体，以建设性参与的姿态更加深入参与发展中国家的和平与安全建设。中国与发展中国家合作的领域不断拓展，日益形成一种政治、经济、文化、安全各领域平衡发展的"全方位"合作新局面，特别是人文交流和安全合作的深入发展，为中国与发展中国家关系提供了重要的软支撑和硬支撑，显著增进了中国与发展中国家关系的全面性、稳定性、可持续性。随着合作领域的不断拓展和外交任务的多元化，日益形成一种政府外交与政党外交、公共外交与民间外交、国家外交和地方外事相互携手的"大外交"新体系，日益形成一种双边、三边、多边与整体外交相互配合的"立体化"外交新格局。

其五，新时代中国与发展中国家合作的进一步发展与完善。正确义利观集中表达了新时代中国外交的国际责任和道义精神，为指导中国与发展中国家合作提供了基本遵循。但要切实践行正确义利观、深入推进与发展中国家的团结合作，还要在理论与实践层面思考并处理好以下几个问题，比如，如何辩证理解国家利益与世界愿景的内在统一，如何权衡参与全球治理尽力而为与量力而行的辩证关系，如何在全面深化与发展中国家合作的同时做到差异化处理，如何深入理解国际形象塑造与国内治理建设的关系。"一带一路"是一个新事物。既无历史经验可循，也无现实样板可以参照，且其涉及广袤的大周边地区乃至亚欧非大陆，在某些领域甚至是更为全球性的对话与合作，因此必然面临复杂的国际形势。推进"一带一路"国际合作，需要思考处理好以下几对关系，即，如何实现中国发展方位的东西平衡，如何平衡推进对外开放"请进来"与"走出去"，如何实现"硬联通"与"软联通"的齐头并进，如何理性认识"中国倡导""中国主导"和"中国参与"的辩证关系。在中国与发展中国家的国际发展合作、治国理政经验交流、和平与安全合作等领域，也需要务实地研究合作进程中的新问题新挑战，与时俱进地提出有针对性的思考和建议。

四　文献回顾、创新之处与研究思路

党的十八大以来，中国明确提出对发展中国家的正确义利观，推动中国与发展国家合作不断迈向新台阶。就新时代中国对发展中国家的外交理论与政策，国内外学者给予了及时的关注和研究，也涌现出了一批相关学术成果。相关前期成果主要集中在以下三个方面。

（一）七十余年中国与发展中国家关系的历史与经验总结

对中国与发展中国家关系的历史演变进行系统梳理，总结经验和规律，对理解新时代中国与发展中国家关系提供了重要的史料和启示。从整体角度探讨中国与发展国家关系的历史分期、战略价值、世界意义的宏观著述并不多[1]，多数研究著述主要是分区域、分国别地研究中国与东盟、南亚、中亚、西亚、非洲、拉丁美洲的交往历史，概括其演变规律和总体特征，或者从更为具体的政治、经贸、医疗卫生等领域出发研究双边合作的历史和经验，其中一些成果具有较好的研究深度。[2] 值得提及的是，一些颇有分量的"通史"类著作，对于研究中国与相关发展中国家关系具有极为重要的史料价值。比如，陆庭恩、何芳川、宁骚等老一

---

[1] 郭新宁、徐弃郁：《从历史走向未来——中国与发展中国家关系析论》，事实出版社2007年版；刘青建：《坚持基本立足点　开拓外交新思路——关于中国与发展中国家关系的几点思考》，《教学与研究》2001年第7期，第61—66页；罗建波：《亚非复兴视野下中国与发展中国家关系：历史变迁与世界意义》，《当代亚太》2009年第5期，第67—83页。

[2] 这类著述很多，仅以非洲和拉美研究领域的部分作品为例。张象：《论中非关系的演变：历史意义、经验与教训》，《西亚非洲》2009年第5期，第5—11页；刘鸿武：《论中非关系三十年的经验积累与理论回应》，《西亚非洲》2008年第11期，第13—18页；李安山：《论中非合作论坛的起源——兼论对中国非洲战略的思考》，《外交评论》2012年第3期，第15—32页；李安山：《中国援外医疗队的历史、规模及其影响》，《外交评论》2009年第1期，第25—45页；谢文泽：《改革开放40年中拉关系的回归与思考》，《拉丁美洲研究》2018年第1期，第11—35页；谌园庭：《中拉关系70年回顾与前瞻：从无足轻重到不可或缺》，《拉丁美洲研究》2019年第6期，第22—34页。

辈非洲问题专家倾力打造的《非洲通史》古代、近代、现代三卷本，为中国学者提供了翔实的非洲历史资料，其中一些章节涉及中非关系的发展历史。① 又如，在拉美领域，林被甸、董经胜推出的《拉丁美洲史》，是一部时跨远古美洲直到 21 世纪初的拉丁美洲史。② 从国内学者角度看，虽然此类研究成果基本上都问世于党的十八大召开之前，但由于它们的研究内容具有历时性，因而仍是当前思考中国与发展中国家关系的基础性材料。

国外学者对中国与发展中国家关系的论述主要以当下为主，历史研究较少；以区域、国别、领域、议题关注为主，宏观论述较少。对中非关系，伦敦大学亚非学院教授斯特劳斯（Julia C. Strauss）从历史和现实纵向比较的角度研究了中国对非外交话语的历史传承与变迁。③ 在中非合作的具体领域和议题上，美国学者黛博拉·布罗蒂加姆（Deborah Brautigam）撰写的《龙的礼物——中国在非洲的真实故事》在国际学术界传播甚广且有着良好口碑，该书对中国对非援助进行了跨越历史的描述，同时也较为客观地回应了国际社会关注的有关中国对非援助的诸多疑问。④ 比如，美国历史学家孟洁梅（Jamie Monson）长期研究坦赞铁路，通过大量史料和实地调研向世人展示了坦赞铁路给坦桑尼亚当地发展的影响。⑤

（二）新时代中国对发展中国家外交理论的相关研究

研究新时代中国对发展中国家的外交理论，最为重要的是要阐述正确义利观的内涵和意义。外交部部长王毅早在 2013 年就撰文《坚持正确

---

① 陆庭恩、何芳川、宁骚等主编：《非洲通史》（全三卷），华东师范大学出版社 1995 年版。

② 林被甸、董经胜：《拉丁美洲史》，人民出版社 2010 年版。

③ Julia C. Strauss, "The Past in the Present: Historical and Rhetorical Lineages in China's Relations With Africa", *The China Quarterly*, Vol. 199, pp. 777–795.

④ Deborah Brautigam, *The Dragon's Gift: The Real Story of China in Africa*, Oxford University Press, New York, 2009；[美] 黛博拉·布罗蒂加姆：《龙的礼物——中国在非洲的真实故事》，沈晓雷等译，社会科学文献出版社 2012 年版。

⑤ Jamie Monson, "Defending the People's Railway in the era of Liberalization: TAZARA in Southern Tanzania", *Africa*, Vol 76, Issue 1, 2006, pp. 113–130; Jamie Monson, *Africa's Freedom Railway: How a Chinese Development Project Changed Lives and Livelihoods in Tanzania*, Indiana University Press, Bloomington, 2011.

义利观 积极发挥负责任大国作用》，阐述了中国外交对"义"和"利"相互关系的辩证认识，阐述了这一思想理念对加强与发展中国家关系所具有的时代意义。[1] 外交学院秦亚青、现代国际关系研究院陈向阳、中央党校国际战略研究院罗建波等学者也对正确义利观有过直接研究。[2] 学者们认为，义利之辨是中国传统思想的一个根本性问题，正确处理义利关系也是中国特色大国外交的显著特色，彰显了新时代中国外交的道义精神。总体来看，国内对正确义利观的直接研究还不多，以"正确义利观"为题在知网上搜索，仅能获得20余篇有效的研究论文，说明国内相关研究有待加强。特别是，还需要从习近平外交思想体系和推动构建人类命运共同体的高度来阐述正确义利观的内涵及时代意义。

研究新时代中国对发展中国家的正确义利观，还需要有两方面的相关研究准备。一是研究正确义利观的思想渊源，比如，中国传统义利观，和平共处五项原则，对外援助"八项原则"，毛主席"三个世界"理论。[3] 二是系统研究习近平外交思想体系，特别是需要从新时代中国特色大国外交的世界愿景出发理解习近平同志提出正确义利观的背景与初衷。杨洁篪同志在2017年专门撰文《在习近平总书记外交思想指引下不断开创对外工作新局面》，系统阐述了中国特色大国外交理论体系和全方位战略布局。[4] 国内学术机构和学术团体相继召开多次会议，集中讨论习近平

---

[1] 王毅：《坚持正确义利观 积极发挥负责任大国作用——深刻理解习近平同志关于外交工作的重要讲话精神》，《人民日报》2013年9月10日。

[2] 秦亚青：《正确义利观：新时期中国外交的理念创新与实践原则》，《求是》2014年第12期，第55—57页；陈向阳：《"正确义利观"指引中国与发展中国家新合作》，《对外传播》2015年第5期，第6—8页；罗建波：《正确义利观与中国对发展中国家外交》，《西亚非洲》2018年第5期，第3—20页。

[3] 部分著述如下：徐坚：《论和平共处五项原则的理论与实践》，《国际问题研究》2005年第1期，第14—21页；郑瑞祥：《和平共处五项原则产生的历史背景与时代意义》，《当代亚太》2004年第6期，第3—8页；李捷：《世界多极化趋势与毛泽东的三个世界理论划分》，《当代中国史研究》1997年第1期，第102—110页；宫力：《"三个世界划分"理论对当代中国的深远影响》，《中国社会科学》2012年第8期，第24—30页。

[4] 杨洁篪：《以习近平外交思想为指导 深入推进新时代对外工作》，《求是》2018年第15期，第3—6页。

外交思想及其战略与实践创新，也出版了一批专著和学术论文。① 国内学者多认为，正确义利观是中国特色大国外交的重要价值观念，集中表达了新时代中国外交致力于实现与发展中国家的互利共赢共同发展的美好意愿，集中表达了中国对新型国际关系和人类命运共同体的向往和追求。

国外智库和学者对习近平外交思想及正确义利观的直接论述不多，他们多以中国外交理论与战略的演变和调整为关注点。其兴趣多集中在中国实力的增长和海外利益的拓展以及由此带来的中国与外部世界关系的变化，倾向于分析中国外交面临的一些外部挑战。② 一些西方人士带着严重的偏见来解读中国的外交政策，特别是从 2014 年前后开始，随着中国国力显著增长以及在维护自身核心利益上表现出了更大决心和行动，不少西方学者和媒体开始讨论中国外交是否"盛气凌人"（assertive）③，而一些人走得更远，明确称中国外交具有"进攻性"（aggressive）④。在不少西方人眼里，中国只有在发展道路更加接近西方模式，在外交上维护既有西方主导的国际秩序或地区秩序，才是他们眼里的负责任国家。

---

① 部分著述如下：吴志成、吴宇：《习近平外交思想析论》，《世界经济与政治》2020 年第 2 期，第 4—23 页；阮宗泽：《深刻领会习近平外交思想的理论与实践意义》，《国际问题研究》2020 年第 1 期，第 12—30 页；杨洁勉：《中国特色大国外交和话语权的使命与挑战》，《国际问题研究》2016 年第 5 期，第 18—30 页；张清敏：《理解中国特色大国外交》，《世界经济与政治》2018 年第 9 期，第 64—87 页；罗建波：《中国特色大国外交：新理念、新战略与新特色》，《西亚非洲》2017 年第 4 期，第 28—49 页。

② Kerry Brown, "China's Foreign Policy Since 2012: A Question of Communication and Clarity", *China Quarterly of International Strategic Studies*, Vol. 3, No. 3, 2017, pp. 325–339; Matthieu Buruny, *China's Foreign Policy and External Relations*, European Parliament, July, 2016.

③ Alastair I. Johnston, "How New and Assertive Is China's New Assertiveness?", *International Security*, Volume 37, Issue 4, 2013, pp. 7–48; Michael Yahuda, "China's New Assertiveness in the South China Sea", *Journal of Contemporary China*, Volume 22, Issue 81, pp. 446–459.

④ Seth Robson, "China's Aggressive Tactics Turning off Asian Neighbors", *Stars and Stripes*, June 25, 2013, https://www.stripes.com/china-s-aggressive-tactics-turning-off-asian-neighbors-1.226581 (2020-04-30); Debalina Ghoshal, "China's Aggression in the South China Sea", Gatestone Institute, April 18, 2019, https://www.gatestoneinstitute.org/14068/china-aggression-south-china-sea (2020-04-30); John Daniel Davidson, "How China's Expansionist Foreign Policy Threatens the Globe", April 12, 2016, https://thefederalist.com/2016/04/12/china-expansionist-foreign-policy/ (2020-04-30).

(三) 有关新时代中国与发展中国家合作实践研究

国内学者对亚、非、拉、中东欧、南太平洋地区的发展中国家有较多的关注。特别是在教育部区域与国别研究培育基地的推动下，以及受到"一带一路"倡议的鼓舞，国内相关研究得到快速发展，相关议题不仅涉及发展中国家的政治、历史和文化，也包括如何深化与相关国家的战略对接、产能合作、人文交流，以及如何维护和提升中国海外利益和国家形象等议题。以中非关系为例，中非"一带一路"合作、中国对非援助、中非人文交流、大国在非洲的竞合关系、中国在非洲的利益保护和形象塑造、中非合作论坛机制，以及中非命运共同体，都是学者们关注较多的议题。[1] 再以中拉关系为例，相关研究涉及中拉产能合作、人文交流、中拉合作论坛、中拉命运共同体，同时也积极关注拉美政治对中拉关系的影响，以及美国对中拉合作不断发展的反应。[2] 也有个别学者从较为宏观的角度探讨新时代中国与发展中国家合作及合作方式创新，比如中国对发展中国家的整体外交。[3]

西方学者对当下中国与发展中国家合作的研究以区域和国别研究为主。美国学者马佳士 (Joshua Eisenman) 等人撰写了题为《中国走出

---

[1] 部分著述如下：刘鸿武、林晨：《人文交流推动中非合作行稳致远》，《西亚非洲》2020年第2期，第22—32页；张宏明：《如何辩证地看待中国在非洲的国际处境——兼论中国何以在大国在非洲新一轮竞争中赢得"战略主动"》，《西亚非洲》2014年第4期，第4—25页；张忠祥：《构建中非命运共同体与利益共同体：基础、挑战与路径》，《中国战略报告》2018年第1期，第219—244页；吴传华：《中非命运共同体：历史地位、典范作用与世界意义》，《西亚非洲》2020年第2期，第12—21页；周玉渊：《中国在非洲债务问题的争论与真相》，《西亚非洲》2020年第1期，第3—26页；沈晓雷：《论中非合作论坛的起源、发展与贡献》，《太平洋学报》2020年第3期，第80—93页。

[2] 部分著述如下：江时学：《中国特色大国外交中的中国与拉美国家关系》，《国际论坛》2019年第2期，第30—35页；张凡：《中拉关系的问题领域及其阶段性特征——再议中国在拉美的软实力构建》，《拉丁美洲研究》2019年第3期，第13—40页；张慧玲：《当前拉美一体化进程新变化及对中拉关系的影响刍议》，《太平洋学报》2016年第10期，第58—69页；崔守军：《中国和拉美关系转型的特征、动因与挑战》，《中国人民大学学报》2019年第3期，第95—103页。

[3] 张春：《新时代中国与发展中国家关系的挑战与应对》，《太平洋学报》2018年第7期，第3页；张春：《中国对发展中地区整体外交研究》，《国际展望》2018年第5期，第18—35页；孙德刚：《合而治之：论新时代中国的整体外交》，《世界经济与政治》2020年第4期，第53—80页。

去：北京对发展中世界的大国策略》的著作，书中虽有章节涉及中国对发展中国家的整体布局，但此书仍然以中国与东南亚、南亚、中亚、非洲、拉美各地区关系为主。[①] 近年来西方学者尤其关注"一带一路"合作在发展中国家的推进，试图阐释中国对发展中国家"走出去"的目的和影响。多数西方学者对中国"走出去"和"一带一路"国际合作的评价趋于负面。比如，对"一带一路"，西方学者的负面评价主要集中在两个方面：一是认为"一带一路"是中国提升全球影响力的工具，甚至是中国的地缘扩张大战略[②]；二是指责"一带一路"给发展中国家制造了"债务陷阱"，甚至污称中国外交为"债务陷阱外交"或"债务簿外交"。[③] 对西方学者的错误观点，我们需要用事实予以回应，对其中的一些故意歪曲和污蔑，则需要予以应有的驳斥。

国外学者不只是西方学者。21世纪以来的一个新现象，是广大发展中国家的学者开始日益活跃，并且积极在国际社会发出他们的声音。一些非洲、拉美等发展中国家的学者陆续加入研究中国与所在国关系的行列，通过他们的声音向世界展现中国与发展中国家合作的面貌，呈现他们的观察和思考。他们大多能够客观评价中国给发展中国家带来的机遇，同时也对中国与发展中国家合作提出了新的期待和建议。在非洲，颇有

---

① Joshua Eisenman & Eric Heginbotham, *China Steps Out: Beijing's Major Power Engagement with the Development World*, Routledge, New York & London, 2018.

② Mark Beeson, Geoeconomics with Chinese Characteristics: The BRI and China's Evolving Grand Strategy, *Economics and Political Studies*, Volume 6, Issue 3, 2018, pp. 240 – 256; Abhijit Singh, "China's Strategic Ambitions Seen in the Hambantota Port in Sri Lanka", July 26, 2018, https://www.hindustantimes.com/analysis/china-s-strategic-ambitions-seen-in-the-hambantota-port-in-sri-lanka/story-PErf7dzG8lZINVGuF37gxK.html（2020 – 05 – 08）.

③ Rudolf Huber, "The Perils of China's 'Debt-trap Diplomacy'", *the Economist*, Sep. 6, 2018; The Editors, "China's Debt-Trap Diplomacy", *National Review*, July 3, 2018; Sam Parker & Gabrielle Chefitz, "Debtbook Diplomacy", Belfer Center for science and International Affairs, Harvard Kennedy School, May 24, 2018; Nathanael T. Niambi, China in Africa: Debtbook Diplomacy, *The Open Journal of Political Science*, Volume 09, Issue 1, 2019, pp. 220 – 242; Jeff M. Smith, "China's Investments in Sri Lanka: Why Beijing's bonds come at a price", *Foreign Affairs*, May 23, 2016, https://www.foreignaffairs.com/articles/china/2016 – 05 – 23/chinas-investments-sri-lanka（2020 – 05 – 02）; Brahma Chellaney, "China's Debt-Trap Diplomacy", *Project Syndicate*, Jan 23, 2017, https://www.project-syndicate.org/commentary/china-sri-lanka-hambantota-port-debt-by-brahma-chellaney-2017-12（2020 – 05 – 02）.

代表性的作者和观点,如肯尼亚总统乌胡鲁·肯雅塔(Uhuru Kenyatta)曾把非洲一体化和崛起的亚洲称为肯尼亚实现增长的两大支柱[①],坦桑尼亚学者梅威斯加·巴热古(Mwesiga Baregu)也把非洲一体化和中非合作称为非洲大陆面临的两扇"机会之窗"[②],时任毛里塔尼亚进步力量联盟国际部秘书古尔默·阿布杜罗(Gourmo Abdoul Lô)认为中非合作是一种真正的"双赢"战略合作伙伴关系。[③] 在拉美,巴西瓦加斯基金会国际关系研究中心主任奥利弗·施廷克尔(Oliver Stuenkel)认为,中国和其他新兴国家的崛起正在使全球力量平衡发生转变,它们日益抛开狭隘的西方中心主义,通过改革现有秩序或者建立"平行秩序",对全球秩序产生了广泛和系统性影响。他由此断言,中国正在引领全球治理的新航向。[④]

(四)相关研究还须深入推进

通过文献资料的梳理发现,以下几方面的研究尤其需要加强:

(1)全局阐述新时代中国与发展中国家团结合作的战略价值与世界意义,以及面临的机遇挑战。需要把握两个历史"交会",一是中国发展进入新时代与世界处于百年大变局的历史交会;二是中华民族伟大复兴与发展中国家的整体复兴的历史交会。只有把中国与发展中国家关系置于国内国际两个大局的历史交会大背景下,才能更加透彻地认识新时代中国加强与发展中国家团结合作的战略价值与世界意义。

(2)准确把握新时代中国的国家身份与大国责任。无论在理论层面还是在实践中,国家身份在相当程度上决定着国家利益认知和战略选择。理解新时代中国对发展中国家的重视,理解中国提出并践行正确义利观,还需要基于中国作为"负责任发展中大国"的身份,基于中国不断提升的大国责任意识。

---

① Uhuru Kenyatta, "What We See When We Look East", *China Daily*, August 19, 2013, http://www.china.org.cn/opinion/2013-08/19/content_29757526.htm9 (2020-07-21).
② [坦桑尼亚]梅威斯加·巴热古:《非洲—中国—欧盟关系:来自非洲的观点》,祝鸣译,《国际问题论坛》2008 年夏季号(总第 51 期)。
③ [毛里塔尼亚]古尔默·阿布杜罗:《非洲与中国:新殖民主义还是新型战略伙伴关系?》,马京鹏译,《国外理论动态》2012 年第 9 期,第 77—82 页。
④ [巴西]奥利弗·施廷克尔:《中国之治终结西方时代》,宋伟译,中国友谊出版公司 2017 年版,第 76—125 页。

（3）深入分析正确义利观的历史与理论基础，以及理论与现实意义。需要把握两个纬度，一是历史纬度，从中国传统思想、中华人民共和国外交理论的发展与传承，以及中国共产党人的国际主义精神三个角度理解正确义利观的思想理论渊源；二是现实纬度，从推动中国与发展中国家的发展与复兴、推动国际秩序的发展与变迁的角度，阐述秉持正确义利观深化与发展中国家团结合作所具有的理论与现实意义，比如，如何有助于中国在新时代塑造自身身份认同和国际道义？如何有助于推动塑造新型国际关系伦理？

（4）清晰拟定新时代中国与发展中国家合作的推进路径。践行对发展中国家的正确义利观，全面推进与发展中国家团结合作，还需要清晰拟订与发展中国家合作的推进路径。这就需要以共建"一带一路"筑牢与发展中国家的利益纽带，以更高质量的对外援助撬动发展中国家的发展与治理进程，以治国理政经验交流打造南南知识与价值共同体，以建设性姿态更加深入参与发展中国家的和平与安全建设。

（5）对中国与发展中国家合作的发展完善提出理论思考和政策建议。中国对发展中国家的战略与政策是一个不断调整的过程，合作机制、方式与举措也需要与时俱进地发展和完善。如何推动"一带一路"高质量的发展，如何不断完善中国对外援助，如何推动治国理政经验交流的行稳致远，如何建设性参与发展中国家的和平与安全建设，都是需要加以研究的重要问题。西方媒体和学者对中国与发展中国家合作，特别是对"一带一路"国际合作，还有许多误解和误读，也需要我们通过更加扎实的学术研究和学术交流予以必要回应。

（五）研究思路与学术框架

本书回答的核心问题是，新时代中国为何、如何深化与发展中国家的团结合作？即在中华民族伟大复兴和世界百年大变局相互激荡的大历史背景下，继续深化与发展中国家团结合作究竟具有何种重要的战略价值和世界意义，在此前提下，中国又如何不断创新和完善对发展中国家的外交理论与实践。

本书共计为九章。第一章从中华民族伟大复兴和世界百年大变局的大背景阐述深化与发展中国家合作的时代背景与意义，以及大变局下中国与发展中国家面临的机遇与挑战。第二章探讨中国"负责任发展中大国"的身份定位，界定中国不断增长的大国责任，特别强调，中国的大国责任是以发展中国家为国际责任的重点区域，以推动国际秩序发展和完善为愿景。第三章详细阐述正确义利观的理论定位、理论内涵与理论特色，以及践行正确义利观的新思路与新举措。第四章至第七章分别从"一带一路"、对外援助、治国理政经验交流、和平与安全合作几个方面阐述中国推进与发展中国家团结合作的具体政策与举措，以及取得的实际成效，并就具体的困难和挑战提出了若干思考。第八章、第九章以中非命运共同体和中拉命运共同体为区域范例，探讨中国与发展中国家推进命运共同体的愿景、路径、方式、举措，以及面临的具体问题和对策思考。

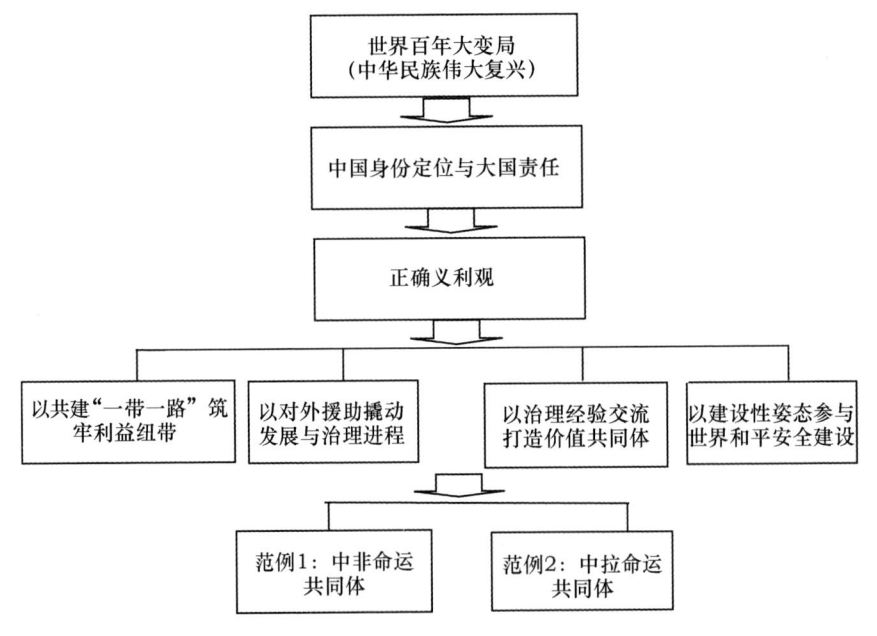

```
┌─────────────────────────┐
│      世界百年大变局        │
│   （中华民族伟大复兴）      │
└─────────────────────────┘
            ↓
┌─────────────────────────┐
│   中国身份定位与大国责任    │
└─────────────────────────┘
            ↓
┌─────────────────────────┐
│        正确义利观          │
└─────────────────────────┘
     ↓      ↓      ↓      ↓
┌────────┐┌────────┐┌────────┐┌────────┐
│以共建"一││以对外援助││以治理经验││以建设性姿态│
│带一路"筑││撬动发展与││交流打造价││参与世界和│
│牢利益纽带││治理进程 ││值共同体 ││平安全建设│
└────────┘└────────┘└────────┘└────────┘
              ↓        ↓
        ┌──────────┐┌──────────┐
        │范例1:中非 ││范例2:中拉 │
        │命运共同体 ││命运共同体 │
        └──────────┘└──────────┘
```

本书将突出三大研究特点：一是着眼提升研究的战略高度。新时代中国深化与发展中国家团结合作的意义与价值，需要从中国发展进入新时代与世界处于百年大变局这一历史交会中去把握，从中华民族伟大复兴与发展中国家呈现群体性崛起的历史交会中去理解。二是着眼拓展研究的理论深度。深入理解正确义利观，离不开对中国传统义利思想的挖掘，离不开对习近平外交思想体系的学习和领会。三是着眼突出研究的实践意义，争取就如何推动"一带一路"高质量发展、如何推动对外援助的发展完善，如何推动治国理政经验交流的深入发展，如何建设性参与发展中国家的和平与安全建设提出一些富有价值的参考建议。

第一章

世界百年大变局：深化与发展中国家团结合作的时代背景与意义

思考中国与发展中国家团结合作，需要站在新时代中国外交全局的战略高度，也要有全球纬度的大历史视野。在世界处于大发展、大变革、大调整的时代，着眼中华民族伟大复兴，发展中国家对于中国拓展发展机遇、筑牢外交依托、舒缓外部环境、提升国际影响，以及弘扬国际道义精神具有重要的战略意义。着眼世界大变局，中国不断深化与发展中国家的战略互信、发展合作和人文交流互鉴，不断拓展以互信、互助和互利为根本特点的南南合作，其重要诉求，就是要为国际社会贡献新的国际关系伦理和范式，为解决紧迫的全球发展和全球治理问题提供新路径新动力，为人类文明更加平等多元的交流互鉴贡献新思想和新观念，进而有力推动国际秩序更为公平公正的发展与完善。世界体系正在加速变革，中国与发展中国家的南南合作日益发挥着更大的作用。

运筹中国与发展中国家团结合作，需要有全球纬度的大历史视野。当今世界面临百年未有之大变局，其本质在于国际秩序的历史演进，其重要变量在于包括中国在内的一批发展中国家出现群体性崛起的新态势，其突出特点在于南南合作的显著深化拓展及其世界影响力的不断提升。发展中国家需要前瞻性研判和应对百年大变局带来的诸多不确定性和不稳定性，同时及时抓住新一轮科技革命带来的历史契机实质性提升在全球产业链、价值链和供应链中的位势，抓住"东西""南北"关系的历史性演变进而重塑发展中国家在世界的地位。中国与发展中国家团结合作，因而具有了全新的世界意义。

第一节　世界百年大变局的内涵与时代特征

思考中国与发展中国家关系，需要有全球纬度的大历史视野。我们需要以历史的眼光来研判世界体系的演进方向，以宏大的视野来思考人类社会的发展未来。以习近平同志为核心的党中央基于对人类历史发展潮流和世界发展大势的深刻把握，明确做出"世界处于百年未有之大变局"的重大战略判断。如何理解百年大变局的内涵与时代特征，据此更好理解新时代南南合作的历史使命与任务，更好把握发展中国家发展与复兴面临的历史性机遇，更好运筹中国对发展中国家外交进而显著推进中华民族实现伟大复兴并推动构建人类命运共同体，是一个值得深入研究的重大理论和现实命题。

一　世界百年大变局的基本内涵与演进趋向

人类社会如何得以不断发展演进，并呈现出阶段性向前推进的历史规律？数千年来，人类历史发展进步取决于两个根本性因素：一是科技革命和产业革命的突破性进展；二是思想和制度的伟大创新。近代以来，人类历史相继经历了三次大的技术革命，推动人类社会相继进入"蒸汽时代""电气时代"和"信息时代"，由此带来了世界经济的飞跃性发展以及国际权力格局的重塑。与科技革命和产业革命相伴随的是，人类社会在思想和制度层面的创新也在不断推陈出新，从封建制度、资本主义制度到社会主义制度，每一次社会制度创新都推动了生产力的巨大发展和人的更大程度解放，由此带来了人类社会在生产关系和上层建筑的显著变迁。21世纪以来，世界各主要国家纷纷以科技发展和制度创新为依托，以重塑国际规则为手段，推动国际力量对比和国际秩序不断演变和调整，世界体系在历史延续的基础上呈现出若干重大变化新趋向。

其一，经济全球化进程百年之变。自西方大航海时代以来，科学技术的不断进步、现代交通物流技术的发展，以及生产要素的全球性流动和优化配置，推动了经济全球化进程的持续深入发展。特别是 21 世纪以来，以人工智能、大数据、物联网、太空技术、生物技术、量子科技为代表的新科技革命正在全面酝酿，由此推动了新产业、新业态、新模式的巨大发展，带来了人们生产方式、生活方式、思维方式的显著变化。经济全球化由此进入新的发展阶段，人类互联互通呈现新的特点，日益形成一种商品大流通、贸易大繁荣、投资大便利、资本大重组、技术大发展、人员大流动、信息大传播的全新局面。虽然过去几年来部分西方国家鉴于自身在经济全球化进程中相对获益有所减少，保护主义、民粹主义、国家主义思潮明显抬头，逆全球化态势明显上升，加之 2020 年年初以来新冠肺炎疫情肆虐全球，造成了全球一体化进程的暂时显著受挫。但着眼世界中长期发展趋向，世界性的科技和产业革命深入发展的基本态势不会根本改变，各国各地区相互联系日益紧密的基本态势不会根本改变，人类社会追求和平、发展、合作、共赢的强烈愿望不会根本改变，全球化进程不断深入发展的基本态势自然也不会根本改变。

其二，世界经济格局百年之变。自近代西欧工业革命以来，西欧乃至后来更大程度上的大西方一直主导着全球性的经济和产业发展格局。正如美国历史学家伊曼纽尔·沃勒斯坦所言，资本主义的现代世界体系以国际分工为基础，在全球范围建立了中心、半边缘、边缘的世界性的经济格局。[①] 20 世纪下半叶特别是 21 世纪以来，一批新兴经济体和发展中大国实现了经济较快发展，在全球经济格局中的地位不断上升，近代几百年以来世界经济重心第一次出现向非西方世界快速扩散的发展态势。据预测，到 2035 年，发展中国家的经济规模将超过发达国家经济体，发

---

① ［美］伊曼纽尔·沃勒斯坦：《现代世界体系》（第一卷），罗荣渠等译，高等教育出版社 1998 年版，第 194 页。

展中国家GDP占世界的比重将从目前的40%上升到将近60%。① 更为关键的是，东亚新兴工业化国家积极抓住第三次科技革命的历史契机，以及不断加强在即将到来的第四次科技革命中的前瞻布局，在部分领域显著提升了在全球产业链、供应链、价值链中的地位和影响力。虽然"大西洋时代"仍未过去，但"太平洋时代""印度洋时代"已经来临。

其三，国际权力格局百年之变。自近代以来，西方大国的世界霸权此消彼长、几经转换，大英帝国维系"日不落帝国"长达近两个世纪和"二战"以后美国的超强地位把这种世界霸权演绎得淋漓尽致。不过，20世纪以来，国际政治格局先后发生了两个重大的历史变迁，其意义之重大足以影响人类社会发展的未来。一是20世纪中叶以后亚非国家民族解放运动蓬勃发展，这些古老民族通过自身浴血奋战以及团结反帝反殖先后实现了政治独立，彻底终结了欧洲殖民大国经营几个世纪之久的殖民体系，极大改变了世界政治版图。二是伴随"二战"以后特别是21世纪以来世界经济重心的逐步多元，国际权力格局也在悄然发生重大转变，其中最显著的特征在于，在美国和俄罗斯传统政治大国之外，中国、欧盟、印度、日本等的国际政治影响力显著上升，国际力量对比日趋均衡的态势更加明显，多极化进程继续稳步向前推进。

其四，全球治理体系及治理规则百年之变。伴随世界经济和国际权力格局的演变，长期以来以发达国家"治人"、发展中国家"治于人"的全球治理格局也出现了新的变化趋向。一是全球治理主体更加多元，以中国为代表的一些新兴发展中国家在全球治理领域开始承担更大的责任、提出更多方案；二是全球治理议题更加复杂，议程更加紧迫，诸如恐怖主义、气候变化、难民移民等问题未能得到有效解决，以天空、网络、深海、极地、生物为代表的"新边疆""高边疆"问题大量涌现，同时2020年新冠肺炎疫情的全球蔓延更是把重大传染性疾病和全球公共卫生健康历史性地提上了议事日程，成为全球治理中最为紧迫的任务；三是全球治理规则和理念加速演变，特别是中国提出共商共建共享的全球治

---

① 国务院发展研究中心课题组：《未来15年国际经济格局变化和中国的战略选择》，《管理世界》2018年第12期，第1—12页。

理观，以及长期以来为新兴国家和发展中国家争取更大话语权的不懈努力，正在产生越来越大的积极效应；四是全球治理平台更加丰富，G20、金砖国家组织以及一大批区域和跨区域合作组织的诞生且不断发展，以及"一带一路"国际合作对全球性发展问题和治理问题正在产生积极影响，一个多层面、多维度、多领域的全球治理体系正在逐步完善。

其五，人类文明及交往模式百年之变。自近代以来的相当长时期里，世界范围的知识流动总体上呈现出从北方向南方单向度的扩散和渗透。21世纪以来，一大批新兴经济体和发展中大国开始成为知识、信息、科学技术的生产源和传播源，在方兴未艾的新技术、新产业革命中不断崭露头角，同时伴随中国特色社会主义思想、制度的不断发展完善和一些转轨国家在制度上的不断探索，世界范围的思想、观念、制度、模式也呈现出日益多元的格局。曾几何时，发展中国家要学习借鉴经济发展和国家治理经验，它们要么去伦敦、巴黎，要么去华盛顿、纽约，而如今，众多发展中国家在继续借鉴发达国家的知识和经验的同时，也开始了更大规模的自主创新、自主发展以及不断推进彼此的发展合作与知识交流，这在人类历史上尚属首次。此种经验交流可以助推发展中国家重新思考自身发展道路、发展模式和发展政策，帮助它们更好地应对和解决全球性发展和治理问题，同时，得益于南南知识交流与共享而不断深入推进的发展中国家复兴浪潮又正在从结构上有力推动着国际秩序的发展和演变，彰显着发展中世界对人类发展的新贡献和新价值。

人们观察世界，多囿于西方之一隅。如果以一种全球纬度的大历史视野观之，过去百余年来世界体系的最大变化之一，是广大第三世界国家先后实现政治独立，随后开始追求全面发展和复兴。欧洲殖民大国维系百余年的殖民体系早已寿终正寝，延续至今的以美欧为主导的世界体系也正在发生某些具有结构性意义的改变，世界日益呈现出一种"多中心化"甚至"去中心化"的趋势，延续几个世纪之久的以西方为中心、以亚非拉为外围的"中心—边缘"垂直体系正在悄然发生重大转变。这些在近代资本主义世界体系中长期处于边缘的地区和国家，如今通过自主发展和横向联合，逐渐成为世界经济增长的新引擎，成为国际规则的重要制定者，成为人类知识的重要创造者，成为国际政治舞台的重要参与方。虽然旧的国际秩序的根本性改变仍需时日，但世界经济格局、权力格局、知识格局、全球治理结构所呈现出的积极变化趋向，预示着一个更加公平、公正、多元、均衡的世界体系正在加速到来。

二 世界百年大变局的主要特征

所谓世界百年大变局，就是指当下已经开启且将经历一个相对较长历史时期的那些深刻影响人类历史发展方向和进程的世界大发展、大变化、大调整、大转折、大进步。[①] 深入分析世界百年大变局的基本内涵与主要表现，可以总结出大变局的六点特征。

（一）世界大变局体现了认识世界大势的一种全球纬度的大历史视野

人类历史发展有其内在规律。当前国际形势风云变幻，世界不确定性不稳定性显著增多，更需要秉持一种超越当下的大历史观、长历史观来清醒把脉人类历史发展方向和世界发展大势。习近平同志在中央外事工作会议上强调，把握国际形势要树立正确的历史观、大局观、角色观。[②] 其精神在于，我们要端起历史望远镜冷静观察，善于把脉人类历史发展大势，善于发现世界演变规律，善于从林林总总的表象中把握整体、全局和本质，也需要把中国自身发展置于国际体系变迁大势之中，善于认识中国的历史方位和世界作用，善于统筹国内国际两个大局，在错综复杂的形势下保持战略定力，在瞬息万变的世界中赢得战略主动。百年大变局宏大战略判断的提出，正是在充分认识世界发展大势基础上做出的。

（二）世界大变局的本质在于国际秩序的历史演进

纵观近五百年来的世界历史，国际体系总体呈现不断发展与演进的态势。15—16 世纪，西方大航海时代开启了世界历史的新纪元，使地球上的不同人群连为一体，同时奠定了资本主义全球经济体系的基础，欧洲列强也依靠船坚炮利逐步建立起遍及世界的殖民体系。18—19 世纪，

[①] 罗建波：《在世界百年未有大变局中把握战略机遇期》，《科学社会主义》2019 年第 3 期，第 14—22 页。

[②] 习近平：《坚持以新时代中国特色社会主义外交思想为指导　努力开创中国特色大国外交新局面》，《人民日报》2018 年 6 月 24 日。

科技革命的巨大飞跃推动人类社会进入工业文明时代，造就了工业资本主义在世界的支配地位，欧美列强对世界的瓜分和争夺也变得空前激烈。20世纪上半叶的两次世界大战给世界人民带来了深重灾难，也催生了世界人民对永久和平的向往；联合国的诞生及一系列重大国际关系准则的确立带来了国际体系的重大进步；此后，一大批亚非拉国家通过艰苦斗争相继获得独立和解放，延续几百年的西方殖民体系土崩瓦解。20世纪下半叶，美苏冷战的结束推动世界经济体系深度交融，现代交通和通信技术的快速发展极大地推动了全球化进程的深入发展，世界总体和平局面进一步巩固，各国共同发展显著推进。进入21世纪以来，国际体系在历史延续中体现出新的历史性变化，在总体稳定中体现出新的历史性变革，在曲折演进中体现出新的历史性进步。

（三）世界大变局的根本动力在于科技革命的突破性进展和制度创新

人类社会相继经历了石器时代、青铜时代、农业时代、工业时代、信息时代，其决定性因素是科学技术的重大突破和生产力的更大解放。从另一纬度看，社会制度创新也是决定人类进步的又一重要推动力量。从原始社会、奴隶社会、封建社会，到资本主义社会，以及更高形态的社会主义和共产主义社会，制度创新通过更大程度解放人的思想、更大范围动员社会力量、更深程度激发社会活力进而全面推动人类社会的发展和进步。近代以来西欧的快速发展，离不开科学技术的突飞猛进及由此带来的两次工业革命，离不开文艺复兴、宗教改革和启蒙运动带来的人的思想和观念解放，离不开代议制、权力制衡、现代政党政治的发展完善及其对社会进步的有力推动。21世纪以来，如何抓住新一轮科技革命的发展契机进而掌握科技领先优势，如何推进国家制度和国家治理能力建设进而筑牢制度优势，已经成为世界各国发展议程的优先着力方向，成为主要大国竞争与合作的焦点所在，其发展走向也将从根本上决定国际力量对比和国际格局的演进趋向。

（四）世界大变局的最大变量在于一批新兴经济体和发展中大国的群体性崛起及其带来的世界影响，其中最突出方面是中国的不断发展和复兴

在观察国际体系和国际秩序变迁之时，世人的目光多聚焦于大国关系的走向及由此带来的国际格局的显著变化。但如果从广大发展中国家

的角度来看,20世纪以来的一百多年是亚非第三世界国家相继赢得政治独立,在此基础上不断推进民族国家构建和经济社会发展,其中一些新兴经济体和发展中大国在 21 世纪以来取得了显著的发展成就。这种发展成就,不只是经济规模上的增长,也包括政治上更加独立自主,以及文化上更加自立自信,因而其国际效应也是巨大的,不仅带来了世界经济格局的显著变化,对国际政治格局和人类文明交流互鉴都带来了某种积极的影响。这其中,中国的发展成就及其世界影响尤为引人关注,成为当今发展中国家群体性崛起的主体和中坚。①

(五)世界大变局的突出特点在于南南合作的显著深化拓展及其世界影响力的不断提升,其中最突出亮点是中国对南南合作的推动和引领

过去百余年里,南南合作的历史使命和任务呈现阶段性演变,从 20 世纪追求民族独立和解放因而需要携手反帝反殖反霸,到 21 世纪追求全面复兴因而需要实现全方位的南南团结合作。中国曾经是第三世界的一员,当前是最大的发展中国家,因而始终坚定与发展中国家站在一起,一直是南南合作的重要参与者、推动者,在很多领域甚至扮演着引领者的角色。当前时代,中国把南南合作视为构建人类命运共同体的样板和典范,把发展中国家作为自身履行全球责任的首要区域,通过"一带一路"携手发展中国家实现发展与复兴,成为引领和推动发展中国家群体性崛起的重要引擎,成为撬动世界经济政治板块变化的重要力量。

(六)世界大变局是一个和平渐进的历史进程

在人类数千年历史上,无论是城邦、王朝或国家的兴衰更替,还是地区性或全球性秩序的重大演变,多是以"剧变"而非"渐变"的方式完成的。正如一战和"二战"所展现的那样,世界格局的变化大多伴随血雨腥风甚至是惨烈战争,国际秩序的解体和重构也多是在短期内予以

---

① 中国是世界经济增长的最大贡献者。2013—2018 年,中国对世界经济增长的平均贡献率超过 28.1%。有关测算结果表明,2013—2016 年,如果没有中国因素,世界经济年均增速将放缓 0.6 个百分点,波动强度将提高 5.2%。麦肯锡全球研究院发布报告认为,2000—2017 年,世界对中国经济的综合依存度指数从 0.4 逐步上升到 1.2,中国贡献了全球制造业总产出的 35%。国务院新闻办公室:《新时代的中国与世界》,2019 年 9 月,http://www.gov.cn/zhengce/2019-09/27/content_5433889.htm(上网时间:2020-04-12)。

完成。与过去不同的是，当前世界大变局总体呈现和平、渐进的过程。在世界分工高度发达、各国相互联系空前紧密的时代，新兴大国不会选择走传统大国争霸世界的老路，而是致力于以和平、合作、共赢的方式实现国家发展和民族复兴，以全面参与全球化寻求与世界的互利共赢和共同发展，以建设性的方式推动既有国际秩序的改革、发展和完善。"修昔底德陷阱"或"金德尔伯格陷阱"值得世人警惕，但在一个高度全球化的时代，其表现形式可能与历史相比截然不同。

第二节 大变局下中国与发展中国家面临的机遇与挑战

在当今世界大变局进程中，新一轮科技革命和产业革命迅猛发展，国际格局加速演变，全球治理体系正在经历深度的历史性调整，这为发展中国家追求发展和复兴、为新时代南南合作的全面深化拓展带来了历史性机遇，这是理解中国与发展中国家基本战略环境的主要方面。但也要看到，国际秩序演进涉及权力、利益、规则和观念上的再分配、再调整，其间自然充满着矛盾、分歧和斗争，可能伴随着困难、反复与挫折，因而给世界带来诸多不确定性不稳定性因素。特别是，突如其来的新冠肺炎疫情给世界经济和全球治理带来了严重冲击，美国单边主义和保护主义的继续走强显著推升了大国间竞争，中国与发展中国家合作面临更大的复杂性和不确定性。

一 世界大变局带来的历史机遇

（一）新一轮科技革命为中国与发展中国家提升在全球产业链、价值链、供应链中的位势提供了新契机

21世纪以来，以云计算、大数据、物联网、人工智能、量子信息为技术突破口的社会信息化进入全新阶段，新一轮科技革命和产业变革正在孕育兴起，全球产业链、价值链、供应链正在加速重构，新产业、新业态、新模式正在不断涌现。一些新兴经济体和发展中大国紧紧抓住此轮新技术革命的历史契机，通过新技术和新产业的前瞻性布局进而极大

实现了后发优势和跨越式发展，在一些重要领域实现了与发达国家站在经济发展的同一起跑线上，获得了与发达国家同场竞技的机会，一些国家甚至创造出比发达国家更高更好的财富增长，这是当前一些发展中国家实现群体性崛起的重要技术性和物质性基础。

（二）"东西""南北"关系的历史性演变正在重塑中国与发展中国家的世界地位

相较于20世纪，"东西""南北"关系在某些方面有了很大甚至是实质性变化。苏联解体之后，传统意义上东西方阵营间的冷战对峙已经结束，当前社会主义与资本主义国家在制度和观念上仍存在很大不同，部分西方国家仍然念念不忘对社会主义国家进行意识形态的输出和渗透，但冷战时期那种你死我活的意识形态较量已经不复存在。东方与西方开始更多体现在地理区隔上，而非传统意义上的意识形态对立。在南北关系上，虽然南方发展中国家的发展程度有别、发展速度不尽相同，但它们的发展速度在整体上要高于北方发达国家，诸如中国、印度等一些新兴经济体和发展中大国的发展尤其引人注目，成为当今全球经济发展中不可替代的重要加速器和稳定器。根据IMF估算，2019年全球经济增速为3.2%，但不同经济体之间存在差异，发达经济体的经济增速为1.9%，新兴经济体和发展中国家的经济增速为4.1%，其中亚洲新兴经济体和发展中国家的增速为6.2%。[1] 发展速度上"南快北慢"和"东升西降"，带来了南北方经济总量差距呈现进一步缩小态势。伴随国际格局的"多极化"和"非西方化"，"东西""南北"关系正在发生历史性演变。

（三）全球治理赤字和信任赤字呼唤中国和发展中国家扮演更加积极的全球角色

当今世界面临严重的全球治理赤字，诸如恐怖主义、地区冲突、难民危机、气候变化、重大传染性疾病等问题仍然威胁世界的和平与稳定，肆虐全球的新冠肺炎疫情更是直接考验着全球公共卫生治理体系和治理

---

[1] IMF: *Still Sluggish Global Growth*, World Economic Outlook, Washington DC, July 2019, pp. 4–5.

能力。当今世界还面临严重的信任赤字,这是全球治理赤字难以缓解甚至日趋严重的重要根源。以美国为首的部分发达国家全球投入意愿和能力显著下降,导致全球治理投入不足,同时助长了民粹主义和保护主义思潮的全球蔓延,在全球治理领域开了恶劣的先例。因此,国际社会呼唤中国和发展中国家在全球治理领域发挥更加积极的作用:一是在力所能及的情况下适度增加全球公共产品的供给,为全球治理提供更多的资金、物质和技术支持;二是在国际社会发出和平、发展、合作、共赢的声音,推动塑造开放包容、共同发展的国际共识。2020年3月29日,新加坡总理李显龙在接受CNN专访时,明确表示,"如果美国不愿动用它的人才、资源和软实力去领导全球力量抗击威胁人类的Covid-19传染性疾病,那将是一个遗憾"。同时,他称赞中国不仅成功遏制了国内的疫情,而且通过提供医疗卫生援助、出口医疗物质在全球抗击疫情战斗中发挥了领导角色(assert a leadership role)。[1] 此外,21世纪以来中国和发展中国家还积极推动全球治理规则的塑造和全球治理平台的搭建,诸如金砖组织的成立和金砖新开发银行的设立、亚投行的成立和运作,中非合作论坛、中阿合作论坛、中拉合作论坛的先后诞生,以及发展中国家在G20中发挥的重要作用,都是典型的例证。

(四)新时代南南合作也因为新旧秩序的转换获得了历史性发展机遇

在世界大变局背景下,新时代南南合作的历史使命更加清晰,视野更加开阔,既关注自身,致力于实现发展中国家的发展与复兴,解决发展中国家面临的紧迫的发展和治理问题,也放眼全球,着眼推动国际秩序更为公平公正的发展,携手推动构建人类命运共同体。新时代南南合作的动力更加强劲,意愿更加强烈,不仅有新科技新产业革命带来的新机遇新助力,更有一大批发展中国家正在群体性崛起因而有了更大意愿更大能力推动发展中国家的互利合作,其中最为重要的方面是中国显著加大了与发展中国家的团结合作,携手发展中国家提出了一系列新倡议、

---

[1] "Singapore PM calls for end to US – China blame game", Mar 30, 2020, https://panpacifica-gency.com/news/southeast/03/30/singapore-pm-calls-for-end-to-us-china-blame-game/(上网时间:2020-03-31)。

新方案，打造了一系列新机制、新平台，为南南合作贡献了更多的公共产品。新时代南南合作的内涵更加丰富，意义更加深远，除了夯实政治互信、拓展经贸合作、加强国际相互支持之外，也日益重视人文交流、知识共享和经验互鉴，通过在文化、观念、制度层面的互学互鉴显著推动人类文明的多元发展，为人类社会进步贡献更多来自发展中国家的思想和智慧。

二 世界大变局带来的风险和挑战

历史经验表明，国际秩序的演进从来都不是一帆风顺的。当今世界，各国人民追求和平与发展的意愿继续增长，但保护主义、单边主义、霸权主义旧思维仍然存在；各国人民追求公平公正国际秩序的意愿继续增长，但赢者通吃、唯我独尊、号令天下的老做法仍然存在。特别是，在全球疫情肆虐背景下，世界经济受到巨大冲击，逆全球化态势继续走强，全球治理因为部分西方大国全球投入下降因而呈现显著势微，大国竞争因为美国挑衅因而继续升级，国际社会的不确定性不稳定性因素显著增多。世界如何变，我们怎么办？中国与发展中国家需要及时研判世界形势新变化新动向，据此分析此种变化对中国与发展中国家带来的机遇与挑战。

（一）世界经济受到疫情严重冲击，后疫情时代发展中国家经济和民生仍面临不少挑战

世界经济在2008年金融危机后长期处于低迷态势，在新冠肺炎疫情暴发后更是受到严重冲击。由于非洲、南亚、拉美等发展中国家的公共卫生条件欠佳、社会治理能力较弱，受到全球疫情的影响也较大，经济发展和民生改善受到不同程度的影响。观察全球疫情对中国和发展中国家的影响，以及后疫情时代发展中国家经济的复苏进程，还须注意如下可能变化：①部分发达国家正在着手进行产业链重塑，逐步把事关国家安全和重大民生的战略性、基础性产业部分搬回国内，必然会对全球产业链供应链价值链产生影响，给发展中国家的工业化产业化进程带来不同程度的干扰。②部分西方国家民粹主义和保护主义思潮继续走强，逆全球化态势更加明显，发展中国家面临的国际经济环境可能更趋恶化。

(二) 全球治理显著势微，发展中国家恐将受到全球治理进程显著放缓的影响

当今人类社会面临的主要矛盾之一，是全球性问题不断增多与全球治理能力不断减弱的矛盾，而美欧全球责任意愿和能力的显著降低则是矛盾的主要方面。在全球治理亟须加强之时，美欧提供国际公共产品的意愿和能力却在继续显著下降，导致全球治理失去了最强有力的领导者和推动者，全球治理由此进入了问题"多发期"、领导者"缺位期"和全球共识"低迷期"。特别是，美国处处以美国利益第一为算计，奉行带有明显利己主义和保护主义色彩的对外政策，不断"退群""毁约""降费""减援"，为全球治理树立了负面先例，显著恶化了国际合作的政治生态，降低了其他国家履行国际责任的意愿。可以预期，在西方依然推卸全球治理责任，新兴发展中国家尚无能力全面取代发达国家所应承担的国际责任之前，全球治理将难以避免地处于一个相对低迷和困难的时期。其后果在于，发展中国家是全球治理问题最为集中、最为突出的地区，全球治理显著势微必然严重冲击发展中国家和平与发展进程。

(三) 大国竞争继续升级，中国与发展中国家合作恐将面临新的干扰和变数

此次疫情未能开启大国合作的新时代，相反大国互信显著降低，大国战略竞争全面升级。特别是，大国围绕核心产业竞争和意识形态较量呈显著加剧态势，成为大国战略竞争的新焦点。欧美各国可能显著加强在涉及国家安全领域的产业回流，加快布局5G、大数据、物联网、人工智能、生物技术、太空技术等前沿科技和产业。此次疫情也是对各国政治制度和治理能力的一次全面检验，美欧抗疫的相对不力与中俄的相对成功形成了鲜明对比，打击了美欧对自身文化和制度的信心，新自由主义在西方内外均受到不同程度的质疑。美欧为了转移国内民众对政府抗疫不力的愤怒以及重新凝聚社会共识，开始极力贬低中俄的抗疫成就，抹黑中俄的政治制度和治理模式，显著激化了大国间的意识形态分歧和对抗。

其中最突出的方面是，崛起国与守成国的战略博弈继续呈现升级之势。2015年以来特别是特朗普执政以来，美国对华认知和定位发生了显

著变化,刻意把中国贴上"战略竞争者"和"修正主义国家"的政治标签,以此离间中国与西方国家乃至与世界的关系。① 美国为了继续维持其全球战略竞争优势,在战略层面显著加大了对华经济竞争和军事遏制,同时在 WTO 和 G20 等多边场合故意设置涉华议题,试图丑化中国国家形象,在最大限度上孤立中国于国际体系之外。当前中国需要高度警惕三个最坏的可能局面:一是中美战略和地缘竞争显著加剧,中美关系陷入"修昔底德陷阱"因而出现严重的战略对峙;二是美西方国家在观念和意识形态上对华不信任加深,由此显著拉大中国同"大西方"的距离;三是美国同其他发达国家通过塑造更高标准的国际经贸规则从而把中国孤立于国际体系之外,2018 年 7 月美欧(盟)达成以零关税、零壁垒、零补贴为核心的新的贸易协定,2018 年 12 月日本主导的《全面进步的跨太平洋伙伴关系协定》(CPTPP)正式生效,以及美国同部分发达国家希望大幅度变革 WTO 规则,都值得予以高度关注。随着国际秩序快速变迁,中美关系甚至更大范围的中国与西方世界的关系可能变得比以前更加复杂。

在世界大变局下,中国与发展中国家间原本存在的一些结构性或现实性问题可能会被放大,甚至可能产生一些新的风险和挑战。首先,发展中国家整体呈现较快发展态势,但不同国家间的发展速度不一,发展程度各异,特别是中国国力的整体快速提升与若干国家的发展迟滞之间形成较大反差,导致后者往往对中国在提供援助、减免债务、转移技术等方面抱有过高期待。其次,中国与部分发展中国家的经贸合作结构还需调整,合作层次还须提升,贸易多、投资少,出口多、进口少,一般

---

① 2017 年以来,美国相继出台一系列重要的战略报告,明确把中国称为"战略竞争者""修正主义国家",包括 2017 年 12 月的《国家安全战略报告》、2018 年 1 月的《美国国防战略报告》、2018 年 2 月的《核态势评估报告》、2019 年 6 月的《印太战略报告》,均涉及对华战略定位。The Department of Defense, *National Security Strategy of the United States of America*, December 2017, Washington DC, pp. 1 – 6; The Department of Defense, *Summary of the 2018 National Defense Strategy*: *Sharpening the American Military's Competitive Edge*, January 2018, Washington DC, pp. 2 – 3; The Department of Defense, *Nuclear Posture Review*, January 2018, Washington DC, pp. 5 – 11; The Department of Defense, *Indo – Pacific Strategy Report*: *Preparedness, Partnerships, and Promoting a Networked Region*, June 1, 2019, Washington DC, pp. 7 – 10。

性商品贸易多、服务贸易少，基建与能矿合作多、产能与技术合作少等情况亟须改变。最后，美欧国家为了维系它们在发展中国家的政治和经济利益，不愿看到中国在发展中国家影响力的快速提升，通过经济拉拢、政治干预、舆论把控等方式巩固和维系它们在关键国家、关键地区、关键领域的影响力，在此背景下中国与美欧在某些发展中国家和地区的经济、舆论甚至是地缘竞争显著增强，中国与发展中国家的互利合作也因此面临来自外部世界的干扰和破坏。

其中，亚太和非洲地区在美国对华战略棋盘中占有特殊的重要地位，也颇有代表性。美国特朗普政府上台伊始便提出"印太战略"的概念，其重要目的之一便是缝合太平洋和印度洋两大战略板块，编织起针对中俄传统大国的更加紧密的战略防线，这一进程在拜登政府执政后得到继续加强。2019年美国国防部专门发布《印太战略报告》，污称中国为"修正主义力量"（revisionist power）、俄罗斯为"恶性参与者"（malign actor），声称要通过军事上未雨绸缪、强化同盟体系和伙伴关系、打造网络化的区域安全三管齐下来维护印太地区秩序和美国的力量优势。[1] 考虑到部分周边国家与中国存在领土和海洋权益纠纷，或者对中国的崛起抱有疑虑和担忧，因此美国加大对亚太地区的介入力度可能会给中国与周边国家关系带来新的变数，进而增加中国周边外交的风险和成本。如果说美国布局亚太旨在近距离围困中国，那么在非洲，美国则是从外围地区遏制中国的全球影响力，以维护美国在全球的领导地位。2018年12月美国特朗普政府发布其对非战略，大肆污蔑中国和俄罗斯在非洲的所谓"掠夺性做法"（predatory actions），扬言要通过加大对非投入、重塑非洲国家的政治选择等方式获取在非洲的竞争优势。[2] 2022年12月美国主办美非峰会，承诺加大对非经济和安全投入，着眼提高在非洲地区的影响

---

[1] The department of Defence, *Indo-Pacific Strategy Report: Preparedness, Partnerships and Promoting a Networked Region*, June 1, 2019, Washington DC, pp. 7 – 10, 17 – 52.

[2] "Remarks by Security Advisor Ambassador John R. Bolton on the The Trump Administration's New Africa Strategy", December 13, 2018, Washington DC, https：//www.whitehouse.gov/briefings – statements/remarks – national – security – advisor – ambassador – john – r – bolton – trump – administrations – new – africa – strategy/（上网时间：2020 – 04 – 12）。

力和塑造力。在世界大变局下，大国在部分发展中国家和地区的竞合关系可能变得更趋复杂，中国与发展中国家的合作关系也可能面临更多的不确定性因素。

要看到，霸权主义、强权政治的历史性退场并非易事。在观念层面，美国霸权主义有着深厚的历史和文化渊源。美国人自诩为"上帝选民"，把美国视为世界独一无二的"山巅之城"，因而具有拯救世界的"天定命运"。① 这种思想很大程度上塑造了"美国例外论"，极大影响了美国对世界的认识，在很大程度上影响着美国与外部世界的关系。在实践层面，美国霸权主义还有着世界超级大国的财力支撑，有着在冷战时期得以建立并不断强化的全球性同盟体系，且战后主导建立了一系列全球性国际机制因而赋予美国霸权以制度支撑。仅以制度霸权为例，美国著名地缘战略理论家布热津斯基曾坦言，这些国际机构看似具有代表全球利益的"世界性"，但实际上它们本身是在美国的倡议下产生且在很大程度上为美国所左右。② 美国学者约翰·伊肯伯里认为，"二战"后国际制度既可以降低美国的霸权成本，也能够通过对自身权力的战略约束（strategic restraint）来换取其他国家对美国的尊重，从而使美国权力更具合法性，也更为持久。③ 虽然美国在一些重大国际机构中的影响力有所下降，既有的国际规则也有所修正，特别是特朗普执政以来严重减损了美国的软实力，但时至今日美国仍然掌握着大部分国际议题的设置权、议程的主导权、内容的提供权、标准的制定权，断言美国制度霸权在短期内终结显然并不现实。

国际秩序演进涉及权力（利益）、制度和观念的再分配，必然是一个漫长的斗争过程。部分西方大国为了维护既有的全球主导地位，势必会

---

① 美国知名历史学者安德斯·斯蒂芬森认为，天定命运在美国具有宗教与世俗的双重意义，它是一个在时间和空间上持续不断的使命与试验。Anders Stephanson, *Manifest Destiny: American Expansion and the Empire of Right*, New York: Hill & Wang, 1995, p. 6.

② [美] 兹比格纽·布热津斯基：《大棋局——美国的首要地位及其地缘战略》，中国国际问题研究所译，上海人民出版社1998年版，第37页。

③ [美] 约翰·伊肯伯里：《大战胜利之后：制度、战略约束与战后秩序重建》，门洪华译，北京大学出版社2008年版，第45—71页。

通过内外政策调整延续已有的权力优势，通过科技和产业的某些突破性进展进而延续在全球产业链、供应链、价值链的高端位势，甚至不惜对新兴发展中国家采取防范、遏制甚至刻意打压。美国特朗普政府高举"美国优先"的口号，对内重振美国工业实力，对外奉行贸易保护主义，特别是显著加大了与中国的贸易摩擦乃至全面的战略竞争与遏制，其目的正在于维护并筑牢美国在世界的强势地位。西方发达国家和发展中国家在全球层面的主从和攻守地位难以在短期内有根本性改变。在百年大变局下，中国需要准确研判国际战略格局的基本态势，精准谋划外交战略布局，由此最大程度优化中国外部环境，主动塑造和维护中国发展的战略机遇期。

第三节 大变局下发展中国家对中国外交的战略价值

长期以来，中国一直把发展中国家视为自身外交战略基础，一直注重加强同它们的团结合作。在当今世界格局加速演变之际，发展中国家是中国的天然同盟军，深化与发展中国家团结合作对于中国拓展发展机遇、筑牢外交依托、舒缓外部环境、策应国际权力再分配，以及增进中国国际话语权进而显著提高自身国际影响力、感召力和塑造力，都具有重要的战略价值和现实意义。在全球抗疫背景下更是如此。

一 21世纪上半叶中国的战略利益与外交诉求

中华人民共和国成立以来，中国对外战略诉求是不断变化的。头三十年的主要任务在于打破美苏超级大国相继实施的政治和军事威胁，维护国家主权独立和民族尊严。为此，中国先是做出了向苏联社会主义集团"一边倒"的政治选择，同时注重发展同亚非拉民族独立国家的关系。在中苏关系破裂的20世纪六七十年代，中国以广大第三世界为政治依托，创造性地开展了同美国的战略合作。中美关系缓和、中国重返联合国以及在此前后中国外交关系的显著扩大，表明中国寻求国际承认的努力取得重大突破。中国于1978年启动了改革开放进程，内外大政方针开始出现重大调整，对内坚持以经济建设为中心，对外奉行全方位、不结盟的独立自主和平外交政策，走出一条坚持独立自主而又深入参与经济全球化的和平发展道路。

这一进程发展到21世纪特别是党的十八大以来，中国开始进入全面追求大国复兴的新时代。新时代中国外交的视野更加开阔，愿景更加宏大，既要奋力实现中华民族伟大复兴，完成近代以来中国人的民族夙愿，又要携手世界推动构建人类命运共同体，充分展现当代中国的世界胸怀和全球担当。新的历史使命赋予中国外交以新的历史任务，既需要主动塑造和维护中国发展的战略机遇期，为中华民族伟大复兴提供更加有力的保障和更加有利的外部环境，也需要助推中国更加深入参与全球事务并发挥负责任的大国作用，为建设更加美好的世界贡献更多中国价值、中国方案和中国力量。

具体而言，新时代中国外交诉求体现在以下四个方面：

其一，国际环境诉求，即营造和平发展所需的总体外部环境，特别是积极应对和妥善处理中国与西方大国可能出现的结构性紧张关系以及由此带来的中国外部环境的某些不利变化。中国发展与复兴要走得通，走得顺，需要有大致良好的外部环境，其中尤为重要的是大国关系的基本稳定和均衡发展。然而，个别西方大国基于现实主义的权力逻辑，囿于狭隘的意识形态偏见，不愿意看到中国国力的不断强盛，不愿意看到中国政治制度的不断巩固，对中国的快速崛起表现出某种明显的不安或不适，由此产生了中国崛起与既有国际权力秩序难以解决的结构性矛盾，而其核心问题则是如何处理崛起国与霸权国的相互关系问题。以和平方式追求自身发展是中国的主动追求和良好意愿，反映了中国战略文化传统和外交哲学本质的内在规定，体现了中国对大国成长及国际秩序变迁的特殊理解，但其最终实现还需要外部世界的理解、包容和支持，需要中国运用足够的耐心和智慧去巩固外交依托、扩大战略缓冲、减少外部阻力，进入实现中国与世界关系特别是中美关系更加良性的发展，或者起码不对中国发展带来根本的阻碍或重大危害。

其二，发展利益诉求，即拓展中国经济发展的新机遇新空间，特别是通过全方位对外开放新格局助推中国经济转型升级。中国经济要实现可持续发展，要成功避免可能的"中等收入陷阱"，必须及时实现发展方式的转变、经济结构的优化、增长动能的转换，推动中国由经济大国、科技大国、工业大国走向经济强国、科技强国、工业强国。这就需要继续做大做强中国的产业和科技水平，不断提升在全球产业链、供应链、价值链中的地位。这种需要打造全方位、多层次、宽领域的对外开放新格局，深化与外部世界在市场、资源、资本上的深度融合，全面提升和拓展与外部世界的互利合作。这就需要通过更高质量的"请进来""走出去"助推中国产业转型升级，在"请进来"时更多着眼资本和技术密集型产业，在"走出去"时更多推动中国技术、中国标准、中国人才的国际化发展。特别是，在美国加大对华经贸"脱钩"威胁之时，中国需要前瞻性谋划对外开放新格局，不断挖掘新的合作伙伴、新的合作领域、新的合作形式、新的合作机遇，以减少中美经贸摩擦给中国经济带来的可能损害。

其三，国际地位诉求，即提升中国的大国地位和影响，特别是提高在若干重大国际机制和国际事务中的影响力和话语权。随着中国国力的增长，中国更加深度地参与全球发展和全球治理，更加积极地参与国际规则的塑造和完善，更加自信地参与人类文明交流互鉴。着眼未来，中国还需继续着眼参与甚至引领重大国际制度和规则的塑造，提高在重大国际组织中的议程设置权、概念定义权、内容解释权、争议裁判权；需要为世界发展和全球治理问题的解决提供更多方案和倡议，为解决全球性和地区性热点难点问题提供更多的应对思路和举措；需要不断推动与国际社会的经验交流和制度对话，通过更多呈现中国话语为中国道路和中国制度赢得更多理解和认同，通过推进治国理政经验交流为发展中国家更好探索自主发展道路做出更大贡献。

其四，国际道义诉求，即彰显中国外交的道义精神，特别是呈现中国对世界发展和人类进步所具有的引领力和感召力。21世纪中国要成为的世界大国，是一个全面意义上的大国。这样一个大国，不只是需要有物质力量的强大，也要有精神和道义上的强大。中国需要基于自身的不断发展，在推动世界经济增长和减贫、实施国际发展援助和人道主义救助、参与国际安全治理与和平建设，以及应对全球气候变化和全球公共卫生危机等领域，承担起力所能及的大国责任；需要继续弘扬开放、包容、合作、共赢的理念，推动构建新型国际关系，为国际社会贡献更多新的外交理念、规范和国际关系伦理；需要高举人类命运共同体旗帜，基于发展中国家及全人类共同利益的立场致力于推动国际秩序更为公正合理的变革与完善，推动构建更加美好的世界。21世纪中国的大国外交，要有鲜明的中国特色、中国风格、中国气派，这就需要有全球纬度的眼界和视野，有引领时代发展的外交思想与理念，有彰显中国精神和中国气度的责任和道义。

二 大变局下加强对发展中国家外交的现实意义

在当今世界大发展、大变革、大调整的时代，着眼新时代中国特色大国外交的利益与诉求，发展中国家对于中国拓展发展机遇、筑牢外交依托、舒缓外部环境、提升国际影响，以及弘扬国际道义精神都具有重要的战略意义

（一）筑牢中国外交的战略支点，在世界大变局中舒展中国外部环境并维护全球战略稳定

过去几年来特别是全球疫情背景下，大国竞争显著回归，大国关系较此前更趋复杂，尤其是在美国的不断挑衅下，中美互信不断走低，经贸摩擦长期胶着，舆论和意识形态较量不断升级，地缘竞争在某些方面也在显著加剧。美国对华认知和定位已经发生重大转变，中美战略竞争日益呈现全面化、复杂化、长期化。大国博弈从根本上比拼的是国家实力，但国际道义、国家形象、外交信誉的高低，同情者、认同者、支持者的多寡，都在很大程度上影响到一个国家的国际地位和影响力。发展中国家一直是中国外交的"基础"，在很多时候甚至是撬动中国与外部世界关系结构的"支点"。[①] 在大国角力不断走强之时，中国在不断壮大自身国力的基础上，也要积极加强和拓展与发展中国家的团结合作，巩固

---

① 刘鸿武教授曾较早地论述过非洲国家对中国外交的这一支点作用。刘鸿武：《中非关系30年：撬动中国与外部世界关系结构的支点》，《世界经济与政治》2008年第11期，第80—88页。

战略依托，扩大回旋空间，利用发展中国家的整体力量制衡美国及其个别盟友对中国的可能阻遏，改变和优化中国的战略处境。中国不会搞军事同盟关系，但中国也需要政治上的战略依托。即便是在地缘形势颇为复杂的周边地区，中国也可以通过继续深化同周边发展中国家的利益和情感交融进而拉近与周边国家的距离，通过增加地区公共产品的供给进而不断提升在周边地区的影响力，通过加强地区多边合作进而部分化解、制衡美国在本地区的双边影响力，至少确保多数周边国家在中美竞争趋紧之时不会明确参与美国制华的战略链条。

（二）拓展中国经济新边疆，在深度参与全球化进程中维护自身经济安全并拓展发展新机遇新空间

发展中国家是世界能源资源的主要供给者、加工制造的重要承接者、消费增长的可观贡献者、现代科技应用市场的重要提供者。当前中国与发展中国家的经贸合作有三大着眼点和着力点：一是需要继续拓展在发展中国家的资源市场、商品市场，以解决经济发展面临的资源、市场和环境约束。仅以中国对海外能源特别是石油依赖为例，2017年中国原油进口量为4.2亿吨，超过美国成为全球最大的原油进口国。同年，中国石油进口依存度上升到72.3%。[1] 二是全面提升与发展中国家的经贸合作层次，在"走出去"时实现从政府援助为主向企业投融资为主的转型，从一般商品贸易到产能合作和服务贸易的升级，从简单的工程承包到建投营一体化的转变，以推动中国产业升级并实现经济结构转型。中国企业大规模走向发展中国家，可以在海外市场拓展、国际化经营、资本运作、风险防范以及如何处理与当地政府、社会、民众的关系上积累宝贵经验，从而助推中国企业和资本实现真正意义上的国际化或全球化。三是在中美经贸与科技竞争显著激化之后，更是需要积极拓展在发展中国家的商品市场和投资市场，适度降低对美欧发达国家市场的依存度，以对冲和抑制美国在经贸领域对中国的打压和排挤，减少美欧市场对中方实施贸易和科技制裁而带来的风险，其中不能忽视的是，要拓展新技术新产业

---

[1] 田春荣：《2017年中国石油进口状况分析》，《国际石油经济》2018年第3期，第10—20页。

新产品在发展中国家的应用市场,这是因为当下以信息技术为核心的新科技革命需要技术产业化和应用普及化的相互促进、交替跃升,而发展中国家应用市场的广阔为科技创新提供了重要的数据和经验支撑。

(三)搭建国际影响新平台,携手发展中国家争取制度性话语权并倡导践行重大国际合作新倡议

长期以来,南南合作的一个重要方面是发展中国家在重大国际舞台和国际事务中相互理解、相互同情、相互支持、相互声援。着眼提升国际影响力和话语权,当前中国与发展中国家南南合作有三个增长点:一是携手推动全球治理机制的发展,既着眼改革国际机制的"存量",即不断推动诸如世界银行、IMF、WTO等重大国际机制的改革和完善,推动G20更加有效应对重大全球性发展和治理问题,也着眼提供"增量",不断打造和完善诸如金砖组织、亚投行等多边合作机制,不断塑造和提升诸如中非合作论坛、中拉合作论坛,以及多种形式的中国与东盟国家合作机制等集体磋商与合作机制。二是携手提出若干重大全球性合作倡议,为推动全球发展和治理问题的解决贡献来自发展中国家的方案。特别是,主要得益于与发展中国家的合作,"一带一路"国际合作不断走深走实,通过务实的互联互通、互利合作"示范效应"向世界展示中国提出"一带一路"倡议的初衷和愿景。三是相互分享治国理政经验,通过助推其他发展中国家提高治理能力以及更加自主探索自身发展道路,进而展现中国治理经验的世界意义。

(四)提升道义新高地,在推动全球发展和治理进程中不断彰显中国的道义和精神

中国把发展中国家视为自身履行大国责任的主要区域,携手其他发展中国家应对恐怖主义、气候变化、全球公共卫生危机等非传统安全问题以及诸多地区热点难点问题,据此助推全球治理问题的解决,减少世界面临的不确定性不稳定性因素,由此彰显了自身不断提升的大国责任和大国形象。中国高举人类命运共同体的旗帜,切实践行正确义利观,在同发展中国家合作中做到"真实亲诚"和"亲诚惠容",携手发展中国家打造周边命运共同体、中非命运共同体、中拉命运共同体,不断创新南南合作的互利、互助、互信新理念、新机制、新模式,不断展现推动

构建人类命运共同体的新成就、新贡献。在部分西方国家仍然执迷于霸权主义和强权政治的今天，中国携手发展中国家积极倡导和平、发展、合作、共赢的精神，践行开放、包容、均衡、普惠的发展理念，致力于推动构建新型国际关系，推动构建人类命运共同体，由此向世界提供了新的国际伦理规范，向世界展现了中国的国际道义精神。中国是人类命运共同体的积极倡议者，也是真诚践行者。

第四节　大变局下深化与发展中国家团结合作的世界意义

中国与发展中国家关系，从一开始就具有超越民族国家层面的更为广泛的世界意义。如果说20世纪南南合作的历史任务在于实现第三世界的政治独立，从政治上打碎欧洲大国经营百余年的殖民体系，那么21世纪以来南南合作则更多着眼于推动实现发展中国家的发展和复兴，着眼于推动国际体系更为公平公正的发展。百余年来，中国与发展中国家团结合作的历史使命与任务、合作内涵与形式，以及此种合作给世界带来的作用与影响，都发生了显著的变化，也因此有了全新的历史意义。

一　南南合作历史使命的时代变迁

一部南南合作史，是广大第三世界国家坚定捍卫自身地位、价值与尊严的历史，是众多发展中国家不断追求发展、复兴以及为世界做出更大贡献的历史。基于全球纬度而非囿于西方之一隅，20世纪以来国际关系演变的重要方面，是广大第三世界各国相继实现政治独立和民族解放，在此基础上开始追求经济发展与全面复兴。互助互援以实现民族独立，携手合作以推进国家现代化，是20世纪以来南南合作的两大历史使命与任务。

反抗西方殖民压迫以实现民族独立，是20世纪第三世界合作的历史起点。中华人民共和国是一个社会主义国家，也是一个新生的民族独立国家，因而在外交立场上不仅坚定站在社会主义国家一边，同时也誓言团结广大被压迫民族共同反抗帝国主义的侵略。1955年4月，周恩来总理率团参加了在印度尼西亚万隆举行的第一次亚非会议，与其他亚非国家一道推动会议达成了以反帝反殖为核心内容的"万隆精神"。在中国同时遭到美苏两个超级大国封锁孤立的特殊时期，中国更是执行了最广泛的反帝反霸外交路线，以亚非拉国家为主要力量的发展中国家成为中国国际统一战线的重要组成部分。1974年2月，毛泽东主席提出著名的"三个世界"理论，大手笔地将整个世界划分为三个世界，明确认为中国属于第三世界的一员，因而中国外交要立足第三世界，联合第二世界，共同反对第一世界。"三个世界"理论成为当时中国对外政策的基石，也是那一时期中国发展与第三世界国家关系的指导方针。

那一时期，对外援助在中国与第三世界团结合作中发挥了至关重要的作用。在中国来看，对外援助不仅能够有力支援亚非拉民族独立运动，充分展现中华人民共和国的国际主义精神，同时通过动员更大的力量反对帝国主义和霸权主义，也能极大改善中国面临的外部压力，因而体现了国际主义与爱国主义的有机统一。当时亚非拉民族独立国家也十分重视加强与中国的关系，珍视来自中国的外交支持和经济援助。对这些正在追求政治独立或亟须巩固国家独立主权的新兴民族国家而言，如何通过南南合作以团结更为广泛的反帝反殖力量，是它们最为主要的政治和外交任务。中国同其他亚非第三世界国家和人民，因为共同的反帝、反殖和反霸需要而坚定地走到了一起。

20世纪六七十年代最伟大的历史事件，莫过于一大批亚非民族国家相继获得政治独立。得益于广泛开展的南南合作，广大第三世界国家打碎了束缚自身的外来殖民枷锁，终结了延续百余年的西方殖民体系。中国也获得了越来越多亚非拉国家的外交承认，在极其困难的国际处境中维护了自身主权独立，稳步拓展了与外部世界的关系，在1971年最终被它们"抬进"了联合国。在那特定的年代，南南合作增强了中国的力量和国际影响，为中国赢得了应有的国际地位和尊严，而中国国际地位的提高反过来又加强了第三世界在国际斗争中的整体力量，让西方世界不得不重新思考它们与亚非拉世界的关系。这是第三世界民族独立时期南南合作之于世界的重要历史贡献。

20世纪八九十年代，第三世界民族独立运动的基本结束以及冷战对峙的缓和，发展中国家因而面临新的国家发展任务和国际大背景，开始重新认识自身的身份、利益和国际诉求，中国与发展中国家团结合作的历史主题逐步发生了重大转变。这一进程到 21 世纪，中国与发展中国家南南合作的内涵更加拓展、形式更加多样、层次更为提升、时代意义也更加深远。如何携手推进发展和复兴，如何共同维护发展中国家的应有权益，如何推动国际体系更加公平公正的改革和发展，成为新时期南南合作的优先议题。这些在历史上共同反帝反殖反霸的第三世界国家，逐渐找到了新的合作基础与动力、新的努力方向和愿景、新的合作路径与形式。这一历史转型奠定了新时期中国与发展中国家关系深入发展的基础，开启了中国与发展中国家关系的新进程。

当今世界正处于百年未有之大变局，国际社会正在经历大变化、大变革和大调整，其中重要方面是一批新兴经济体和发展中大国的群体性崛起，以及伴随这一进程南南合作的不断深化拓展。相较于此前，发展中国家的自主性和自立性大为提升，自信心和自豪感大为增长，对全球发展和全球治理的贡献在增大，在国际社会的话语权和影响力也在不断提高。在此背景下，新时代南南合作的内涵更加丰富，不仅关注经济发展和社会治理，也更为深入地探讨制度建设和道路选择，更加全方位地推进文化交流互鉴。新时代南南合作的形式更加丰富，各种形式的区域合作不断深入推进，跨区域合作得到显著发展，"金砖＋"模式开启了以金砖国家带动发展中国家实现整体发展的新模式，中国提出的"一带一路"倡议更是构筑了横贯亚非拉以及更广泛世界的大协调大合作。新时代南南合作的视野更加宽广，不仅关注南方世界的发展与复兴，也着眼于更大意义上的全球福祉和人类进步，着眼于携手推动构建人类命运共同体。在世界百年大变局下，中国深化与发展中国家团结合作也因此具有了更为深远的世界意义。

二 新时代深化与发展中国家团结合作的世界意义

在当今世界百年大变局这一宏大背景下，在中国发展有了新的历史方位的新时代，中国秉持更为宽阔的视野和胸怀，不断创新外交理论与实践，不断打造新的合作路径和平台，推动中国与发展中国家团结合作不断取得新成就和新气象。中国高举人类命运共同体旗帜，提出推动构建人类命运共同体的世界愿景，携手发展中国家打造周边命运共同体、亚洲命运共同体、中非命运共同体、中阿命运共同体、中拉命运共同体，把南南合作视为构筑人类命运共同体的基础和典范。中国提出并践行对发展中国家的正确义利观，以"亲诚惠容"理念不断推动与周边国家的务实合作，以"真实亲诚"理念不断深化中非全方位互信、互助和互利合作。中国提出"一带一路"国际合作倡议，其重点就是要通过更为紧密的互联互通更多与发展中国家分享中国发展机遇，帮助发展中国家破解基础设施落后、资金短缺、人才不足三大发展瓶颈。中国提出共商共建共享的全球治理观，把发展中国家作为践行自身大国责任的最重要的区域，携手发展中国家推动全球治理规则的改革和完善。

深化与发展中国家的南南合作，为国际社会贡献了新的国际关系伦理和范式。中国与发展中国家，有着近代历史上深受西方殖民侵略的相似历史，有着曾经深处国际体系边缘的相似国际境遇，有着追求国家独立、发展和复兴的相似历史任务，有着许多对人、集体、社会和国家相似的传统观念。这些相似点、共同点，使中国从一开始就能平等、真诚地开展与发展中国家的团结合作，建立一种以互信、互助、互利为基本特点的合作关系。中华人民共和国成立伊始便与缅甸、印度共同倡导和平共处五项原则，20世纪60年代提出了开展对外援助的八项主张，70年代提出了更为宏大的"三个世界"理论，80年代以后着重强调平等互利和共同发展，21世纪之后更是迎来了中国与发展中国家合作理论不断创新、合作领域不断拓展、合作形式更加多元的新阶段，日益形成一种政治上团结互助、经济上合作共赢、文化上交流互鉴、国际上相互支持的全方位互利合作新局面。在当前百年大变局时代，中国的全球视野更加开阔，国际道义更加彰显，以人类命运共同体思想为引领，积极倡导对发展中国家的正确义利观，在与发展中国家合作中讲信义、重情义、扬正义、树道义，用自己的行动践行"真实亲诚"和"亲诚惠容"的理念，从而与西方国家仍然存在的西方中心主义的自傲和自大形成鲜明对比，与国际体系仍然残留的零和博弈思维和强权政治逻辑存在根本区别，与当前美国奉行的"美国第一"原则以及有损全球发展利益的诸多做法更是形成了显著差异。

深化与发展中国家的南南合作，为解决紧迫的全球发展问题提供了新路径新助力。作为世界上最大的发展中国家，也是过去四十多年里发展最快的发展中大国，中国充分发挥"世界工厂"同时也是"世界市场"的作用，通过贸易、投资和援助助推发展中国家的减贫与发展进程。特别是在"一带一路"倡议的推动下，"2013年至2018年，中国与沿线伙伴国的货物贸易进出口总额超过6万亿美元，年均增长率高于同期中国对外贸易增速，占中国货物贸易总额的比重达到27.4%；中国企业对沿线国家直接投资超过900亿美元，在沿线国家完成对外承包工程营业额超过4000亿美元"。① 世界银行的研究报告充分肯定了"一带一路"给世界带来的发展机遇，认为互联互通的推进将极大推动贸易和投资便利化，为参与国带来2.8%—9.7%的贸易增长，为全球贸易带来1.7%—6.2%的增长，同时"一带一路"合作也将极大促进全球减贫进程，估计相关国家将有760万人摆脱极端贫困（购买力平价低于1.90美元/天），3200万人摆脱中度贫困（日均生活费低于3.2美元）。② 21世纪以来，全球发展问题的解决已然呈现新路径新方式，在传统"北方—南方"的援助者（donor）与受援者（recipient）关系之外，新型的南南互惠互助互利合作关系不断发展，中国和其他新兴经济体及发展中大国在全球发展领域的地位和作用显著提升，为全球发展贡献了许多新的合作理念、合作倡议、合作机制、合作平台，以及新的合作方式和举措。

深化与发展中国家的南南合作，可以助推全球治理体系的改革和完善。解决全球治理赤字问题，不仅需要世界主要国家包括新兴经济体和发展中大国加大相应的投入，也需要改革、完善和提升全球治理体系的代表性、公正性和有效性，后者可能更具根本性、长期性和系统性。中国携手发展中国家，一方面着眼于全球治理体系"存量"改革，推动诸如世界银行、IMF、WTO等重大国际经济、金融和贸易机构的改革和完

---

① 《共建"一带一路"倡议：进展、贡献与展望》，2019年4月，中国政府网，http://www.gov.cn/xinwen/2019-04/22/content_5385144.htm（上网时间：2020-04-03）。

② Michele Ruta, Matias H. Dappe, et al., *Belt and Road Economics: Opportunities and Risks of Transport Corridors*, World Bank Working Paper, Washington DC, June 18th, 2019, pp. 11-18.

善,推动G20在全球治理领域发挥更加有效的作用;另一方面着力为全球治理体系提供"增量",打造了一大批以发展中国家为主体的多边合作机制,在不断完善上海合作组织、中国—东盟合作机制、中非合作论坛、中阿合作论坛、中拉合作论坛、中国—中东欧"17+1"合作机制,还搭建了"一带一路"国际合作高峰论坛和中国国际进口博览会,更加关注与发展中国家的互利合作。作为一个负责任的发展中大国,中国一方面更加"有为"地参与全球治理,在全球减贫、国际安全、气候变化、全球公共卫生等重大全球性问题领域不断增加力所能及的大国责任,特别是在2020年新冠肺炎疫情肆虐全球后更是呼吁推进全球公共卫生治理并倡导构建"人类卫生健康共同体",公开承诺向受疫情冲击的国家特别是发展中国家提供必要的支持和援助;另一方面积极倡导共商共建共享的全球治理观,稳步推动全球治理机制、理论、规范和原则的创新和发展,因而在全球治理话语体系中更加"有位"。[①]

深化与发展中国家的南南合作,还可以推动全球文明更加平等、多元的交流互鉴。随着发展中国家不断推进经济和社会发展,它们在精神上更加自立、文化上更加自信、发展道路上更加自主。新时代南南合作,经济合作自然是重要方面,也包括各方在文化、观念、制度层面的相互学习和交流。从人类文明发展史的角度讲,世界历史发展的根本动力与源泉在于文明的多样性以及不同文明间的相互激荡与交融。[②] 源自西方推动的全球化进程并不必然意味着西方化或西方世界的一统天下,世界各民族各文明的平等对话与交往,将随着全球相互依赖的加深而逐步显现,其中发展中世界的各古老文明因其具有深厚的文化积淀,以及在现代化进程中的不断创新和发展,必然在世界文化多元化和多样性发展中起到

[①] 2020年5月,习近平主席在第73届世界卫生大会上明确承诺在两年内提供20亿美元国际援助,用于支持受疫情影响的国家特别是发展中国家抗疫斗争以及经济社会恢复发展,同时与二十国集团成员一道落实"暂缓最贫困国家债务偿付倡议"。《习近平在第73届世界卫生大会视频会议开幕式上致辞》,《人民日报》2020年5月19日。

[②] 有关人类历史发展的根本在于不同文明间的碰撞与交融的论述,参见[美]斯塔夫里阿诺斯《全球通史》,吴象婴等译,上海社会科学院出版社1988年版;[英]汤因比:《历史研究》,曹未风等译,上海人民出版社1997年版。

重要而独特的作用。发展中国家在历史上曾创造了辉煌的文明成就，有力推动了人类历史的进步与发展，当前发展中国家的复兴势必将重现各古老文明的历史新貌，它们的人民也将再次成为人类历史发展的重要创造者和推动者。

当前国际体系演变的一个新趋向，是南南合作的不断深入发展以及由此带来的发展中国家群体性复兴浪潮。几个世纪以来形成的以西方世界为中心、亚非欠发达地区为外围的旧有等级制国际体系正在发生深刻而富有历史意义的变革，世界政治经济重心随之出现向地理上的"东方"和政治经济学意义上的"南方"世界转移。这些在近代资本主义国际体系中长期处于边缘的民族和国家，如今通过自主发展和携手合作，逐渐成为世界经济增长的新引擎，成为国际政治舞台的重要参与方，成为人类文明的卓越贡献者，重新彰显它们对于人类发展的价值和意义。不争的事实是，世界财富、权力和文明格局都在发生某种具有历史意义的结构性改变。展望未来，发展中国家真正实现发展和复兴，其意义不只在于摆脱发展中世界的贫穷落后面貌、提高数十亿人民的福祉，从人类历史发展演进这一宏观角度讲，它还有助于推动世界的多极化和非西方化，推动世界建立更为公平、公正、合理的国际秩序，从而更为彻底地改变发展中世界在国际体系中的相对边缘地位。这一趋势昭示世界，一个真正意义上相互联系的全球化世界，不可能长期以发展中世界的欠发展和屈居于西方世界之下为基础，而应当是各地区、各民族实现共同发展与和谐共存，这才是全球化浪潮之所以受到世界普遍欢迎的原因之所在，也是数十亿发展中国家人民对全球化的美好期待和向往。

第二章

负责任的发展中大国：中国的身份定位与大国责任

中国是一个发展中国家，也是一个世界大国。中国的历史追求因此具有双重纬度，对内追求实现中华民族伟大复兴，对外携手推动构建人类命运共同体。作为一个"负责任的发展中大国"，中国外交的重要进取方向，就是把广大发展中国家作为自身履行大国责任的重点区域，通过发展机遇的相互分享以推动发展中国家实现互利共赢和共同发展，通过向世界贡献中国方案和中国力量以全面助推全球发展和治理问题的解决，通过推动全球治理体系改革与建设以携手推动国际秩序更为公平公正的发展。中国通过不断增进的国际责任担当，不仅显著拓展了自身发展的国际空间、提升了自身国际影响力和话语权，也有力推动了发展中国家的和平与发展进程、国际秩序的发展完善以及全人类共同福祉的增进。中国正在以自己的行动告诉世界，中国发展不仅造福自身，也正在惠及世界。

中国是世界上最大的发展中国家，也是世界上发展最快的大国。伴随中国自身实力和地位的不断提升，中国有意愿也有能力承担更大的国际责任，在推动解决全球发展和治理问题，携手推进世界秩序变革和完善进程中发挥负责任的大国作用。基于中国仍然是世界最大发展中国家这一基本国情，中国在履行国际责任时还须坚持量力而行、权责平衡和效益最大化原则。

第一节　负责任的发展中大国

　　探讨一个国家究竟应当承担何种国际责任，离不开对国家身份的认识和把握。"身份"（Identity），源于拉丁语"Idem"（相同的），意为个体或群体拥有的区别于其他人、其他群体的显著特征。一般认为，社会学意义上的身份具有三种基本功能，即"它将告诉自己我们是谁、告诉他人我们是谁和告诉自己他人是谁。"① 在国际社会，国家同样具有自身独特的身份认同。无论是在理论还是在实践层面，身份认同在很大程度上决定着国家的价值判断与利益诉求，进而深刻影响着它的战略取向、外交选择及其与外部世界的关系。

　　中国的国家身份是多元的。从地理区域上讲，中国是一个亚洲国家或东亚国家，处于西太平洋地区的中心位置。从传统文化角度讲，中国历史上是一个文明古国，是儒家文化圈的核心国家。从社会制度角度讲，中国是当今世界最大的社会主义国家。从经济社会发展程度讲，中国是一个发展中国家，且是一个新兴发展中国家。从国家整体实力来看，中国又是一个当之无愧的大国。当论及一个国家的国际责任时，人们多依据的是其经济社会发展程度和国家的整体实力。

一　中国仍然是一个发展中国家

　　就经济社会发展程度而言，中国究竟是一个什么样的国家？中国认为，虽然自身发展取得了举世瞩目的成就，但中国作为世界最大发展中国家的国际地位仍然没有变。但是，近年来国际社会尤其是西方国家有不少声音质疑中国的发展中国家身份，已经成为当前西方媒体、学者甚至战略界人士讨论的一个重要话题。美国 CNBC 电视台推出美国卡托研究所（Cato Institute）人员撰写的文章，认为中国仍然被 WTO 视为发展

---

① 宫力、王红续主编：《新时期中国外交战略》，中央党校出版社 2014 年版，第 138 页。

中国家,这使它承担了比发达国家身份相对更少的国际义务。[1] 美国政府在 2019 年 1 月向 WTO 总理事会提交了名为《一个无差别的 WTO:自定义的发展状态导致体制边缘化》,称中国和印度等国家在很多方面已不再是发展中国家,而 WTO 采用的自定义发展状态的做法给 WTO 谈判特别是农业谈判带来了直接的负面影响。[2]

究竟何谓"发展中国家",国际社会至今并未形成一套公认的界定标准。WTO 没有专门的关于发达国家和发展中国家的划分标准,而是采用自定义的方法,即成员国自行选择和宣布自己属于哪一类国家。由于 WTO 框架下的发展中国家可以适用"特殊与差别待遇"(Special and Differential Treatment, SDT),享受一些"非对等""非互惠"(Non-reciprocity)的优惠待遇,从而导致国家身份与具体的权益相挂钩,也使得身份定位成为一个颇有争议的重要问题。[3] 在长期的实践中,世界银行、联合国开发计划署(UNDP)、国际货币基金组织(IMF)等国际组织为了便于进行经济学意义上的统计和研究,逐步形成了自己对经济社会发展程度的划分标准,这些标准对判断一个国家是否属于"发展中国家"没有法律上的意义,仅具有一定的参照价值。

在 2020 年财政年度,世界银行把 2018 年人均 GNI 等于或低于 1025 美元的国家列为低收入经济体,在 1026—3995 美元的为中低收入经济体,在 3996—12375 美元的为中高收入经济体,达到 12376 美元及以上为高收入经济体(请参照"导论"表 0—1)。[4] 国际社会多习惯认为,高收入经

---

[1] Simon Lester & Huan Zhu, "The WTO still considers China a 'developing nation.' Here's the big problem with that", April 25, 2018, https://www.cnbc.com/2018/04/25/what-trump-gets-right-about-china-and-trade.html (2020-05-08)。

[2] "An Undifferentiated WTO: Self-declared Development Status Risks Institutional Irrelevance", SOL' comments, 16 January, 2019, World Trade Organization, pp. 1-45。

[3] 在 WTO 框架下,发展中国家可以享受的特殊与差别待遇有六类:旨在提高发展中成员贸易机会的条款;要求 WTO 成员应当保障发展中国家利益的条款;给予发展中国家在承诺、行动和政策工具使用上的弹性条款;过渡期条款;技术援助上的条款;与最不发达成员相关的条款。王中美:《发展中国家的分类争议及特殊与差别待遇的适用》,《国际经贸探索》2020 年第 6 期,第 89—100 页。

[4] "World Bank Country and Lending Groups", World Bank, https://datahelpdesk.worldbank.org/knowledgebase/articles/906519-world-bank-country-and-lending-groups (2020-04-28)。

济体在很多方面达到了发达国家的行列。按照这一标准，中国目前仍处于中高收入经济体行列。2019年中国国家统计局发表专门报告称，2018年中国人均GNI为9732美元。[①]

联合国开发计划署（UNDP）创设了"人类发展指数"（HDI）来衡量世界主要国家和地区的发展程度。HDI有三个关键指标：预期寿命、受教育年限、人均国民总收入。按照UNDP公布的2019年《人类发展报告》，HDI值小于0.550的为低人类发展水平，HDI值介于0.550和0.699之间的为中等人类发展水平，HDI值介于0.700和0.799之间的为高人类发展水平，HDI值大于或等于0.800的为极高人类发展水平（请参照"导论"表0—2）。[②] 按照UNDP的统计，中国HDI值为0.758，世界排名为第85位，处于高人类发展水平，距离极高人类发展水平仍有一定距离。总体来看，无论是从人均经济份额、工农业总体发展水平，还是生命健康、教育文化等社会发展指标来看，中国目前仍是一个发展中国家。

国际货币基金组织（IMF）把不同经济体和国家划分为三类：先进经济体（Advanced Economies）、新兴和发展中国家（Emerging and Developing Countries）、低收入发展中国家（Low-Income Developing Countries, LIDC）（请参照"导论"表0—3）。先进经济体是指那些拥有较高经济收入、发达的金融市场、服务业发达的多元经济结构的国家和地区，显然中国距此尚有距离。IMF明确把中国归于新兴和发展中国家类别。

因此，中国仍然是一个发展中国家，这一点明确无疑。无论是参照世行和IMF的经济发展指标，还是参照UNDP的经济和社会发展综合指标，中国距离发达经济体、高收入经济体或先进经济体仍然有较大差距。中国人均GDP或GNI仍然偏低，工业化进程亟待转型升级，社会治理水平还有

---

① 国家统计局：《沧桑巨变七十载 民族复兴铸辉煌——新中国成立70周年经济社会发展成就系列报告之一》，中国政府网，http://www.gov.cn/xinwen/2019-07/01/content_5404949.htm（2020-04-28）。

② UNDP, *Beyond Income, Beyond Averages, Beyond Today: Inequalities in Human Development in the 21st Century*, Human Development Report 2019, New York, pp. 300-303.

第二章　负责任的发展中大国：中国的身份定位与大国责任 / 69

待提升，资源和环境约束仍然严峻，特别是部分中西部地区的发展严重滞后，仍然面临脱贫甚至返贫的严峻压力。2020年5月28日，李克强总理在十三届全国人大三次会议闭幕后的答记者问上，坦言中国人均收入是3万元人民币，其中有6亿人每月收入为1000元。① 随后国家统计局提供了2019年全国住户收支调查数据，低收入组和中间偏下收入组的家庭户对应的总人口为6.1亿，年人均收入为11485元，月人均收入近1000元。② 这说明，中国仍然是一个发展中国家，主要矛盾仍然是人民日益增长的美好生活需要与不均衡不充分发展之间的矛盾，脱贫和发展任务仍然任重而道远。

但中国的发展程度又高度分化。作为一个快速发展的新兴经济体，中国发展同时具有"发展中"（developing）和"发达"（developed）的特征。中国在全球产业链供应链价值链中的位势总体不高，但也拥有一些较高发展水平甚至世界领先水平的产业和科技，如航天、核电、高铁、5G、大数据。中国城镇化率仍有待提高，城镇化水平还有待发展，但也拥有一批世界级大城市和城市群，特别是基础设施的发展已经跃入世界先进水平。中国人均经济收入仍然不高，还有广大发展程度较为落后的中西部地区，但中东部地区特别是多数沿海地区已经跃入发达经济体的门槛水平。或许，正是着眼于中国经济的某些"发达"特征，国际社会才有人认为中国已经是一个发达国家。③ 中国发展具有典型的复合性、复

---

① 《李克强总理出席记者会并答中外记者问（实录全文）》，2020年5月28日，中国政府网，http://www.gov.cn/premier/2020-05/28/content_5515697.htm#1（2020-07-04）。
② 《国家统计局新闻发言人付凌晖就2020年5月份国民经济运行情况回答媒体关注的问题》，2020年6月15日，国家统计局官网，http://www.stats.gov.cn/tjsj/sjjd/202006/t20200615_1760268.html（2020-07-04）。
③ 目前，中国面临的国际身份压力主要来自美国。2019年1月，美国向WTO提交了一份专门文件，题为"一个无差别的WTO——自定义的发展状态导致体制的边缘化"，认为有关发展中国家身份的自定义状态严重阻碍了WTO的发展。美国还认为，WTO成员国只要符合以下四项标准之一就应不再享有SDT：OECD成员国，G20成员国，世界银行认定的高收入国家，占据全球贸易0.5%以上的成员。这一方案遭到了以中国为代表的多数发展中国家的反对。迫于美国的压力，韩国、巴西于2019年都表示放弃在WTO的发展中国家身份，这给中国带来了额外的压力。相关材料参见：*An Undifferentiated WTO: Self-Declared Development Status Risks Institutional Irrelevance*, Communication from the United States, WTO General Council, 16 January 2019, pp.1-45.

杂性、特殊性，需要予以全面的理解和认识。

一个值得探讨的新问题是，随着中国经济继续发展，中国的人均 GNI 在未来五年左右可能跨越中等收入国家而进入高收入国家行列，届时更多的国家可能会把中国视为一个发达国家而非发展中国家，中国在诸如 WTO 等国际组织中的权利和义务关系也将面临更大的调整压力。中国在国家身份定位上将做出何种调适，既符合中国经济社会发展不充分不均衡的现实，又能适度满足国际社会对中国快速发展的观感和期待？目前可能的应对之策：①继续延续发展中国家的身份定位，同时在 WTO 等国际组织中主动放弃部分应该享有的"特殊与差别待遇"（SDT），主动承担更大的国际责任，以适度缓解自身身份定位与国际期待之间的紧张关系。比如，中国在 WTO《贸易便利化协定》中主动承担了与发达国家类似的义务，在多个国际场合承诺做出更大国际贡献，就是一种务实的态度。① 在 WTO 中，新加坡也曾长期维持发展中国家身份，但它在具体实践中并未利用这一身份获得特殊待遇，不失为一种灵活的做法。②中国还可以尝试就自身身份定位提出新的概括和主张，比如，携手其他新兴经济体推动国际社会对"发展中国家"概念进行更细化的分类，在发展中国家群体里专门分出"新兴国家"，以区别于一般发展中国家、最不发达国家，且承担超过一般发展中国家的国际责任。但是，在 WTO 框架下探讨建立一套新的有关发展中国家的分类方法，可能耗时太长且难有实质性结果，因为 WTO 框架下的身份定位往往与特定的权利和义务紧密关联，任何相关讨论都不只是纯粹的经济讨论，而是一场旷日持久的政治争议。② 究竟如何理解和界定中国的发展中国家身份，如何推动 WTO 在发展中国家身份上达成基本共识，还需要学界和战略界进行更多深入探讨。③

---

① 王中美：《发展中国家的分类争议及特殊与差别待遇的适用》，《国际经贸探索》2020 年第 6 期，第 89—100 页。

② 美国、欧盟、中国都曾提出过有关身份定位的方案，但目前并未达成共识。

③ 从长远看，随着中国经济社会发展程度的不断提高，中国学术界还需在国家身份定位问题上有前瞻性研判和理论上的突破。2020 年党的十九届五中全会明确提出 2035 年远景目标，届时中国将达到中等发达国家水平。中国发展进程的推进，客观上要求中国在国家身份问题上有适度的调整。

其实，中国对"发展中国家"概念还有自己独特的理解和认识。在中国来看，"发展中国家"自始便不是一个纯粹的经济概念，而具有更为丰富的历史、政治和文化属性。在中国的外交思维中，当代"发展中国家"概念在很大程度上是过去"第三世界"的延续和发展，当代发展中国家的南南合作也与过去亚非拉国家共同反帝反殖反霸斗争一脉相承。虽然第三世界国家早已实现了政治独立，但这些曾经在追求民族独立过程中携手前行的亚非拉国家仍然面临实现经济发展和国家现代化的发展任务，在国际事务中也面临相似的政治和外交需求。对中国而言，"发展中国家"既承载一种历史记忆，又有一种现实需要，因而有着一种特殊的归属感、亲近感、认同感。[1] 正是从这个角度讲，中国一再向其他发展中国家承诺，中国将始终与它们站在一起，一如既往地加强同它们的团结合作。[2]

二　中国又是一个世界大国

如果从国家总体实力来看，中国又是一个世界大国，这是理解中国国家身份和大国责任的又一纬度。在国际政治领域，对一个国家是否是大国的评价，并不完全取决于该国的人均经济水平，而更多地看其经济总量及其总体国际影响力。无论是从中国的经济总量、工业产值、人口规模、外汇储备，还是从不断增长的对外贸易和投资，以及中国的总体国际影响力来看，中国都是一个真正意义上的大国。

即便是在中华人民共和国成立后国力并不强大之时，毛主席也从未把中国看成是一个"小国""弱国"。"三个世界"理论的提出，中美苏大三角关系的确立，中国"重返"联合国，以及中国在亚非民族解放运

---

[1] 罗建波：《正确义利观与中国对发展中国家外交》，《西亚非洲》2018年第5期，第3—20页。

[2] 习近平同志在2018年访问中东非洲国家以及太平洋岛国时说，无论中国发展到何种程度，都永远与发展中国家站在一起，永远做发展中国家的可靠朋友和真诚伙伴。也即是说，即便是中国以后在经济社会发展程度上比较发达了，中国也要继续把发展中国家当作自己人，继续支持发展中国家的合理诉求和正义主张。这是中国外交一以贯之的立场，也是中国特色大国外交不同于西方国家外交的重要方面。

动中所扮演的积极角色，都淋漓尽致地展现了中华人民共和国的战略远见与战略自信。中国出兵朝鲜以抗美援朝，20年后尼克松总统访华及两个大国元首的历史性握手，以极具戏剧性的方式向世界演绎了中国外交的大国气魄。改革开放后，邓小平同志同样视中国为大国，而后中国相继提出的多极化主张、和平发展道路、和谐世界理念，以及"中国梦"和"世界梦"的提出，无一不是关乎自身发展和世界大局的宏大理念。

党的十八大以后，中国开始站在新的历史方位上，着眼新的历史使命，以新的眼界和胸怀审视自身的大国责任和国际道义。中国高举人类命运共同体的旗帜，呼吁建设更加美好的世界，为人类社会发展勾画了蓝图和愿景。中国提出"一带一路"的合作倡议，推动与外部世界的互利共赢共同发展，为世界发展提供了重要的机遇和平台。中国提出共商共建共享的全球治理观，携手推进全球治理体系的变革与完善，为全球性发展和治理问题的解决贡献了中国方案和力量。习近平同志明确提出中国要有自身特色的大国外交，对外工作要有鲜明的中国特色、中国风格、中国气派。①

从一般意义上讲，大国外交有三种不同类型的含义：一是"以大国为交往对象的外交"，即一个国家无论大小，只要它以大国为其外交重心，都可以称为大国外交；二是"大国间外交"，如"二战"时期的美苏关系，当前时代的中美关系、美俄关系等；三是"作为一个大国的外交"，即以一个大国的身份定位来确定自身的利益诉求、战略目标、国际责任，并塑造与自身目标相匹配的外交能力。当前中国特色大国外交，就是要站在日益靠近世界舞台中心这一新方位，站在日益接近实现中华民族伟大复兴这一新时代，来审视中国、世界并由此处理中国与外部世界的关系，这是日益崛起的中国对自身地位和身份、利益与目标，以及应有国际角色的准确判断和应有表达。

新时代中国的大国外交，首先，要能更为有效地维护和增进自身国家利益，为中华民族伟大复兴提供更加有力的保障，这是大国外交最为基本的诉求和目标。比如，在机遇与挑战并存的当今世界，如何更好地

---

① 《中央外事工作会议在京举行》，《人民日报》2014年11月30日。

维护国家核心利益？在中国利益全球化的今天，如何更为有效地保护自身日益增长的海外利益？在各国都重视发展软实力的时代，如何拓展中国在国际社会的影响力和话语权？其次，中国的大国外交还有更为宏大的全球纬度，即着眼增进人类社会共同福祉，深入参与全球发展和治理进程，积极推动国际秩序的变革与完善，负责任地承担与自身实力相称的大国责任。这是国际社会对中国发展的期待，也是中国的自觉。

第二节　以发展中国家为国际责任的重点区域

中国是一个发展中国家，也是一个大国。21世纪中国的大国外交，需要有与时俱进的外交理念创新、更具全球视野的大战略布局，也需要有彰显中国精神和中国气度的大国责任。中国需要基于自身不断发展的基础上，坚持量力而行、量入为出的原则，在推动世界经济增长和减贫，实施国际发展援助和人道主义救助，参与国际安全治理与和平建设，以及应对全球气候变化等领域，承担起力所能及的大国责任。中国需要承担更大责任，为国际社会提供更多的公共产品，这不只是国际社会的期待，更是中国的自觉。

但同时，中国大国责任的实施也要有大致科学精准的筹划。在对谁负责、如何负责以及负多大责任的问题上，仍需要根据自身能力、国家利益及国际社会大多数人的需要来确定。中国履行国际责任，自然需要与西方主要大国进行合作与协调，共同参与全球治理进程，但中国的国际责任不是分担西方大国的霸权成本，更不是去维护它们的私利，而主要是维护并增进发展中国家及全人类的共同利益。中国应当继续把发展中国家作为自身履行大国责任的重点区域，推动发展中国家解决它们面临的紧迫的和平、发展和治理难题，维护它们在国际社会应有的地位、权益和尊严。

这是因为，由于发展程度的不同及国家利益的差异，西方大国所关注的全球议题与发展中国家存在事实上的差异。虽然西方国家也关注全球减贫和发展问题，但在它们的战略视野里，那些能够波及西方的难民移民潮、那些针对西方的恐怖主义活动、那些危及西方国家安全的大规模杀伤性武器的扩散,远比贫困、疾病、气候变化和发展中国家为数众多的国内冲突重要得多。中东恐怖主义活动受到美国高度关注,而非洲大陆仍然存在诸多政治不稳定则未能列上美国的优先议程,原因在于前者冲击的美国国家安全,而后者与美国利益相差甚远。非洲在冷战时期受到美国的高度重视,而在冷战后则遭到很大程度的轻视甚至忽视,原因在于冷战时期美国需要在全球范围内与苏联开展冷战对峙,而冷战后非洲的全球地缘政治价值已大为降低。中国要承担的大国责任,自然是发展中国家迫切需要解决的发展和治理难题,而非西方国家面临的特殊问题。

这是因为,发展中国家是世界和平与发展问题最为集中、最为突出的地区。在和平与安全领域,根据斯德哥尔摩和平研究所发布的 SIPRI 年鉴统计,2017 年至少有 22 个国家发生活跃武装冲突,共计造成超过 6500 万人流离失所,战争及其影响主要集中于发展中国家和地区。① 在经济和社会发展领域,虽然发展中国家总体呈现不断发展的态势,且平均经济增长率要高于发达国家,但是发展中国家群体内部分化严重,非洲、拉美及南亚部分国家的贫困与发展问题仍然十分突出。② 联合国开发计划署(UNDP)明确指出,"人类发展的不平等现象比以前更加突出"。③ 如果推动发展中国家实现和平与发展,推动世界更好解决和平赤字、发展赤

---

① 2017 年亚洲和大洋洲共有 5 个国家出现活跃武装冲突:阿富汗、印度、缅甸、巴基斯坦和菲律宾;中东和北非地区爆发 7 场活跃武装冲突:埃及、伊拉克、以色列和巴勒斯坦、利比亚、叙利亚、土耳其和也门;撒哈拉以南非洲地区共爆发 7 起活跃武装冲突:中非共和国 CAR、刚果民主共和国 DRC、埃塞俄比亚、马里、尼日利亚、索马里和苏丹南部;2017 年欧洲有 2 起武装冲突:纳戈尔诺—卡拉巴赫冲突(包括亚美尼亚和阿塞拜疆)和乌克兰冲突。[瑞典]斯德哥尔摩国际和平研究所:《SIPRI 年鉴 2018:军备、裁军与国际安全》(中文版),牛津大学出版社 2018 年版,第 22—23 页。
② 国际货币基金组织曾估算,2019 年亚洲新兴和发展中经济体的经济增速为 6.2%,撒哈拉以南非洲国家则为 3.4%,中东、北非、中亚地区为 1.0%,拉美国家为 0.6%。IMF: *Still Sluggish Global Growth*, World Economic Outlook UPDATE, Washington DC, July 2019, pp. 3 – 5.
③ 联合国开发计划署(UNDP)专门举例做了说明:假设 2000 年两个孩子分别出生在高人类发展水平和低人类发展水平国家,到了今天,第一个孩子有超过 50%—55% 的概率接受了高等教育,而第二个孩子则可能已经不在人世,因为在低人类发展水平的国家约 17% 的孩子无法活到 20 岁。UNDP, *Beyond Income, Beyond Averages, Beyond Today: Inequalities in Human Development in the 21st Century*, Human Development Report 2019, New York, p. 1。

字和治理赤字,是中国大国责任的重要体现。

这是因为,帮助发展中国家,也是在帮助中国自己。发展中国家是中国外交战略的基础,是中国发展与外部世界关系的重要依托,加强同发展中国家团结合作是中国维护全球战略平衡、提升全球影响力和话语权的重要途径。特别是在一些重大国际场合或中国外交的困难时期,发展中国家往往是中国突破外交困境、舒展外部环境、扩大战略缓冲的重要助力。发展中国家也是"一带一路"国际合作的重要伙伴,是中国大规模走出去的重要目的地,维护发展中国家的和平、发展与稳定不仅出于大国道义,也是中国维护自身庞大海外利益的需要,是国际道义与国家利益的高度结合。

中国的国际责任和国际角色体现在四个方面:

(1)奉行全方位的对外开放战略,做好世界经济发展的主要推动者。打造"东西双向互济"的对外开放新格局,一个重要目的就是要有效平衡"请进来"与"走出去"、"向东开放"和"向西开放"的辩证关系,通过与发展中国家开展更大规模、更高质量、更全方位的互利合作,更好实现与发展中国家的互利共赢共同发展。作为负责任的发展中大国,中国在继续强调自身发展利益的同时,也更加尊重和维护发展中国家的利益关切,通过互利共赢的经贸合作和不断增加的对外援助来推动发展中国家的发展和稳定。彰显中国的大国责任,由此巩固和深化中国与发展中国家的历史友谊。世界大国关注的不只是如何发展自己,也包括如何更好地帮助世界。

(2)建设性参与世界和平与安全事务,做好世界和平的坚定维护者。中国对世界和平的贡献,不仅体现在中国致力于走和平发展道路并以和平的方式来处理与外部世界的关系,还体现在中国以更加积极的姿态参与世界和平与安全建设。近年来,中国在继续坚持"不干涉内政"原则的同时,又强调积极参与全球治理,负责任地推动国际和地区热点问题的解决,愿意为世界的和平与稳定提供更多公共产品。特别是在非洲地区冲突问题上,中国明确提出"建设性参与"非洲和平与安全事务,不仅通过多种途径支持非盟集体安全机制建设,还一直积极支持和参与联合国在非洲的维和任务。世界正在见证,日益崛起的中国不仅仅是全球发展的积极"推动者"和"贡献者",也是世界和平的坚定"维护者"和"建设者"。

(3)开展治国理政与发展经验交流,做好世界发展理念的重要贡献者。21世纪中华民族的伟大复兴,自然需要有经济上的持续繁荣和军事力量的不断提升,但从更深层次上讲,也需要在观念、制度和文化上有不断地创新和发展。中国的大国责任,除了为世界提供更多的经济发展机遇以及更为积极地参与全球安全治理,也包括为世界发展贡献来自中国而又更具普世意义的观念、制度、经验和智慧。中国在认真总结改革开放以来现代化道路的基础上,开始同其他发展中国家平等地交流治国理政与发展经验,成为当前中国对外关系及人文交流的一道亮丽风景线。此种治国理政与发展经验交流,不仅有助于中国提升自身在世界发展领域的话语权和影响力,也能为众多发展中国家或转型国家提供发展借鉴并有助于它们探索适合自身国情洲情的发展道路,从而助推发展中世界的复兴进程进而推动国际政治经济格局乃至国际秩序的合理变迁。

(4)积极携手世界共同应对重大全球性问题,做好全球治理的坚定支持者。在经济全球化时代,世界和平、发展与合作继续深入发展,但各种传统安全和非传统安全威胁也在不断显现,诸如恐怖主义、气候变化、重大传染性疾病等多种形式的全球治理危机给人类带来新的严峻挑战。一些发展中国家由于经济基础薄弱、社会发展水平较低、治理能力不强、民族国家构建进程相对迟滞,因此相较于发达国家,更容易受到全球性问题的冲击和影响。中国一直把发展中国家作为全球治理的重点区域,把提高发展中国家治理能力作为推动全球治理进程的关键。同时,中国还积极推动全球治理体系的变革与完善,其中重要内容就是着眼提升发展中国家在全球治理体系中的话语权,提高它们在全球治理机制的代表性和发言权。

第三节 以推动国际秩序发展和完善为愿景

70多年来,中国一直以自己特殊的方式推动着国际秩序的发展和演进。中华人民共和国成立后,中国曾是西方主导国际秩序的"反对者"

第二章　负责任的发展中大国：中国的身份定位与大国责任　／　77

和"旁观者"，携手第三世界国家通过民族独立运动彻底终结了欧洲殖民体系。改革开放后，中国作为国际秩序的积极"参与者"和"融入者"，通过对外开放实现与外部世界的互利共赢。进入 21 世纪，特别是党的十八大以来，中国日益成为国际体系的"维护者"和"塑造者"，开始以更大意愿更大能力推动国际秩序的发展和完善。维护和提升发展中国家在国际体系中的尊严、地位、权益和影响力，一直是中国推动国际秩序变革的重要努力方向。

一　西方主导的国际体系天然是有缺陷的

西方人对中国责任的认识和判断，是基于它们特殊的利益和观念。在他们来看，中国的国内责任就是要实践西式民主、采纳西方良治和人权标准、建立完全自由化的市场经济制度；中国的国际责任就是要维护西方主导的既有国际体系和国际秩序，尊重西方国家享有的全球主导地位和既得利益，主动参与和配合西方主导的全球议程。因此，他们常根据中国对既有国际体系和国际秩序的认同、参与程度来认识中国的国际身份与国际责任，并由此对中国发展方向、国家形象和中国外交进行价值评判。从 20 世纪 90 年代中后期开始，他们曾激烈争论中国到底是一个"改变现状"（Revisionist Power）国家还是"维持现状"（Status Quo）国家，据此谏言对中国的遏制、接触抑或"两面下注"。[1] 何为大国责任？江忆恩在论述中国对国际体制的行为时，强调"对国际体制的积极参与、承认相互依存是国际关系中的客观现实、承认在某些情况下可能弱化国家主权以解决某些全球性问题"是负责任大国的"可认可""可接受"的品质（"Acceptable" Traits）。[2]

从 2014 年前后开始，随着中国国力显著增长以及在维护自身核心利益上表现出了更大决心和行动，西方人开始讨论中国外交是否"盛气凌

---

[1] Alastair I. Johnston, "Is China a Status Quo Power?", *International Security*, Volume 27, Issue 4, 2003, pp. 5 – 56; Nicholas Taylor, "China As a Status Quo or Revisionist Power? Implications for Australia," *Security Challenge*, Vol. 3, No. 1, 2007, pp. 29 – 44.

[2] ［加］江忆恩：《中国参与国际体制的若干思考》，《世界经济与政治》1999 年第 7 期，第 4—10 页。

人"(assertive)①,而一些人走得更远,明确称中国外交具有"进攻性"(aggressive)②。美国战略界对华认识发生重大转变,2017年《美国国家安全战略报告》和2019年发布的《印太战略报告》都污称中国为"修正主义者"(revisionist)。③ 在西方人眼里,中国只有维护既有西方主导的国际秩序或地区秩序,才是他们眼里的负责任国家。那么,问题是,西方主导的既有国际体系就一定是合理的、公正的吗?

从历史发展来看,近代以来西方主导的国际秩序从一开始就是以不平等不公正不合理为基础的。近代欧洲大国建立和维系数百年之久的殖民体系,在经济上是一种"中心"和"边缘"式的结构,在政治上是一种"压迫"和"被压迫"的关系,在文化上则是"西方中心主义"对亚非拉世界持续的傲慢和偏见。虽然17世纪《威斯特伐利亚和约》就曾确定了平等与主权原则,但国家主权长期都只是西方大国专享的,直到"二战"后《联合国宪章》才将民族自决和主权平等原则推广到全世界,而殖民体系的寿终正寝则是在20世纪70年代亚非拉民族独立运动彻底完成之后才得以实现。这里可以得出两点历史启示:一是既有国际体系并不总是完美无缺的,甚至天生存在重大缺陷;二是国际体系的发展和完善是需要国际正义力量予以推动,有时候甚至伴随着革命和战争。

从理论上讲,这里还涉及如何看待国际秩序与国际正义相互关系这一重大问题。首先应该承认,秩序应该受到一定程度的尊重和维护,这

---

① Alastair I. Johnston, "How New and Assertive Is China's New Assertiveness?", *International Security*, Volume 37, Issue 4, 2013, pp. 7 – 48; Michael Yahuda, "China's New Assertiveness in the South China Sea", *Journal of Contemporary China*, Volume 22, Issue 81, pp. 446 – 459.

② Seth Robson, "China's Aggressive Tactics Turning off Asian Neighbors", Stars and Stripes, June 25, 2013, https://www.stripes.com/china-s-aggressive-tactics-turning-off-asian-neighbors-1.226581 (2020-04-30); Debalina Ghoshal, "China's Aggression in the South China Sea", Gatestone Institute, April 18, 2019, https://www.gatestoneinstitute.org/14068/china-aggression-south-china-sea (2020-04-30); John Daniel Davidson, "How China's Expansionist Foreign Policy Threatens the Globe", April 12, 2016, https://thefederalist.com/2016/04/12/china-expansionist-foreign-policy/ (2020-04-30).

③ *National Security Strategy of the United States of America*, December 2017, Washington DC, pp. 1 – 6; The department of Defence, *Indo-Pacific Strategy Report: Preparedness, Partnerships and Promoting a Networked Region*, June 1, 2019, Washington DC, pp. 7 – 10, 17 – 52.

是世界总体得以保持稳定并实现发展的重要前提。但如果以损失国际正义或世界正义为代价而维护既有秩序稳定，甚至为了少数国家的垄断地位和权力而维护对它们有利的国际秩序，对那些处于弱势地位的国家和人民而言则是不正义的，甚至是不道德的。以《正义论》闻名于世的约翰·罗尔斯认为，所有的社会基本价值（或者说基本善），自由和机会、收入和财富以及自尊的基础，都要平等地分配，除非对一种或所有价值的一种不平等分配合乎每一个人的利益。"这些原则拒绝为那些通过较大的利益总额来补偿一些人的困苦的制度辩护。减少一些人的所有以便其他人可以发展，这可能是方便的，但不是正义的。"① 概言之，正义的内在价值是实现社会所有人之间的一种公平与公正。

国际社会也是由不同国家、不同民族组成的人的社会，因此正义的原则不仅适合国内社会，也应当扩展至国际社会。正如英国著名政治哲学家戴维·米勒所言："没有什么理由认为分配正义的原则只能在民族社会内部得到应用，而不能应用于作为整体的人类。"② 即便是主张追求国际秩序的英国著名学者赫德利·布尔，在论述"秩序在世界政治中不仅是值得追求的目标，而且也是有理由优先于其他目标（比如正义）"的同时，也承认"但我们不能因此认为，秩序在任何情况下都是优先于正义的。事实上，秩序和正义的思想都是价值观念体系的组成部分，是所有世界政治行为体手中的辩解工具。革命秩序的倡导者期望新秩序将巩固革命成果。秩序的维护者之所以采取捍卫秩序的立场，部分原因在于他们认为现存的秩序从道义上说是令人满意的，或者说它没有必要被加以破坏"③。如果国际秩序本身是极不公正的，那么国际社会的优先目标就不只是一味维护甚至庇护这一秩序，而应当尽力推动其变革和完善，以最大程度追求国际正义。

---

① [美] 约翰·罗尔斯：《正义论》，何怀宏等译，中国社会科学出版社 2009 年版，第 12 页。
② [英] 戴维·米勒：《社会正义原则》，应奇译，江苏人民出版社 2001 年版，第 19 页。
③ [英] 赫德利·布尔：《无政府社会——世界政治秩序研究》，张小明译，世界知识出版社 2003 年版，第 76 页。

二 推动国际秩序变革和完善一直是中国大国责任的重要体现

不可否认，中国在20世纪50年代至70年代曾长期被孤立于国际体系之外，但我们不应据此认为，那一时期中国无助于甚至有害于国际体系。如果以中国处于主流国际体系之外而认为中国没有承担应有的国际责任，这种看法并不能反映历史事实。事实恰恰相反，中国在国际体系之外对亚非民族解放运动及正义斗争的支持，有力打破了欧洲列强经营数百年的殖民体系，极大改变了长期存在的不平等的国际政治结构和国家间交往原则，是那一时期中国及亚非合作对世界的重大贡献。部分得益于中国的努力，联合国确立的民族自决和主权平等原则，也直到亚非拉民族完全政治独立后才得以真正实现，联合国才因此成为名副其实的世界各国的大联合。虽然这一时期中国也曾过高估计过世界战争的风险并一度采取了激进的外交路线，但中国对于国际秩序的贡献不应予以否定。

从20世纪70年代特别是80年代开始，伴随西方殖民体系的崩溃，以及美苏冷战对峙的逐步缓和，亚非拉发展中国家对国际体系的诉求开始从追求政治独立转向寻求经济发展，并在这一进程中推动国际秩序的发展和完善，提升发展中国家在重大国际机制中的影响力和话语权。中国对国际格局的认识也发生重大转变，战略观念发生重大调整，和平与发展而非战争与革命开始成为中国眼里的新的时代主题。中国逐步改变了过去对西方主导的国际秩序的看法，开始积极"参与"和"融入"西方主导的国际体系。中国于1980年恢复了在世界银行和国际货币基金组织的合法席位，并于1981年开始向世界银行借款。2001年中国正式成为世界贸易组织的成员国，标志着中国全面参与了经济全球化进程。根据中国外交部的统计，中国1949—1978年共计加入33个国际公约，在1979—2003年则加入了240个国际公约，由此可以看出中国对国际制度的参与度显著加强。[1]

---

[1] 中国外交部：《中国参加多边国际公约情况一览表（1975—2003）》，http：//www.fmprc.gov.cn/mfa_chn/ziliao_611306/tytj_611312/tyfg_611314/t4985.shtml（上网时间：2014-07-22）。

中国通过对国际秩序的参与，逐步认识到自己能够成为现有国际秩序的"受益者"。借助这些国际组织及国际机制，中国不仅获得了新的发展机遇、增进了自身国际影响，还通过外交舞台的扩大而显著改善了自身面临的外部环境。虽然对国际机制的参与可能影响到国家主权在某些方面的完整性，但各成员国在接受共同条约和义务约束的同时，也创造了新的权力和机会，换来的是更为稳定的行为预期以及"合作、共赢"式的经济与安全收益。中国外交理念因此具有了日益明显的国际关系理论意义上的"自由主义"色彩。

中国也认识到，虽然当前国际政治领域的强权政治和单边主义以及世界经济领域的不公平、不公正还普遍存在，但在既定的情势下，中国只有在融入世界的过程中才能更好地改变世界，只有先在一定程度上遵从现有国际秩序，才更有条件逐步对其进行改良和完善。中国无意以"另起炉灶"式的方式改变国际秩序，而是在全面参与国际体系的进程中凝聚各方共识、共同致力于国际秩序的变革和发展。历史已经证明，中国对国际秩序的态度和政策，是以国际秩序是否正义这一重要判断为基础的，是以广大发展中国家的权益是否得到根本维护这一基本事实为前提的。

中国对国际秩序的"维护"和"塑造"，主要体现在两个纬度：

其一，贡献中国理念和倡议，推动塑造国际共识。20世纪90年代以来，中国积极倡导国际关系民主化，提出"互信、互利、平等、协作"为核心内容的新安全观，呼吁国际社会超越强权政治和冷战思维。进入21世纪，中国提出了走和平发展道路、建设和谐世界理念、奉行互利共赢的开放战略，力求在中国快速发展的背景下处理好与外部世界的关系，同时为世界发展做出更大贡献。党的十八大以来，中国以更宽广的全球视野，以更宏大的全球责任担当，着眼人类历史发展方向和全人类的共同福祉，提出了推动构建人类命运共同体的宏大愿景，向世界勾画了建设什么样的世界，以及如何建设这个美好世界的重大问题。在当今世界充满不稳定性、不确定性因素的今天，推动构建人类命运共同体思想为人类社会破解世界难题、携手共创美好未来提供了中国方案，增添了中国智慧，贡献了中国力量。

其二，搭建合作机制和平台，着眼塑造国际议程。中国开始同其他国家一道努力搭建新的地区组织甚至是全球性国际组织及国际机制，注重在地区乃至全球层面发出中国人的声音，表达中国及发展中国家对世界秩序的理解和认识。在区域合作层面，中国推动搭建并不断完善上海合作组织、同东盟的"10+1"和"10+3"合作、中非合作论坛、中阿合作论坛、中拉合作论坛、中国—中东欧"17+1"合作机制，实现了多边机制在发展中国家的全覆盖。在全球层面，中国一直致力于维护联合国所确立的公认国际准则及联合国在国际体系中的重要地位，积极参与G20合作并努力增强该组织在全球治理中的作用，不断提高在世界银行、国际货币基金组织中的份额和发言权，与印度、巴西、俄罗斯一道创建了金砖国家组织并成为这个组织的最重要的推动者，还倡议搭建了亚投行并迅速成为国际社会广泛参与和认可的重要金融机构。中国以全新姿态参与地区和全球事务，以更大力度推动全球发展和治理，是新时期中国国际责任的重要体现。

第四节　履行大国责任的基本原则

中国要做一个负责任的国家，既是中国对国际社会的慎重承诺，也是国际社会包括发展中国家的普遍期待。但是，如何界定自身的责任大小，怎样做才能既有益于自身的发展又能满足国际社会的期待？这就涉及中国履行国际责任时所应坚持的基本原则。

一　量力而行

中国作为一个发展中国家，其紧迫的任务仍在于解决国内亟待解决的经济和社会问题，在于推进国家发展和民族复兴，这是中国责任最为主要的方面。思考和履行中国的国际责任要量力而行、量入为出，应该基于发展中国家这一基本国情而不能超前承担超过自身经济承受能力的责任和义务。所以，在气候变化问题上，中国始终坚持"共同但有区别的责任原则"，在积极推行节能减排的同时，也要求发达国家承担更多的责任。在对外援助领域，中国无意与西方大国攀比对外援助的绝对数额，而是以自身实力为基础力所能及地提供对外援助。中国需要清晰厘定自身的国际责任和义务，全面盘点自身国际收支清单，基于自身实力和利益基础上积极参与国际事务，在全球治理进程中发挥中国独特的作用和影响。

二 权责平衡

权责平衡的原则首先意在说明，中国承担了国际责任，也就应当享有相应的国际权益。改革开放以来，中国通过参与和塑造国际秩序，显著增进了自身国际权益并极大改善了与外部世界的关系，成为当前国际秩序的主要受益者之一，这是中国和平发展之所以取得巨大成就的重要因素，也是当前中国愿意承担更大责任的重要前提。不过，国内仍有不少学者担忧，美国等西方大国一直呼吁中国做"负责任的利益攸关方"，承担更大的国际责任，其实质只是希望中国进一步分担其全球治理成本，不愿意也不会让中国分享甚至削弱其全球领导权。因此，中国在观念上务必清醒，中国所承担的国际责任，应当有助于提升自身在全球治理中的作用，增进在国际机制中的话语权和影响力。同时，通过与西方大国在全球治理中的相互合作，应明确要求美国、欧洲放松对中国的技术限制和垄断，尊重中国的核心利益及重大关切。

三 效益最大化

在国别选择上，始终把周边和发展中国家作为国际责任的重点区域，通过深化同周边、发展中国家的利益和情感交融，增加公共产品供给，进一步夯实中国外交的战略依托。通过打造"周边命运共同体""中非命运共同体"的示范效应，分步骤、分阶段、分领域地务实推动构建人类命运共同体。在合作路径上，坚持双边优先，南南合作平台次之，国际多边机制最后的顺序。坚持双边优先，也要重视发挥诸如中非合作论坛、中阿合作论坛、中拉合作论坛、中国—中东欧"17＋1"合作机制，以及多种形式的中国—东盟合作机制等以我为主的南南合作平台的作用，利用此种多边磋商合作机制抓住发展中国家的大多数，策应我大国竞争和参与国际权力再分配。在合作议题上，在与自身利益关联度大的问题上积极参与，比如创造性介入周边地区热点难点问题，积极维护非洲地区发展与稳定，而在那些与自身利益关联度不大的问题上则可以适度超脱，做到量力而行和尽力而为。

第 三 章

正确义利观：新时代对发展中国家外交的新理念

　　正确义利观是中国特色大国外交的重要价值观。其核心要义在于全面、辩证地阐述了"义"与"利"的关系，集中表达了中国外交义利兼顾、弘义融利的道义观和责任观，公道正义、平等相待的权力观和秩序观，互利共赢、共同发展的合作观与发展观。正确利益观集中展现了中国外交"天下大同"的世界追求、"自我约束"的内敛风格、"以义为先"的价值取向、"言必信、行必果"的实践作风。践行对发展中国家的正确义利观，需要稳步推进与发展中国家的"一带一路"国际合作，进一步完善对发展中国家的发展援助，深入推进南南治国理政经验交流，积极参与全球治理并推进全球治理体系的发展。在外交实践中，中国也需要认真思考并处理几组关系，即辩证理解国家利益与世界愿景的内在统一，审慎权衡参与全球治理尽力而为与量力而行的辩证关系，在全面深化与发展中国家合作的同时做到差异化处理，深入理解国际形象塑造与国内治理建设的关系。

中国特色社会主义进入新时代，中国发展有了新的历史方位，中国对自身、对世界有了许多新的认识和判断，中国外交也因此具有了新的使命与担当。着眼中华民族伟大复兴和人类共同福祉，把握中国与世界关系新的历史交会，中国特色大国外交的重要使命和追求就是要推动构建人类命运共同体。其中最重要的方面，是秉持正确义利观加强同发展中国家的团结合作，不断开创新时代南南合作新局面。正确义利观的提出及实践，有助于深化中国与发展中国家的历史友谊，有助于解决全球发展问题并推动世界更为均衡的发展，有助于提升中国的道义精神以及中国在世界的影响力、感召力和塑造力。

第一节　正确义利观的理论定位与内涵

党的十八大以后，中国外交从开局之始就彰显了对发展中国家的深情厚谊和道义精神。2013年3月，习近平同志在当选国家主席后的首次出访便选择了非洲国家，凸显了中国对发展中国家的高度重视。他在坦桑尼亚国际会议中心发表《永远做可靠朋友和真诚伙伴》的演讲，提出并深刻阐述了中国"真实亲诚"的对非合作理念，表达了中国人民对非洲人民的深厚情意和无私道义。他明确指出，对待非洲朋友我们讲一个"真"字，开展对非合作我们讲一个"实"字，加强中非友好我们讲一个"亲"字，解决合作中的问题我们讲一个"诚"字。他着重强调："新形势下，中非关系的重要性不是降低了而是提高了，双方共同利益不是减少了而是增多了，中方发展对非关系的力度不会削减只会加强。"[1]

周边国家大多也是发展中国家。习近平同志在2013年10月24日召开的周边外交工作座谈会上系统提出了"亲诚惠容"的周边外交理念，并首次公开提出正确义利观。他强调，"我国周边外交的基本方针，就是坚持与邻为善、以邻为伴，坚持睦邻、安邻、富邻，突出体现亲、诚、惠、容的理念"。"要找到利益的共同点和交会点，坚持正确义利观，有原则、讲情意、讲道义，多向发展中国家提供力所能及的帮助。"[2]

---

[1] 习近平：《永远做可靠朋友和真诚伙伴——在坦桑尼亚尼雷尔国际会议中心的演讲》，《人民日报》2013年3月26日。

[2] 习近平：《为我国发展争取良好的周边环境　推动我国发展更多惠及周边国家》，《人民日报》2013年10月26日。

正确义利观的完整阐述，是在 2014 年 11 月 28 日中央外事工作会议上。习近平同志特别强调"义"字当头，"要坚持正确义利观，做到义利兼顾，讲信义、重情义、扬正义、树道义。"中国如何践行正确义利观？他指出："要坚持国际关系民主化，维护国际公平正义，特别是要为广大发展中国家说话。……要切实落实好正确义利观，做好对外援助工作，真正做到弘义融利。"[1] 在 2018 年 6 月 22 日召开的中央外事工作会议上，习近平再次强调，广大发展中国家是我国在国际事务中的天然同盟军，要坚持正确义利观，做好同发展中国家团结合作的大文章。[2]

在理论定位上，正确义利观是新时代中国外交的一种价值观。秉持和践行正确义利观，是中国推动构建人类命运共同体的重要实现路径，集中表达了新时代中国与发展中国家利益共享、责任共担、命运与共的基本追求，集中彰显了中国作为一个发展中大国、一个社会主义大国所应当坚持的外交道义和精神。大国应当具有何种精神，展现何种面貌，倡导何种价值观？回顾过去 500 年世界历史进程，世界大国之所以有全球性影响力和感召力，不只是在于其强大的经济实力以及能为世界提供更多的发展机遇，也在于它能够为全球治理及治理体系变革提供方案和智慧，在于它能够为世界提供引领时代发展潮流的价值观和道德伦理。正确义利观以及中国提出推动构建人类命运共同体的重大愿景，是新时代中国贡献给世界的重要价值观，必将显著提升中国外交的道义精神。

在理论内涵上，正确义利观的核心在于全面、辩证地阐释了"义"和"利"的关系，集中表达了新时代中国外交对利益、责任与道义的理解。其内涵有三：

一是义利兼顾、弘义融利的道义观和责任观。义利之辨是中国思想史上的一个根本性问题。中国文化强调义利统一、义利兼顾、取利有道，甚至主张先义后利、重义轻利、舍利取义。孔子说，"君子义以为上"

---

[1] 《中央外事工作会议在京举行》，《人民日报》2014 年 11 月 30 日。
[2] 习近平：《坚持以新时代中国特色社会主义外交思想为指导　努力开创中国特色大国外交新局面》，《人民日报》2018 年 6 月 24 日。

(《论语·阳货第十七》);孟子说,"生亦我所欲也,义亦我所欲也;二者不可得兼,舍生而取义者也"(《孟子·告子上》);墨子则提出"义,利也"(《墨子·经上八》)等。同时,中国文化也不否定或排斥利益,而是认为"利人""利天下"的行为就是义,"损人利己""为害天下"的行为就是不义,从而更好地实现了义和利的辩证统一和相互促进。正所谓"仁人之所以为事者,必兴天下之利,除去天下之害,以此为事者也"(《墨子·兼爱中》)。过去,中国帮助发展中国家开展反帝、反殖斗争,在国际上注重为发展中国家伸张正义,是大义;今天,中国注重推动发展中国家实现减贫和发展,在国际上积极维护它们的应有权益,也是大义。

二是公道正义、平等相待的权力观与秩序观。大国应该如何获取权力,又如何运用权力?各国应当如何相处,如何建设一个公平正义的世界秩序,才能更好地维护广大发展中国家的尊严和权益?西方国家的世界观深受传统现实主义的影响,认为国家以绝对的权力和利益为追求目标,据此拟定自身的外交与安全政策。与传统的零和博弈思维和强权政治逻辑不同,中国坚持大小国家一律平等的原则,反对以大欺小、以强凌弱、以富压贫;坚持推进国际关系民主化,反对任何形式的霸权主义和强权政治;坚持主张通过对话谈判的方式解决有争议的问题,反对借人道主义为由干涉别国内政特别是颠覆他国政权的霸道行径。作为联合国安理会常任理事国,中国始终与广大发展中国家站在一起,努力为它们代言,努力为它们发声。正如习近平主席在联合国大会上坚定承诺的那样,"中国在联合国的一票永远属于发展中国家"[①]。

三是互利共赢、共同发展的合作观与发展观。发展问题是发展中国家面临的主要问题,实现发展也是发展中国家最大的政治。携手发展中国家实现互利共赢、共同发展,是当前中国与发展中国家关系中最大的"义"。中国积极照顾多数发展中国家的实际情况,坚持在合作中多予少取、先予后取、只予不取,张开怀抱欢迎发展中国家搭乘中国发展的

---

① 习近平:《携手构建合作共赢新伙伴 同心打造人类命运共同体——在第七十届联合国大会一般性辩论时的讲话》,《人民日报》2015年9月29日。

快车。我们要努力把世界机遇转化为中国机遇，把中国机遇转化为世界机遇，在这一过程中帮助发展中国家解决长期积累而未能有效解决的发展问题，帮助提高它们在全球化和全球经济治理中的代表性和发言权。

中国是一个发展中国家，也是一个大国。作为一个负责任的发展中大国，中国提出推动构建人类命运共同体的美好愿景，也自然以人类命运共同体思想来指导中国的外交实践。习近平的外交思想体系就是以全面塑造中国特色大国外交为引领，以实现中华民族伟大复兴和推动构建人类命运共同体为目标追求。秉持正确义利观和"真实亲诚"理念加强同非洲等发展中国家团结合作，就是中国推动构建新型国际关系、推动构建人类命运共同体的重要外交实践，是中国参与全球治理、发挥负责任大国作用的重要途径。正确义利观就是要把中国发展与广大发展中国家的发展联系起来，把中国利益同广大发展中国家的利益乃至更广泛的世界整体利益联系起来，把"中国梦"与"非洲梦""阿拉伯梦"乃至"世界梦"联系起来。中国在实现自身发展过程中注重维护发展中国家的正当权益，推动与其他国家的互利共赢、共同发展。这体现了帮扶发展中国家的无私仁义，体现了维护世界和平与发展的国际正义，体现了新时期推动建设人类命运共同体的责任和道义。因此，我们不仅要从推动构建人类命运共同体的高度来理解正确义利观的时代价值和世界意义，还要从这个高度来理解中国身上肩负的责任和道义。

第二节　正确义利观彰显大国外交的中国特色

正确义利观是当代中国外交的重要价值观念，它根植于五千多年中国历史文化传统，浸润于中国共产党人的世界情怀，形成于新时代中国外交所具有的宽广的全球视野和不断提升的世界责任意识，因而集中展现了新时代中国特色大国外交的个性与特色。

其一是"天下大同"的世界追求。中国传统文化讲求王者无外、天下一家，憧憬"大道之行，天下为公"的美好世界。中国仁人志士历来有"先天下之忧而忧，后天下之乐而乐"的精神境界，有"为往圣继绝学,为万世开太平"的济世情怀。用现代话语讲,就是人类共处一个地球,各国应该相互尊重、合作共赢,共同构建人类命运共同体。马克思主义的世界观也是着眼于整个世界历史进程,关注整个人类社会的共同福祉。中国共产党人是中国历史文化的继承者,也是共产主义的弘扬者和践行者。因此,中国共产党人从一开始就有立足中国、放眼全球的胸怀和眼界,今天更有心怀天下、造福世界的志向和夙愿。今天,在中国特色社会主义进入新时代、中国日益走向国际舞台中心之际,中国比历史上任何时期都更有意愿、更有信心、更有能力践行自己的世界理想和天下情怀。正确义利观的提出以及中国推动构建人类命运共同体的努力,正是对"天下大同"世界理想的集中诠释,是对马克思主义世界观的继承和发展。

其二是"自我约束"的内敛风格。中国人对世界理想的追求,并不是通过对外征服、统治和改造实现的,而是通过平等地对外交流、合作、互鉴来实现的,这是一种"己欲立而立人,己欲达而达人"的道德境界。中华人民共和国成立以来,无论是和平共处五项原则、对外援助八项原则、和平发展道路、正确义利观等外交理念的提出,还是睦邻、富邻、安邻周边政策以及不首先使用核武器、不对无核国家使用核武器等具体承诺,都体现了中国外交"自我约束"的内敛性。[1] 正确义利观的提出,就是中国在逐步成为全面意义上的世界大国之际,主动向世界做出的重大承诺,即中国将更加注重与世界分享中国机遇,携手各国特别是发展中国家实现共同发展。正确义利观的提出,不只是回应世界对中国责任的期待,不只是为了中国更好地走出去,也是中国在实现自身发展的同时积极推动乃至引领世界发展的一种理论自觉。正确义利观向世界表明,

---

[1] 1964 年周恩来在访问亚非国家时提出著名的对外援助八项原则,其中就有尊重受援国主权、提供最好的设备和物资、绝不附带任何条件,以及"派到受援国帮助进行建设的专家,同受援国自己的专家享受同样的物质待遇"等原则〔谢益显主编:《中国外交史(中华人民共和国时期 1949—1979)》,第 284 页〕。长期研究中国对非援助的美国学者黛博拉·布罗蒂加姆(Deborah Brautigam)认为,虽然现在欧美国家也开始强调尊重受援国的"主事权"(Ownership),但西方人要彻底改变他们长期抱有的盛气凌人、高人一等的观念和做派,要与受援国建立真正的伙伴关系,"所有这些是一个相当大的挑战"。Deborah Brautigam, *The Dragon's Gift: The Real Story of China in Africa*, New York: Oxford University Press, 2009, p. 133。

一个不断发展的中国必将是一个开放、包容、负责任的中国。

其三是"以义为先"的价值取向。中国传统文化历来强调重义轻利、先义后利、见利思义、以义制利，追求的是利益兼顾、义利统一。正确处理"义"和"利"的关系，也是当代中国处理与外部世界关系的一个行为准则，极大塑造了中国外交的品格、视野，并提升了中国外交的道义精神。习近平指出："义，反映的是我们的一个理念，即共产党人、社会主义国家的理念。这个世界上一部分人过得很好，一部分人过得很不好，不是个好现象。真正的快乐幸福是大家共同快乐、共同幸福。我们希望全世界共同发展，特别是希望广大发展中国家加快发展。"他对"利"也做了明确的诠释："利，就是要恪守互利共赢原则，不搞我赢你输，要实现双赢。我们有义务对贫穷的国家给予力所能及的帮助，有时甚至要重义轻利、舍利取义，绝不能唯利是图、斤斤计较。"[1] 中国曾大力支持亚非国家的民族独立，注重维护发展中国家的正当权益，当前更是致力于通过南南合作来提升发展中国家的整体地位、推动世界的共同发展与繁荣。

其四是"言必信、行必果"的实践作风。中国文化历来讲求言必信、行必果，中国人历来追求的是行胜于言的道德情操。中国外交一直言出必行，在过去几十年里给予发展中国家力所能及的帮助，在国际上一直为它们仗义执言，这是中国能够得到大多数发展中国家坚定支持的重要原因。早在2013年习近平访问非洲时，就曾明确提出"真实亲诚"的对非合作理念，其中"实"就是要践行承诺，不折不扣地落实对非互利合作的方针和举措，始终向非洲朋友提供力所能及的支持与帮助。"只要是中方做出的承诺，就一定会不折不扣落到实处。"[2] 在2015年中非合作论坛约翰内斯堡峰会之后的三年间，中国如期向非洲国家提供了600多亿美元资金，支持中非双方开展议题广泛的"十大合作计划"，全面助推非洲发展显著提速和中非互利合作迈向新台阶。在

---

[1] 王毅：《坚持正确义利观　积极发挥负责任大国作用——深刻领会习近平同志关于外交工作的重要讲话精神》，《人民日报》2013年9月10日。

[2] 习近平：《永远做可靠朋友和真诚伙伴——在坦桑尼亚尼雷尔国际会议中心的演讲》，《人民日报》2013年3月26日。

2018 年中非合作论坛北京峰会上,中国再次承诺向非洲提供 600 亿元资金,在未来三年和今后一段时间重点实施"八大行动"。在 2013 年召开的周边工作会议上,习近平提出"亲诚惠容"的外交理念,其中"诚"就是要诚心诚意对待周边国家,多做得人心、暖人心的事,争取更多朋友和伙伴。[①] 中国以"一带一路"倡议为牵引,全面推动与周边国家的互联互通、产能合作与人文交流,为亚太地区营造了求和平、谋发展、促合作的大趋势大环境。

中国特色大国外交的中国特色体现在哪里?无须否认,如同任何国家一样,中国外交首先服务于自身的利益需要,中国在深化与发展中国家团结合作的同时,也希望拓展在海外的商品和资源市场,寻求必要的政治支持,以及提升中国在若干重要领域的话语权和影响力。但中国与其他发展中国家的外交从一开始就有一种超越国家利益的大国责任和道义精神,这在中国逐步实现自身发展进而能够为世界发展做出更大贡献之后更是如此。如果说中国成功实现自身 14 亿人口的减贫与发展本身就是对世界发展的重大贡献,那么中国在实现自身发展的同时又更加积极推动世界的和平、发展与治理进程,则是中国对世界的又一重大贡献。中国对发展中国家的外交理念和实践,充分体现了大国外交的中国特色。

中国倡导和践行正确义利观,还能为世界贡献"中国标识"的新型国际关系伦理。世界大国奉献给世界的,不只是商品、技术和资本,还有更为深层次的思想、观念、制度,以及伦理和道德精神。中国积极倡导公平、正义、开放、包容、合作、共赢的理念,特别是对发展中国家践行正确义利观,用最为精练的语言向世界表达了一种新型国际关系伦理,为全球伦理价值观的塑造贡献了中国智慧。西方传统现实主义基于国际社会无政府状态和国家"理性人"假定,认为国家的根本目标是实现自身权力最大化和利益最大化,这极大影响了西方国家的战略思维,不同形态的帝国思维、霸权思维、殖民思维、冷战思维、零和思

---

① 习近平:《为我国发展争取良好周边环境 推动我国发展更多惠及周边国家》,《人民日报》2013 年 10 月 26 日。

维，都体现了西方烙印的权力观和利益观。当前美国特朗普政府一味追求"美国优先"，以及多个西方国家不同程度地出现民粹主义情绪的膨胀，这都严重损害了国际社会的相互合作与一体化进程，给经济全球化和全球治理带来了许多不确定因素。因此，正确义利观是对现有国际秩序及国际关系伦理的积极补充和修正，因而具有广泛而深刻的世界意义。

第三节 践行正确义利观的新思路与新举措

构建与发展中国家的命运共同体，需要不断做大共同利益，强化共同责任，增进共享价值。在正确义利观的指引下，近年来中国不断创新与发展中国家团结合作的新举措，不断推动与发展中国家关系跃上新台阶。当前中国对发展中国家外交具有四大着力点和生长点。

其一，稳步推进与发展中国家的"一带一路"国际合作。改革开放40年来，中国对外开放格局发生了根本性变化，逐步由资本净输入国发展成资本净输出国，由主要强调"请进来"发展成"走出去"与"请进来"并举并重。中国提出"一带一路"倡议，一个重要背景和初衷就是要通过更为全方位的"请进来"与"走出去"，在提升向东开放水平的同时，显著加快向西开放的步伐，构筑起方位更加平衡、领域更加宽广、时空更加开放、内外联动更加紧密的对外开放新格局。过去几年来，中国积极抓住"一带一路"发展机遇，不断增加对发展中国家基础设施建设的投入，不断推动与发展中国家的产能合作与人文交流。在此背景下，中国与其他发展中国家的合作逐步由基础设施建设和工程承包提升到包括产能合作、金融合作、科技合作、经验交流、能力建设等更广泛的领域、更高层次的合作。2018年9月召开的中非合作论坛北京峰会就是以共建"一带一路"为主题，进一步促进中非合作发展。中国还要充分利用好诸如亚投行、金砖开发银行等新的多边投融资平台，以及丝路基金、南南合作援助基金，吸引更广泛的投资主体参与"一带一路"建设，推动中国资本、管理、产能、技术、经验更多更好地走出去，给发展中国家提供了更多发展机遇与合作选择。

其二，逐步完善对发展中国家的发展援助。过去几十年里，中国对发展中国家提供了力所能及的援助，对外援助理念、政策和方式日渐成熟，也形成了具有中国特色的对外援助体系与援助模式。随着中国对外援助规模的扩大以及参与主体的显著增多，对外援助"碎片化"问题也较为突出，援助和发展的有效性也有待提高，在国际发展合作领域的国际合作也有待加强。在此背景下，"国际发展合作署"应运而生。以"国际发展合作署"而非"对外援助署"命名，本身就非常清晰地表达了两个信息：一是表达了中国对受援国的尊重，因为发展合作远比单方面的援助更体现出双方的对等性，体现出中国对受援国主体地位和主事权（ownership）的尊重；二是表达了中国对受援国发展的强调和重视，中国对外援助着眼于通过援助撬动受援国经济和社会的发展，从根本上增强受援国的内生发展动力，做到"授人以鱼也要授人以渔"。援助之所以必需，是着眼于受援国逐步实现自主发展而最终不需要援助。如果说西方大国的对外援助主要是一种"民主援助"，即强调受援国的政治和社会制度建设，或者是一种"福利捐助"，即主要着眼于教育、卫生和健康等领域，那么中国的对外援助则是一种"发展援助"，着重强调对受援国经济和社会发展的推动，着眼于提升受援国的发展和治理能力。中国援建的肯尼亚蒙内铁路，着眼于整个东非铁路网建设，今后将连接乌干达、卢旺达、布隆迪、南苏丹等东非国家，成为推动东非发展的一条"铁路大动脉"，堪称新时代中非发展合作的标志性项目。

其三，深入推进与发展中国家的治国理政经验交流。当前，一些发展中国家面临三大发展难题：基础设施滞后、资金短缺和人才不足。西亚非洲国家"向东看"，拉美国家"向西看"，都不只是看重中国不断增加的对外投资和援助，还希望学习和借鉴中国的治国理政与发展经验，希望独立自主地实现国家的发展与复兴。中国也积极推动与其他发展中国家的治国理政经验交流，以此提升发展中国家自身发展和治理的能力，同时增进自身在国际发展领域的话语权与影响力。中国发展模式实质上是发展中国家探寻现代化的一种成功探索，独立自主、发展主义（developmentalism）、社会共识、有为政府是其显著特点。中国与发展中国家通过平等的交流互鉴，不仅可以让发展中国家获得从事发展的知识、技能和经验，也能让它们体会到中国的积极创业精神与实干精神，进而增加它们从事本国发展的信心和激情，同时，也能为其他发展中国家独立自主探索适合自身的发展道路提供新的选择和借鉴，后者对于发展中国家的发展更具长远意义。曾几何时，发展中国家要么学习苏联模式，要么学习美国等西方模式，如今中国发展的成功无疑给发展中国家展现了一种新的激励、新的选择和新的希望，也推动发展中国家以一种新的自信、新的面貌、新的精神参与全球经济体系。[1]

其四，积极参与全球治理并推进全球治理体系的发展。中国推动国际治理体系变革与完善，主要有两条路径：一是改革既有的治理体制"存量"，推动世界银行、国际货币基金组织等重大国际机制的改革，推动二十国集团从危机应对向长效治理机制转变，注重提升新兴国家和发展中大国在全球治理体系中的话语权。二是做好治理体制"增量"，重启亚太自贸区建设新进程，不断夯实金砖国家合作机制，继续深化上合组织、中非合作论坛、中阿合作论坛的合作，与拉美国家搭建了中拉合作论坛机制，实现多边机制在发展中国家的全覆盖。中国还发起成立亚洲基础设施投资银行、金砖国家新开发银行、丝路基金、南南合作援助基金、中国—联合国和平与发展基金等，为全球治理贡献中国智慧与中国方案。近年来，中国还积极利用主场外交推动解决全球发展问题，2016年二十国集团杭州峰会邀请了多个发展中国家与会，2017年9月的厦门金砖峰会和2018年7月的约翰内斯堡金砖峰会采用了"金砖+"合作模式，都是中国利用国际机制帮助发展中国家的重要体现。总体来看，中国推动国际秩序变革与完善的一个基本诉求，是着眼于发展中国家的发展与治理问题，携手各国推动全球治理体系更多更好地关注全球发展问题，努力提升新兴国家和发展中大国在全球治理体系中的话语权，帮助发展中国家实现发展、稳定、复兴。正确义利观正是中国推动国际秩序变革与完善的重要思想理论基础。

---

[1] 罗建波：《非洲国家的治理难题与中非治国理政经验交流》，《西亚非洲》2015年第3期，第74—97页。

中国积极倡导和践行正确义利观，不断推出与发展中国家合作的新思想、新战略、新举措，不断推动与发展中国家关系跃上新台阶。在2015年中非合作论坛约翰内斯堡峰会上，中非双方一致同意把中非关系升级为政治上平等互信、经济上合作共赢、文明上交流互鉴、安全上守望相助、国际事务中团结协作的全面战略合作伙伴关系。在2018年中非合作论坛北京峰会上，习近平提出中非携手打造责任共担、合作共赢、幸福共享、文化共兴、安全共享的中非命运共同体。在中东方向，2018年7月10日，习近平总书记出席中阿合作论坛第八届部长级会议并发表重要讲话，宣布建立中阿战略伙伴关系，推动中阿关系迈向新的历史阶段。与拉美合作方面，2015年1月，中国同拉美国家召开了首届中拉合作论坛部长级会议，中国与拉丁美洲和加勒比共同体实现了历史性的握手，中国与拉美国家整体合作由构想成为现实。中拉双方决定以贸易、投资、金融合作为"三大引擎"，推动中拉务实合作全面发展。在2018年1月召开的中拉合作论坛部长级会议上，中方建议中拉共建陆洋一体的大联通，培育开放互利的大市场，打造自主先进的大产业，抓住创新增长的大机遇，开展平等互信的大交流，共同打造领域更宽、结构更优、动力更强、质量更好的中拉合作新局面。①

第四节　需要思考的几个问题

正确义利观集中表达了新时代中国外交的国际责任和道义精神，为指导中国与发展中国家合作提供了基本遵循。为切实践行正确义利观、深入推进与发展中国家的团结合作，我们在理论与实践层面一直在认真思考并处理好以下几个问题。

第一，如何辩证理解国家利益与世界愿景的内在统一？

新时代中国特色大国外交需要注重统筹国内国际两个大局，牢牢把握服务民族复兴、促进人类进步这条主线，既要为实现"两个一百年"

---

① 王毅：《新时代跨越大洋的牵手——王毅外长在中拉论坛第二届部长级会议开幕式上的致辞》，新华网：http：//www.xinhuanet.com/2018-01/23/c_1122303902.htm，2018-07-28。

奋斗目标和中华民族伟大复兴的中国梦提供有力保障，也要积极推动构建人类命运共同体。首先，我们要看到，推动构建人类命运共同体是中国向世界提出的关乎人类未来的重大愿景，也是新时代中国外交的重要追求目标和进取方向，其实现程度不仅关乎世界人民的根本福祉，也直接关系到中国自身发展所需良好外部环境的塑造。推动构建人类命运共同体将会为中国发展营造更加有利的外部环境，而中国的进一步发展以及国家实力的增长又能够为世界发展做出更大贡献，因而新时代中国外交在追求国家利益与世界愿景之间存在内在的一致性。其次，我们也应看到，推动实现中华民族伟大复兴是中国特色大国外交的首要追求目标，维护好国家主权、安全和发展利益是中国外交最为重要的职责与任务，中国参与全球事务、推进全球治理的程度、广度、深度以及具体途径与形式，都需要基于中国自身利益的维护和拓展这一基础性前提之上，这一基本点不能有任何动摇。

第二，如何权衡参与全球治理尽力而为与量力而行的辩证关系？

中国是一个负责任的大国，自然需要积极参与全球治理，为世界和平、发展和治理做出更大贡献，但同时也要在这一进程中不断提升中国自身的话语权和影响力；中国参与全球治理还要权衡与自身利益的关联度，坚持量力而行、量入为出、权责平衡的原则。中国无疑是个世界大国，但就经济和社会发展程度而言，又是一个发展中国家，仍然面临实现减贫和发展的重要任务，仍然存在严峻的国内发展和治理问题。当前，中国的发展处于近代以来的最好时期，中国前所未有地接近世界舞台中心，前所未有地接近实现中华民族伟大复兴的目标，前所未有地具有实现这一目标的信心和能力，但中国仍处于并将长期处于社会主义初级阶段的基本国情没有变，中国是世界最大发展中国家的国际地位没有变。中华民族迎来了从站起来、富起来到强起来的伟大历史飞跃，这本身就说明中国还处于实现中华民族伟大复兴的攻坚阶段，处于"将强未强"的特殊历史时期。因此，参与全球治理仍需要坚持量力而行、量入为出的原则，基于自身实力、地位、能力基础上为世界和平与发展做出力所能及的贡献。参与全球治理也要注重权责平衡的原则，承担的责任、义务需要与自身权力、利益的增进相匹配，付出的国际投入也需要与自身话语权和影响力的不断提升相一致。

第三，如何在全面深化与发展中国家合作的同时做到差异化处理？

作为一个负责任的发展中大国，作为发展中国家中经济实力最强的国家，中国对其他所有发展中国家都应当践行正确义利观，做到义利兼顾，在外交实践中做到讲信义、重情义、扬正义、树道义。但同时，也要看到发展中国家之间发展程度差异极大，以及它们与中国关系亲疏有别的客观实际，从而实施对发展中国家的差异化外交政策。一方面，践行正确义利观，尤其是要针对经济社会发展相对落后的国家特别是最不发达国家，要明确强调先义后利、重义轻利，必要时甚至舍利取义。哪些国家是最不发达国家呢？2018年联合国贸易与发展会议（UNCTAD）公布的最不发达名单共有47个国家，其中非洲34个、亚洲9个、大洋洲3个、北美洲1个。另一方面，也要考虑不同发展中国家在中国外交全局中的地位和作用。在中国外交布局中，周边是首要，是中国安身立命之所、发展繁荣之基，经略好与周边发展中国家关系对中国有效维护自身主权、安全与发展利益有着重大意义。非洲虽然距离相对遥远，但在中国与各大地区的外交关系中，中非关系总体上是基础最为牢固、发展最为稳定、外交最值得倚重的地区，继续推进中非合作对中国拓展外部发展空间、维护国际战略平衡有着重要意义。中东地区事关中国能源供给和能源安全，也是三洲五海之地、世界的十字路口，因而有着极为重要的地缘战略价值。拉美是"一带一路"的重要合作伙伴，是中国拓展国际发展空间的增长点，中拉关系的迅速发展成为中国与发展中国家关系不断深化拓展的重要方面。当前中国同中东欧国家"17＋1"合作稳步推进，双方合作对于撬动中欧关系发展和推动"一带一路"向欧洲延伸发挥着重要的桥梁和示范作用。

第四，如何深入理解国际形象塑造与国内治理建设的关系？

中国"走出去"给其他发展中国家带来了多重红利：价格相对实惠的商品、投融资渠道的多元化、就业创造、技能转让，以及发展和治理经验的相互借鉴。中国与发展中国家真诚携手合作，其互利互惠赢得了当地民众的普遍赞誉。① 但中国对发展中国家"走出去"在某些国家、某些领域、某些行业还存在无序和低端，还面临转型升级的问题。要切实提高中国企业在海外的社会责任，中方需要不断加大对海外投融资活动的监管，更加有效规范中国企业和中国人的海外行为，特别是要求"走出去"的中国企业或中国人切实履行社会责任，深度融入当地社会，并为当地发展做出更大贡献，真正体现中国人的正确义利观。但同时，规范中国企业海外行为，不只是一个外交外事工作问题，也不只是靠外事管理和监督机制的完善所能完全解决的，而是一个涉及国内治理建设和社会建设的大问题。这是因为，中国企业和中国人在海外的表现，在一定程度上是国内经验和观念在海外的某种投射和反映。我们欣喜地看到，随着中国加快建设更加清正严明的法治体系、更加公开透明的营商环境、更加诚实守信的社会环境，同时不断普及和提高全体公民的全球公民意识和责任意识，中国企业和中国人"走出去"正在赢得越来越广泛的世界赞誉。

---

① 2014—2015年，非洲知名独立民调机构"非洲晴雨表"（Afrobarometer）对非洲36国5.4万名民众进行访问，发现2/3的受访者对中国持正面评价，认为中国在非洲的政治经济活动推动了非洲的发展，一些非洲国家的受访者对中国的好感和认可要好于他们对欧美国家的评价。在2014—2016年，美国知名独立民调机构皮尤中心曾连续在全球36个国家对中国和美国的形象进行过调查，结果发现非洲、中东和拉美的受访者对中国的好感度最高，其中很多国家对中国的好感要明显好于美国。Afrobarometer, *China's Growing Presence in Africa Wins Largely Positive Popular Reviews*, Dispatch No. 122, 24 October 2016, pp. 1 - 24; Pew Research Center, "In Global Popularity Contest, U. S. and China – not Russia – vie for first", http：//www.pewresearch.org/fact - tank/2017/08/23/in - global - popularity - contest - u - s - and - china - not - russia - vie - for - first, 2018 - 05 - 02.

第四章

"一带一路"：深化南南互利合作的新纽带

发展中国家是共建"一带一路"的重要伙伴。在本质上，"一带一路"不是中国的地缘战略工具，不是中国的"债务陷阱外交"，也不是在既有国际秩序之外"另起炉灶"。它是中国对外开放和对外合作的管总规划，是推动世界互利共赢共同发展的新平台，是携手推动构建人类命运共同体的新实践。可以讲，"一带一路"是21世纪实现各国互联互通的超级"互联网"，集中体现了和平、合作、互利、共赢的当代丝路精神。中国希望通过基础设施建设、产能合作和治国理政经验交流，全面助推发展中国家改善民生，提升"造血"能力，通过南南合作整体影响力提升发展中国家的国际地位，更好维护发展中国家应有权益。稳步推进"一带一路"国际合作，还须努力实现中国发展方位的东西平衡，平衡推进对外开放"请进来"与"走出去"，实现"硬联通"与"软联通"的齐头并进，理性认识"中国倡导"、"中国主导"和"中国参与"的辩证关系。

共建"一带一路"面向的是全世界。其中重要着力方向，是推动与发展中国家的全方位互利合作，显著拓展南南互利合作新机遇新空间。"一带一路"是联结亚非拉及更广阔世界的新纽带，是新时代中国增进与发展中国家团结合作的新平台。其目的，在于通过更加紧密的交通大联通、贸易大繁荣、投资大便利、资金大融通、人员大流动、信息大传播，搭建起多维度、多领域、多形式的互联互通新格局，构筑起新时代南南合作利益共享、责任共担、命运与共的新局面。

第一节 "一带一路"究竟是什么？

"一带一路"的本质是什么？"一带一路"倡议自2013年提出以来，吸引了越来越多的世界目光，得到了越来越多的国际认同，见证了越来越多的国际参与，产生了越来越多的重大成果。但时至今日，国际社会仍然有声音在质疑"一带一路"的初衷和愿景。常有人问，"一带一路"究竟是战略还是倡议？其实他们想问的根本问题是，"一带一路"究竟是不是中国的地缘扩张大战略，或者是不是中国提升全球影响力的工具？[1] 回答这一问题，讲清楚三个"不是"甚为重要。

一 "一带一路"不是中国的地缘战略工具

"一带一路"倡议提出的一个重要背景，是中国经济需要更大程度地实现"走出去"。中国2015年就已经成为资本净输出国，这要求中国更大程度地拓展海外市场，以更大信心更多能力参与国际经济合作。"一带一路"重要目的在于打造全方位的对外开放新格局，全面助推中国与外部世界的互利合作。"一带一路"的成功实施，无疑有助于中国自身经济发展，也有助于提升中国的国际影响力，但它与传统零和博弈的地缘大战略并无直接关联。

"一带一路"倡议由中国倡导，自然离不开中国政府的积极推动，也自然带有某种程度的中国烙印。对此，中国无须否认。同时，中国也

---

[1] Mark Beeson, Geoeconomics with Chinese Characteristics: The BRI and China's Evolving Grand Strategy, *Economics and Political Studies*, Volume 6, Issue 3, 2018, pp. 240 – 256; Abhijit Singh, "China's Strategic Ambitions Seen in the Hambantota Port in Sri Lanka", July 26, 2018, https: // www. hindustantimes. com/analysis/china – s – strategic – ambitions – seen – in – the – hambantota – port – in – sri – lanka/story – PErf7dzG8lZINVGuF37gxK. html（2020 – 05 – 08）.

要向国际社会讲清楚,"一带一路"秉持的是共商共建共享的原则,弘扬的是开放包容合作共赢的精神,它欢迎所有国家的参与和支持,也需要各国的携手合作和战略对接。"一带一路"不是中国的地缘战略工具,其目的也不是构筑一个排他性的利益集团,而恰恰相反,它要打造一个各国实现互利共赢的合作新平台,推动建设一个全新的全球发展伙伴关系。可以前瞻的是,"一带一路"的稳步推进将有助于各国的经济发展,也有助于相关国家通过合作促进共同安全,管控分歧和争端,推动沿线国家走上共同发展的道路。从长远看,借助于不断推进的人文交流"软联通","一带一路"建设还能推动亚欧非各大文明的交流互鉴,促进各国、各民族间的相互理解和信任,进而推进世界文明的共同发展和繁荣。"一带一路"倡议源自中国,但"一带一路"合作则属于全世界。

在本质上,"一带一路"秉持的不是西方人的国际象棋思维。"一带一路"的精神实质,不是去反制对手,甚或要消灭对手;其精妙之处,在于"顺势而为""共势而生"。中国看清楚了历史发展潮流和世界发展大势,认准了时代发展方向,然后主动去塑造和引领国际合作共识,主动去营造一种和平、开放、合作、共赢的环境和氛围,进而携手各国拓展合作机遇、做大共同利益、分享发展红利,实现共同发展。所以,"一带一路"汲取了东方和合共生理念,超越了胜负输赢的结局,推动实现各方双赢、多赢和共赢。从本质上讲,"一带一路"真正体现了中国推动构建人类命运共同体的美好初心,体现了中国倡导相互尊重、合作共赢、公平正义的时代精神。"一带一路"顺应并能够引领世界发展大势,这是它的根本魅力所在。

二 "一带一路"不是"债务陷阱外交"

"一带一路"是个新事物,需要各方本着务实的精神不断探索和积累经验。但是,国际社会仍有人怀着零和思维,故意夸大或恶意炒作"一带一路"合作中存在的一些问题。其中之一,便是他们指责"一带一路"给合作国家带来了"债务陷阱"(Debt-trap),一些人更是恶意诽谤中国推行所谓的"债务陷阱外交"(Debt-trap diplomacy),利用强大的经济和金融力量迫使他国屈服于中国,以扩大中国在海外的政治和经济影响力。美国《外交事务》杂志早在2016年5月就推出文章,指责中国故意让斯里兰卡陷入"债务陷阱",以实现中国控制斯里兰卡的战略目的。① 这是将"一带一路"与"债务陷阱"联系起来的最早表述。2017年1月,印度学者布拉尼·切拉尼(Brahma Chellaney)明确提出"债务陷阱外交",指责中国利用债务压力达到增加中国国际影响力的目的,这是"债务陷阱外交"的最早表述。② 2018年3月,时任美国国务卿蒂勒森在访问非洲时,指责中国利用掠夺性贷款条款(predatory loan practices)和腐败交易(corrupt deals)使非洲国家陷入债务泥潭进而削弱它们的主权和长期的可持续发展,把对华负面舆论推向高潮。③ 在此前后,"债务陷阱""债务陷阱外交""债务簿外交"(Debtbook diplomacy)被部分国外媒体或人士广泛运用于中国与南亚、拉美、非洲等国家的"一带一路"国际合作中。④

就实质而言,形形色色的"中国债务陷阱论"其实是前些年"中国新殖民主义论"的延续,只是关注重点更多倾向于"一带一路"中的债务问题,它反映了部分国外人士对中国走向世界本能的不信任。要回应这种不实言论,讲清楚"一带一路"不是"债务陷阱",更不是"债务陷阱外交",需要回答以下五点:

(1)"一带一路"合作国家是否普遍陷入了债务危机?发展中国家特

---

① Jeff M. Smith, "China's Investments in Sri Lanka: Why Beijing's bonds come at a price", *Foreign Affairs*, May 23, 2016, https://www.foreignaffairs.com/articles/china/2016-05-23/chinas-investments-sri-lanka (2020-05-02).

② Brahma Chellaney, "China's Debt-Trap Diplomacy", *Project Syndicate*, Jan 23, 2017, https://www.project-syndicate.org/commentary/china-sri-lanka-hambantota-port-debt-by-brahma-chellaney-2017-12 (2020-05-02).

③ "Remarks-Secretary of State Rex Tillerson On U.S.- Africa Relations: A New Framework", March 2018, U.S. Department State, https://translations.state.gov/2018/03/06/remarks-secretary-of-state-rex-tillerson-on-u-s-africa-relations-a-new-framework/ (2020-05-08).

④ Rudolf Huber, "The Perils of China's 'Debt-trap Diplomacy'", *the Economist*, Sep. 6, 2018; The Editors, "China's Debt-Trap Diplomacy", *National Review*, July 3, 2018; Sam Parker & Gabrielle Chefitz, "Debtbook Diplomacy", Belfer Center for science and International Affairs, Harvard Kennedy School, May 24, 2018; Nathanael T. Niambi, China in Africa: Debtbook Diplomacy, *The Open Journal of Political Science*, Volume 09, Issue 1, 2019, pp. 220–242.

别是中低收入国家资金短缺、经济脆弱性高、经济管理能力不强,很容易出现债务偿还能力不足的问题。如今部分发展中国家面临债务偿还压力,债务违约风险增加,但还谈不上发展中国家普遍意义上的债务危机,更不可能是"债务陷阱"。以非洲低收入国家(low-income countries,LICs)为例,根据国际货币基金组织2019年9月30日债务可持续指标,有8个国家处于债务困境(debt distress),11个国家处于债务困境高风险状态(high risk of debt distress),其他18个国家则为中等或低债务风险。① 非洲开发银行《2020年非洲经济展望》指出,从2009年到2018年十年间,非洲公共债务占非洲大陆GDP的比率从38%上升到56%,外债总额已接近5000亿美元。报告同时指出,非洲国家的债务脆弱性增长仍在上升且值得关注,但还不存在危及整个大陆的系统性债务危机(a systematic debt crisis)。②

(2)中国贷款是造成发展中国家债务上升的根本原因吗?发展中国家的债务是长时期历史形成的。早在"一带一路"倡议提出以前,大量中低收入国家的债务负担就已经出现,特别是非洲、拉美国家在20世纪80年代还普遍爆发了严重的债务危机,致使非洲和拉美陷入"失去的十年"。自2008年国际金融危机以来,发展中国家特别是中低收入国家的债务有了新一轮的大幅攀升,其原因是多方面的,包括大宗商品价格下跌导致资源出口国外汇收入显著下降,美元利率上涨大幅抬升非洲国家偿债成本,依赖国际债券市场为发展项目融资导致债务快速攀升,以及发展中国家债务管理能力不足导致债务风险预警和防范明显滞后。

以非洲为例,新一轮非洲债务增长大体从2009年开始,一个重要

---

① 8个处于债务困境国家是:刚果(布)、冈比亚、莫桑比克、圣多美和普林西比、索马里、南苏丹、苏丹、津巴布韦;11个处于债务困境高风险状态的国家是:布隆迪、喀麦隆、佛得角、中非共和国、乍得、吉布提、埃塞俄比亚、加纳、毛里塔尼亚、塞拉利昂、赞比亚。IMF:"List of LIC DSAs for PRGT-Eligible Countries As of November 30, 2019",https://www.imf.org/external/Pubs/ft/dsa/DSAlist.pdf(2020-05-03).

② AFDB, *African Economic Outlook 2020: Developing African Workforce for the Future*, African Developing Bank, 2020, p. 24.

原因在于西方金融危机导致大宗商品价格显著下跌，直接导致非洲资源出口国创汇能力和还款能力的下降，同时美元持续走强导致以美元计价的国际融资的成本大幅上升。此外，自2006年塞舌尔成为第一个在欧洲债券市场发行债券的非洲国家以来，多个非洲国家选择欧洲债券市场进行融资，成为非洲债务快速上升的又一推动因素。非洲开发银行特别指出，非洲国家所持欧洲债券（Eurobonds）占非洲债务总额的1/5。①

中国贷款到底在非洲债务中占有多大比重？"朱比利债务行动"（Jubilee Debt Campaign）在2018年发布报告估算，在非洲外债结构中，私人部门债务占比为32%，多边金融机构债务占比为35%（其中世行为16%，IMF为4%，其他多边机构为15%），巴黎俱乐部债务占比为10%，中国债务占比最多为20%（图4—1）。② 如果按照非洲开发银行的数据，非洲债务总额大致为5000亿美元，那么中国对非贷款数额大致为1000亿美元。③ 此外，从国别分布来看，中国债务主要集中于安哥拉、埃塞俄比亚、肯尼亚、刚果（布）等少数几个国家，且多是债务风险可控的国家。"朱比利债务行动"对当时世行和IMF列为债务困境或高风险的15个非洲国家进行研究后发现，只有3个国家所欠中国债务在它们外债总额的比重超过了24%，即吉布提（68%）、赞比亚（30%）、喀麦隆（29%），其他12个国家所欠中国债务都不超过它们外债总额的18%。④ 也就是说，只有3个非洲重债国家的债务问题与中国贷款相关，而其他国家的债务问题显然与中国贷款没有直接关系。

---

① AFDB, *African Economic Outlook 2020: Developing African Workforce for the Future*, African Developing Bank, 2020, p.24.

② Jubilee Debt Campaign, *Africa's Growing Debt Crisis: Who is the Debt Owned to?*, October 2018, https://jubileedebt.org.uk/wp/wp-content/uploads/2018/10/Who-is-Africa-debt-owed-to_10.18.pdf（2020-05-03）.

③ 笔者曾于2019年年初在国家开发银行及中非发展基金做过调研，根据他们的测算，2017年中国官方主权债权约2100亿美元，其中非洲占48%，即对非债权超过1000亿美元，约占非洲政府外债总额的20%。

④ Jubilee Debt Campaign, *Africa's Growing Debt Crisis: Who is the Debt Owned to?*, October 2018, https://jubileedebt.org.uk/wp/wp-content/uploads/2018/10/Who-is-Africa-debt-owed-to_10.18.pdf（2020-05-03）.

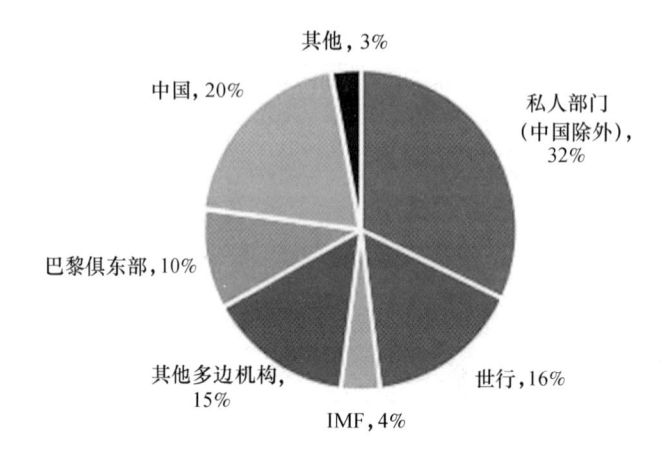

图4—1 中国债务在非洲外债总额中的比重

资料来源：Jubilee Debt Campaign, *Africa's Growing Debt Crisis: Who is the Debt Owned to?*, October 2018.

（3）借款国是被迫接受中国贷款的吗？发展中国家的基础设施普遍落后，要实现经济发展，首先需要修建道路、桥梁、港口、电力、通信等基础设施，这是经济发展的基础和前提。但是，由于基础设施项目的投入大、效益产出低、回报周期长，因此很难获得外来直接投资，只能从外部世界获取贷款。所以，发展中国家向国际社会借债，本身是为了推动经济社会发展的主动行为，这是其一。其二，向谁借款也是发展中国家自主的行为。一般来讲，借款方在国际上有四种融资渠道，即国际多边金融机构、欧洲债券市场、私人金融机构、双边融资，债务来源的多元化使发展中国家有相对充裕的自由选择空间。相对国际多边金融机构或巴黎俱乐部而言，包括中国在内的一些新兴经济体提供的借贷条件相对更为务实灵活，资金使用方向更具发展属性，因此成为许多发展中国家的重要选择对象之一。

（4）中国在债务重新谈判中处于强势地位吗？"中国债务陷阱论"的一个重要假设，就是一旦贷款方出现偿债压力后，中国在接下来的债务重新谈判中一定处于强势地位，能够通过债务这一特殊手段逼迫借贷国家接受中国的政治和经济要求，或者通过债务的重新安排扩大中国的政治和经济影响。这一假设无论在理论层面，还是在实际操作层面，都是不成立的。国际贷款面临的法律环境与国内贷款完全不同，缺乏像国内那样具有完整的法律体系来保护贷款方的权力，而是主要基于双边协议或国际仲裁予以约束。一旦借款方无力还款，或者借款方因为国内政权更迭或政治变动而无意还款，贷款方往往没有实质性的约束能力，可以选择的空间实际上非常有限。此外，中国还须考虑维系与贷款方的政治外交关系。荣鼎集团对中国在24个发展中国家的40个贷款重新谈判案例进行了研究，发现债务勾销涉及17例、债务延期为10例，再融资为5例，协议重新谈判为4例，暂停贷款发放为3例，资产扣押为2例（其中1例尚待确认）。[1] 荣鼎集团因此得出三点观察：借款方发生债务风险并要求债务重新谈判非常普遍；资产扣押很少发生；尽管中国经济实力相对更大，但它对债务谈判进程和结果的影响其实很有限。[2]

事实上，当借款方无力或无意偿还贷款时，债务减免、债务延期是最普遍的方式，这也是最有利于借款方的方式，而诸如暂停贷款发放和资产扣押则非常少见，往往也是不得已而为之的办法。为了确保金融收益并降低自身面临的金融风险，中国近年来加强了对对外贷款的统筹、监督和管理，加强了风险评估、预警和防范，通过盘活存量、审慎增量、严控项目总量和节奏等方式来实现对外投融资的可持续发展。中国财政部在第二届"一带一路"高峰论坛期间专门发布了《"一带一路"债务可持续性分析框架》，用以指导中国和伙伴国家的相关机构和企业加强债务风险评估和管理。中国还积极敦促企业调整对外投融资模式，鼓励企业通过股权投资、投建营一体化（BOT、BOOT）、政府和私人资本合作（PPP）等方式开展对外合作，鼓励企业对外投融资实现产业多元化和产业转型升级，鼓励中国资本与当事国、国际资本组成联合体，更好地利

---

[1] 事实上，斯里兰卡在2017年7月最终决定将汉班托塔港控股权转让给中国招商局港口控股有限公司，使中方以9.74亿美元获得港口70%的99年长租权，主要基于斯方对港口盈利效益差以及规避投资风险的考虑，且此种所谓"债转股"的方式也是由斯方率先提出来的。中方不得已接受这一建议，其实承担了巨大的投融资风险。

[2] Agatha kratz, Allen Feng, Logan Wright, "New Data on the 'Debt Trap' Question", Rhodium Group, April 29, 2019, https://rhg.com/research/new-data-on-the-debt-trap-question/（2020-05-03）.

用市场化途径规避金融风险。

（5）最后还有一个问题，中国为什么愿意提供贷款？中国加大对外投融资，本身是正常的国际经济合作，其目的在于实现各方的双赢和共赢。中国2015年就成了资本净输出国，中国资本希望通过对外投融资以实现自身资产的增值，进一步推动中国企业、商品、技术走出去，为中国发展开拓更加广阔的国际市场。同时，中国是一个负责任的大国，一直注重团结广大发展中国家，也希望通过对外投融资活动推动合作伙伴实现产业升级，增强它们实现经济发展的能力，与其他发展中国家实现互利共赢共同发展。中国对发展中国家的投融资，大多数项目着眼于基础设施建设和重大工农业项目，能够有效地把中国的技术、资金、管理和这些国家的市场需求、劳动力、资源等要素结合起来，进而全面助推它们工业化和现代化，破解它们面临的基础设施滞后、人才不足、资金短缺三大发展瓶颈。

三 "一带一路"不是"另起炉灶"

国际社会有人担心，中国会不会在既有国际秩序之外"另起炉灶"，或者说会不会与既有国际秩序相对立？[1] 对当前中国的快速发展及其展现出的道路自信、制度自信、理论自信和文化自信，一些西方人士有着本能的担忧和恐惧，它们担心中国的崛起会挑战现有的国际体系，担心日益强大的中国会重新书写现有的世界秩序。2017年美国《国家安全战略报告》和2019年美国发布的《印太战略报告》，都把中国称为"修正主义国家"（revisionist），声称中国的崛起对现有世界秩序构成了全方位的挑战。[2] 对中国倡导的"一带一路"建设，西方国家也充满了担心和

---

[1] Seth Robson, "China's Aggressive Tactics Turning off Asian Neighbors", *Stars and Stripes*, June 25, 2013, https：//www.stripes.com/china‐s‐aggressive‐tactics‐turning‐off‐asian‐neighbors‐1.226581 (2020‐04‐30); John Daniel Davidson, "How China's Expansionist Foreign Policy Threatens the Globe", April 12, 2016, https：//thefederalist.com/2016/04/12/china‐expansionist‐foreign‐policy/ (2020‐04‐30).

[2] *National Security Strategy of the United States of America*, December 2017, Washington DC, pp. 1‐6; The department of Defence, *Indo‐Pacific Strategy Report: Preparedness, Partnerships and Promoting a Networked Region*, June 1, 2019, Washington DC, pp. 7‐10, 17‐52.

疑虑。

中国战略界和知识界有个普遍的共识，即中国是现有国际秩序的受益者。中国改革开放之所以能取得重大成就，一个重要背景是中国主动融入了国际体系，实现了与外部世界的全方位合作。中国认识到，现有世界秩序在很大程度上有利于维护世界的总体和平与稳定，特别是《联合国宪章》为世界各国的交往提供了基本的规则和制度，世界银行和IMF有助于维护国际金融的基本稳定，WTO则为开放的世界贸易秩序提供了基本框架。同时，中国也认识到，现有的国际体系和国际秩序是"二战"结束后以美国为首的西方国家主导建立的，它自然反映了西方的观念和价值，自然捍卫着西方国家的权力和利益，因此又有着天然的不合理不公正之处。作为一个负责任的大国，中国积极维护现有国际秩序的基本稳定，这符合中国自身利益需要，同时中国又需要从一个非西方国家或者发展中国家的角度，积极推动国际秩序更为公平公正合理的发展。展望未来，中国将继续做当代国际体系和国际秩序的参与者和维护者，同时通过向世界贡献中国方案、中国力量，做好现有国际秩序的建设者、改革者和完善者。这是中国对国际秩序的基本态度。

对现有国际体系和国际秩序而言，中国倡导的"一带一路"建设自然也是建设性的。中国政府多次强调，"一带一路"不是封闭的，而是开放包容的；不是中国一家的独奏，而是共建国家的合唱。"一带一路"建设不是要替代现有的全球和地区合作机制，而是要在已有合作框架的基础上，推动各国各地区更好地实现发展战略相互对接和优势互补，特别是要着眼于解决现有国际发展合作机制还无法完全满足发展中国家实现发展的需要。对于既有的全球化秩序，"一带一路"不是"另起炉灶"，更非推倒重来，而是创新、补充和完善。在美国特朗普政府奉行经济重商主义和贸易保护主义的今天，中国积极推动"一带一路"国际合作，为经济全球化注入了正能量，给充满不确定性不稳定性的世界带来了许多确定性稳定性因素。中国借助"一带一路"国际合作，已经向世界明确表达，中国将继续奉行互利共赢的开放战略，继续参与并推动经济全球化进程，继续携手各国推进全球治理进而建设一个更加美好的世界。

"一带一路"的本质是什么？其实很简单，中国在逐步实现自身发展的同时，希望更多更好地与世界分享中国发展机遇，同时也希望通过更大规模"走出去"，更多更好地分享世界发展机遇。"一带一路"不是中国的地缘战略工具，不是中国的"债务外交"，也不是在既有国际秩序之外"另起炉灶"。在本质上，它是中国对外开放和对外合作的管总规划，是推动世界互利共赢共同发展的新平台，是携手推动构建人类命运共同体的新实践。

第二节 "一带一路"的愿景与目标

中国发展进入了新时代，中国特色大国外交也有了新的历史追求，对内实现中华民族伟大复兴，对外推动构建人类命运共同体。中国提出并推动"一带一路"国际合作，正是为了打造全方位的对外开放新格局，通过更大程度的内外联动来推动中国的发展和复兴，同时携手世界特别是发展中国家实现互利共赢和共同发展，在推动解决全球发展和治理问题中发挥更大作用。

一 以"一带一路"打造中国对外开放新格局

中国经济发展得益于改革开放。不开放、不发展，小开放、小发展，大开放、大发展，是过去四十年中国快速发展的一条根本经验。未来中国经济的可持续发展呼唤更高层次、更好质量、更大领域的对外开放，这是"一带一路"倡议提出的重要背景，也是"一带一路"建设的一个重要追求目标。

回顾过去四十年，中国对外开放以十一届三中全会、邓小平南方谈话、中国加入 WTO、"一带一路"倡议的提出为节点，大致经历了前后相继的四个阶段：一是 1978 年至 1991 年，随着国家战略重心的转移和改革开放重大战略部署的确定，中国开始在沿海地区率先实施对外开放，这是以沿海地区对外开放为重点的探索期；二是 1992 年至 2001 年，邓小平南方谈话推动对外开放迈出更大步伐，对外开放进程由沿海向内地快速拓展，这是对外开放加速向纵深推进的拓展期；三是 2001 年入世之后，中国开始全面主动融入世界经济体系，这是中国特色社会主义市场经济体制不断完善、中国市场更加深度与国际市场接轨的对外开放大发展期；四是随着2013年"一带一路"倡议的提出及稳步推进，中国对外开放开始形成了东西互济、陆海联动、南北互通、"请进来"与"走出去"双向并重的新格局，中国对外开放由此进入了一个新阶段，迎来了一个新时代。

"一带一路"建设的稳步推进，能够显著拓展中国对外开放的时空范围。改革开放以来，我国发展格局一直存在东快西慢、沿海强内陆弱的区域不平衡性，西部地区长期落后于东部沿海甚至落后于中部地区，西向开放也长期落后于东部地区的对外合作水平。中国在2015年成为资本净输出国之后，对外开放迎来由"请进来"到"请进来"和"走出去"并举并重的重大转变，出现了市场、资源、资本"三头"对外深度融合的新局面。以"一带一路"为契机，中国对外开放格局正在发生重大新变化：在提升向东开放水平的同时，显著加快向西开放的步伐；在继续深化同发达国家合作的同时，显著加强与新兴经济体和发展中国家的合作。"一带一路"向西开放，把广大西部地区这一对外开放"末梢"变成对外开放"前沿"，同时提升新兴经济体和发展中国家在中国对外开放格局中的地位，通过更为广阔的亚欧非市场带动中国全面"走出去"，构筑起方位更加平衡、领域更加宽广、时空更加开放、内外联动更加紧密的对外开放新格局。无疑，这是中国对外开放的一次全面升级。

"一带一路"建设的稳步推进，能够极大提升中国对外合作的层次和质量。国际社会大多积极肯定中国对外开放政策及其成效，但部分西方国家对中国仍然怀有抱怨，它们指责中国存在市场准入不宽、知识产权保护不力、外商投资环境不佳等问题，这些也是欧美国家一直拒绝承认中国市场经济地位的主要借口。中国在反驳西方国家相关偏见的同时，也积极正视外部世界对中国市场的关切，愿意继续稳步、有序推进自身对外开放进程，在推动自身经济发展的同时，更好回应外部世界的合理关切。在博鳌亚洲论坛2018年年会开幕式上，习近平同志做出了扩大开放的四点重大举措：大幅度放宽市场准入，包括在金融服务业领域的更大开放；创造更有吸引力的投资环境，为此组建国家市场监督管理总局；加强知识产权保护，特别是注重保护在华外资企业合法知识产权；主动扩大进口，包括从 2018 年开始举办中国国际进口博览会。① 中国对外开放只有进行时，没有完成时；对外开放的步伐只会越走越远，而不会停滞不前。以开放促改革，以开放促发展，以开放促合作，以开放促共赢，正是"一带一路"给中国与世界发展带来的重大意义所在。

"一带一路"建设的稳步推进，能够极大推动中国产业结构的转型升级。中国经济要实现可持续发展，要成功避免可能的"中等收入陷阱"，需要及时实现发展方式的转变、经济结构的优化、增长动能的转换，推动中国由经济大国、科技大国、工业大国走向经济强国、科技强国、工业强国。在中国经济发展的关键转型期，"一带一路"倡议的实施和推进可以使中国国内充裕的资本和优质产能流向其他发展中国家，帮助它们实现经济增长和国内发展，这反过来也有利于中国经济结构的调整和可持续发展。对中国而言，中国还可以抓住与各国互联互通和产能合作之机，建立起引领亚非拉发展的新型雁形模式，借此提升自身在全球产业链、价值链、服务链、供应链中的地位。

"一带一路"建设的稳步推进，能够从更大程度上推进中国国内的联动协调发展。习近平强调指出，要切实推进统筹协调，坚持陆海统筹，坚持内外统筹，加强政企统筹，鼓励国内企业到共建"一带一路"国家投资经营，也欢迎相关国家的企业到中国投资兴业，加强"一带一路"建设同京津冀协同发展、长江经济带发展等国家战略的对接，同西部开发、东北振兴、中部崛起、东部率先发展、沿边开发开放的结合，带动形成全方位开放、东中西部联动发展的局面。② 通过"一带一路"推动中国经济全面、统筹、协调、可持续发展，是"一带一路"之于中国发展的又一重大意义所在。

---

① 习近平：《开放共创繁荣 创新引领未来——在博鳌亚洲论坛 2018 年年会开幕式上的主旨演讲》，《人民日报》2018 年 4 月 11 日。

② 习近平：《习近平出席推进"一带一路"建设工作座谈会并发表重要讲话》，《人民日报》2016 年 8 月 18 日。

二 以"一带一路"打造世界共同发展新纽带新平台

当今世界处于百年未有之大变局，国际秩序处于转型过渡的关键时期。世界和平与发展深入推进的基本态势不会发生根本逆转，但全球化遭遇重大挫折、全球治理显著式微，各种不确定性、不稳定性、不可预测性因素显著增多。世界怎么了，我们怎么办？中国是一个有担当的大国，理应在世界变革的关键节点上更多提出中国方案，在世界发展困难时期为国际社会做出更大中国贡献，在塑造国际共识、推动世界发展、深入参与全球治理方面发挥更大作用。"一带一路"倡议的提出及实践，正是着眼为世界发展打造新纽带新平台。

以"一带一路"为新型全球化提供新理念。全球化进程不断深入发展的进程不会发生根本扭转，但当前全球化进程确实遭遇重大挑战。近年来美国和欧洲部分西方国家的一些政治精英和民众开始对全球化发出质疑和抱怨，倾向于认为21世纪以来的全球化进程让新兴国家获利太多，西方国家获利太少，一些人更是把西方国家内部日益严重的贫富分化归咎于经济全球化，由此激发了广泛的民粹主义、保护主义、利己主义情绪。一些政党和政客为了选举政治而刻意迎合或满足带有民粹主义色彩的民众呼声和需要，个别靠民粹主义上台的政党及领导人更是在经济发展、对外经贸、移民政策、安全政策等领域大幅调整内外政策，由此深刻影响到其国内政治发展方向并对国际政治产生明显的"溢出效应"。在当前全球化动力明显减弱、全球化共识显著式微的背景下，中国推动世界携手"一带一路"合作，目的就是要着眼解决全球化进程面临的新问题新挑战，明确反对保护主义和单边主义，促进贸易和投资自由化便利化，推动全球产业链、价值链、服务链、供应链更加完善，携手推进世界更加开放、包容、普惠、均衡、共赢的发展。

以"一带一路"为世界经济复苏提供新动力。当前世界经济复苏乏力，经济增长动能不足、经济合作动力减弱。"一带一路"正是着眼于交通大联通、市场大融合、人文大交流，激活各国市场需求，释放各国发展潜力，探寻产业发展新趋向，为各国及世界经济发展提供新动能。这是因为，通过"六廊六路多国多港"的建设①，"一带一路"能够显著推动各国各地区的互联互通，显著增进地区间的机遇共享、利益共生、责任共担，通过打造跨越亚欧非以及更广阔世界的商品流、资金流、产业流、信息流、人员流、文化流进而建立起全方位的互利合作新格局。这是因为，"一带一路"建设的稳步推进，有助于打破各地区间的区域合作藩篱，推进区域经济合作框架的整合。无论是亚太、欧洲，还是非洲、拉美地区，都有着为数众多的区域内经贸合作机制及各种形式的自贸区安排，经贸合作的"碎片化"和"面条碗"效应十分突出。"一带一路"倡议强调开放发展和共同发展，其重要特征在于开放性、互利性、包容性，不以地域设限，不以亲疏有别，而是敞开双臂欢迎任何国家加入，通过最大限度的互联互通和互利合作推动地区甚至更大地理范围的经济整合和联动发展。

以"一带一路"为全球治理提供新路径。自 2008 年国际金融危机以来，尤其是近几年来，美国和部分欧洲国家提供国际公共产品的意愿显著降低，导致全球治理失去了最强有力的领导者和推动者，全球治理由此进入了领导者的"缺位期"和发展的"低迷期"。其后果，直接导致全球治理在某些领域出现明显挫折，也显著恶化了国家间开展合作的信任氛围，降低了其他国家履行国际责任的意愿，助长了机会主义在国际社会的蔓延。这反过来又使那些力图增加全球治理投入的国家，因为担心成本收益的不对称和前景的不确定而裹足不前。"一带一路"本身并非全球治理，但"一带一路"通过互联互通打破地理藩篱，通过增进互信打破心理隔阂，为各国携手经济发展搭建了新平台，为增进各国互信编织了新纽带，为各国管控争端和冲突营造了新氛围，因而有助于推动解决世界面临的发展赤字、和平赤字和治理赤字。

以"一带一路"为人类文明交流互鉴提供新纽带。"一带一路"始于交通，兴于经贸，成于认同。"一带一路"是促进不同文明相互了解信任

---

① "六廊"是指新亚欧大陆桥、中蒙俄、中国—中亚—西亚、中国—中南半岛、中巴、孟中印缅六大国际经济合作走廊，"六路"指铁路、公路、航运、航空、管道和空间综合信息网络。

的纽带，是增进不同文明互学互鉴的桥梁。它从一开始就极为重视人文交流和人心相通，通过开展教育、科学、文化、体育、旅游、卫生、考古等各领域人文合作，通过加强议会、政党、智库、妇女、青年、民间组织等各层面人文交流，推动不同民族、不同国家、不同地区之间形成多元互动的人文交流大格局。在 2019 年第二届"一带一路"国际合作高峰论坛上，中国政府明确承诺继续深化实施"丝绸之路"中国政府奖学金项目，举办"一带一路"青年创意与遗产论坛，开展青年学生"汉语桥"夏令营活动，倡议共建"一带一路"国际智库合作委员会、新闻合作联盟等机制，同时承诺未来五年邀请共建"一带一路"国家的政党、智库、民间组织等 1 万名代表来华交流。①

三 以"一带一路"彰显中国大国责任

中国是一个发展中国家，也是一个世界大国。就经济发展程度而言，无论是从人均经济总量还是从人类发展指数来看，当前中国距离真正意义上的发达国家水平尚有一定差距。同时，无论是从领土面积、人口规模、资源禀赋，还是从综合国力、国际地位及国际影响力而言，中国都是一个名副其实的世界大国。这样一个大国，它在追求自身发展的同时，也应该为世界发展和人类进步做出更大贡献。这是一个大国应有的国际责任担当，是国际社会对中国发展的一种期待。

中国有为世界做出更大贡献的能力，也有这样的意愿和信心。中国传统文化讲求协和万邦、天下一家，憧憬"大道之行，天下为公"的美好世界。中国仁人志士历来有"先天下之忧而忧，后天下之乐而乐"的精神境界，有"为万世开太平"的济世情怀。用现代话语讲，就是人类共处一个地球，各国应该相互尊重、合作共赢，共同构建人类命运共同体。马克思主义的世界观也是着眼整个世界历史进程，关注整个人类社会的共同福祉。中国共产党人是中国历史文化的继承者，也是共产主义的弘扬者和践行者，因此中国共产党人从一开始就有立足中国、放眼全球的胸怀和眼界，今天

---

① 习近平：《齐心开创共建"一带一路"美好未来——第二届"一带一路"国际合作高峰论坛开幕式上的主旨演讲》，《人民日报》2019 年 4 月 27 日。

更有心怀天下、造福世界的志向和夙愿。在今天中国特色社会主义进入新时代，中国日益走向国际舞台中心之际，中国比历史上任何时期都更有意愿、更有信心、更有能力践行自己的世界理想和天下情怀。

中国提出"一带一路"倡议，正是着眼推动中国自身发展，同时为世界提供重大的公共产品。因此，"一带一路"彰显了新时代中国的全球视野和世界担当。"一带一路"积极弘扬丝路精神，以共商共建共享为原则，以深化"五通"合作为关键支撑，推动各国互利共赢共同发展。中国推动建设"一带一路"，还能够为世界增加确定性，即中国继续奉行改革开放的确定性，继续与世界互利共赢共同发展的确定性，继续全面参与全球化和全球治理的确定性。特别是，"一带一路"以发展中国家和地区为主要方向，着眼于一些发展中国家面临的三大发展难题，即基础设施滞后、资金短缺、人才不足，帮助它们突破发展瓶颈，做长发展"短板"，同时认真践行对发展中国家的"正确义利观"，着力打造与发展中国家的命运共同体，体现了新时代中国的道义精神和大国责任。谁能够推动发展中国家解决它们面临的棘手难题，谁就是世界发展和全球治理的主要贡献者，谁就能赢得它们的信任和支持。

回顾改革开放以来的40年，中国在很长时期里追求的是"如何成为一个大国"，在当前中国发展迎来新时代新方位之际，中国也正在思考并回答一个新的大问题，即"如何更好地做一个大国"。这自然需要中国为世界发展贡献更多力量，为解决全球性问题贡献更多中国方案，也需要中国为人类发展贡献更多中国的思想、理念和制度，进而推动国际秩序和国际体系更为公正合理的变革。中国需要继续做好"一带一路"这篇大文章，努力推进中国由"追求自身发展"转变为"引领世界发展"，推动中国身份由国家纬度走向更为宽广的全球纬度，进而全面塑造中国的全球观念、全球身份和大国形象。这是中国成为真正全球性大国的重要体现。

第三节 "一带一路"深化南南互利合作

南南合作是"一带一路"国际合作的重要方面。无论是从经贸合作的高度互补、产业梯度的相互关联，还是从中国与发展中国家的历史友谊和政治互信来看，中国与发展中国家南南合作都有着继续深化互联互通的必要性和迫切性，都有着继续增进互利共赢共同发展的重要性和可能性。"一带一路"国际合作通过战略对接、设施相连、发展要素互补，推动发展中国家增强"造血"能力、提升发展条件、改善融资环境，从而为新时代南南互利合作编织新纽带、搭建新平台、创造新机遇、开辟新空间。

一 以"一带一路"增强发展中国家的"造血"能力

基础设施联通是共建"一带一路"的优先方向。它是深化南南互利合作的基础，是提高发展中国家经济韧性的关键。基础设施联通以铁路、公路、航运、航空、管道和空间综合信息网络为基础，打造跨区域、全方位、多层次的复合型基础设施网络，推动商品、资金、信息、技术、人员的跨国跨区域流动，有效促进资源要素在全球范围内的有序流动和优化配置，从而帮助发展中国家破解基础设施严重滞后的发展瓶颈。近年来，以中老铁路、中泰铁路、匈塞铁路、雅万高铁、亚吉铁路、蒙内铁路为重点的区域、洲际铁路网络建设取得重大进展，以巴基斯坦瓜达尔港、希腊比雷埃夫斯港、斯里兰卡汉班托塔港、阿联酋哈利法港为重要节点的港口建设正在稳步推进，以电力、油气、核电、新能源为重点领域的能源合作全面展开，以中缅、中巴、中吉、中俄为先例的跨境光缆信息通道取得明显进展。世界银行专门发布报告称，"一带一路"的交通运输项目将大幅降低贸易和投资成本，预计将使走廊经济体的贸易增长 2.8%—9.7%，使全球经济增长 1.7%—6.2%，特别是对那些时间敏感的产品（如水果、蔬菜、电子、化学品）意义更大。对低收入走廊经济体，外商直接投资流入预计会增长 7.6%。[①]

产业产能合作是共建"一带一路"的重要内容。产业发展是推动发展中国家现代化、工业化、城市化的着力点，是提高发展中国家在全球产业链、供应链、服务链、价值链的位势的关键。稳步推进产业产能合作，既是中国实现企业、资本、产能"走出去"，助推中国产业转型升级

---

① Michele Ruta, Matias H. Dappe, et al., *Belt and Road Economics*: *Opportunities and Risks of Transport Corridors*, World Bank Working Paper, Washington DC, June 18th, 2019, pp. 11 – 18.

的需要，也是发展中国家提升产业发展水平、实现产业多元化的重要途径。根据中国政府的统计，2013—2018 年，中国企业对共建"一带一路"国家的直接投资超过 900 亿美元，在沿线国家完成对外承包营业额超过 4000 亿美元。① 在东道国建立境外经贸合作区，是中国推进与发展中国家产能合作的一个重要方式和载体。② 截至 2018 年年底，中国企业在 46 个国家建立了初具规模的境外经贸合作区 113 家，累计投资超过 400 亿美元，上缴东道国税费超过 30 亿美元，为当地创造超过 30 万个就业岗位。③

能力建设合作是共建"一带一路"的新增长点。发展中国家要实现发展和复兴，需要提高自主发展意识，需要转变发展观念，需要提高自主发展能力。中国与发展中国家的互利合作，注重"融资"与"融智"相结合，注重经贸合作与人文交流相促进，注重"硬建设"（基础设施）与"软建设"（能力建设）相统一。能力建设合作在内容上有三个维度：一是宏观层面的治国理政经验交流，包括政党建设、制度建设、政府管理、发展规划的制定和实施；二是中观层面的经济和社会发展经验，包括基础设施建设、农业与减贫、工业化与城市化、经济开发区建设、营商环境的改善和提升；三是微观层面的管理经验和知识技能，包括企业管理、资本运作、园区管理、港口经营、信息化建设。能力建设合作在实施主体上有三个层次：一是政府主导的交流互访、能力培训、教育和科研合作，比如中国政府在 2018 年中非合作论坛北京峰会上承诺在三年内为非洲提供 5 万个研修培训名额，提供 5 万个政府奖学金名额（表 4—1）；二是智库、大学、媒体、社会团体等二轨渠道开展的治国理政与发展经验交流，比如中国和非洲的高校智库在"中非智库 10 + 10 伙伴关系计划"和"中非高校 20 + 20 合作计划"框架下开展了形式多样的科研合

---

① 推进"一带一路"建设工作领导小组办公室：《共建"一带一路"倡议：进展、贡献与展望》，2019 年 4 月 22 日，中国政府网，http：//www.gov.cn/xinwen/2019 - 04/22/content_5385144.htm（2020 - 05 - 05）。

② 中国境外经贸合作区借鉴了中国过去开发经营各类国内经济区的经验，其具体形式包括：经济特区、经济技术开发区、保税区、出口加工区、物流园区、工业园区。

③ 中国商务部国际贸易经济合作研究院、联合国开发计划署驻华代表处：《中国"一带一路"境外经贸合作区助力可持续发展报告》，2019 年 4 月，北京，第 2 页。

作和人才培训工作；三是企业和职业技术学院开展的各种形式的管理知识培训和职业技术培训，比如天津高职院校率先在海外搭建"鲁班工坊"开展职业技术培训，目前"鲁班工坊"已遍及东南亚、南亚、非洲、欧洲等数十个国家和地区。

表4—1　中非合作论坛会议拟订的非洲人力资源培训计划

中非合作论坛会议	培训起止时间（年）	计划培训非洲学员（人次）
中非合作论坛第一届部长级会议（2000）	2001—2003	7000
中非合作论坛第二届部长级会议（2003）	2004—2006	10000
中非合作论坛北京峰会暨第三届部长级会议（2006）	2007—2009	15000
中非合作论坛第四届部长级会议（2009）	2010—2012	20000
中非合作论坛第五届部长级会议（2012）	2013—2015	30000
中非合作论坛约翰内斯堡峰会（2015）	2016—2018	40000
中非合作论坛北京峰会（2018）	2019—2021	50000

资料来源：笔者根据外交部中非合作论坛网站（https：//www.focac.org/chn）资料整理。

"一带一路"典型合作案例当属中埃（埃塞俄比亚）合作和中巴经济走廊建设。埃塞俄比亚没有丰富的油气和矿藏资源，但中国企业通过投资、援助、承建等方式广泛参与了埃塞俄比亚的经济社会发展进程，合作修建了埃塞俄比亚的第一条高速公路、第一条城市轻轨、第一条跨境电气化铁路、第一个现代化的工业园，成为助推埃塞俄比亚经济快速发展的重要推动力量。中巴经济走廊并非只是一条联结中巴双方的跨境道路和管线，而是包括以公路和铁路为主的交通互联互通、以电站为主的能源开发、以产业园区和通信为主的经济技术合作，以瓜达尔港为核心的港口建设和运营，以及多种形式的人文合作和经验交流（表4—2）。世界银行的研究报告称，对中亚和南亚互联互通的空间分析可以发现，巴基斯坦的经济发展和民众实际收入可以从城市聚集和制造业发展中获得相应回报。[1]

---

[1] Michele Ruta, Matias H. Dappe, et al., *Belt and Road Economics：Opportunities and Risks of Transport Corridors*, World Bank Working Paper, Washington DC, June 18th, 2019, pp. 11–18.

表4—2　　　　　　中巴经济走廊远期规划重点项目

基础设施建设		
序号	项目名称	里程（公里）	投资额（百万美元）
公路			
1	喀喇昆仑公路二期（Thakot-Havelian）	118	1305
2	PKM高速公路（苏库尔至木尔坦段）	392	2846
3	N-30公路	110	待定
4	N-50公路第一阶段升级改造	210	待定
5	喀喇昆仑公路—N35剩余部分	136	待定
铁路			
6	ML-1现有路段扩建	1872	待定
7	Havelian陆港		待定

瓜达尔港		
序号	项目名称	投资额（百万美元）
1	瓜达尔港东湾高速公路	140.6
2	新瓜达尔港国际机场	230
3	防波堤	123
4	疏浚停泊区域和渠道	27
5	自由区	32
6	海水淡化厂	130
7	中巴友谊医院	100
8	瓜达尔港技术和职业学院	10
9	瓜达尔智能港口城市总体规划	29

能源领域			
序号	项目名称	兆瓦	投资额（百万美元）
1	卡拉奇卡西姆港燃煤电厂	1320	1980
2	Suki Kinari水电站	870	1802
3	萨希瓦尔燃煤发电厂	1320	1600
4	Engro Thar二期燃煤发电厂	1320	2000
	塔尔煤田二期露天矿		1470

续表

基础设施建设				
序号	项目名称		里程（公里）	投资额（百万美元）
能源领域				
7	Karot 水电站		720	1420
8	CPHGC 燃煤发电厂		1320	1940
9	默蒂亚里拉合尔 660 千伏 HVDC 输电线路项目			1500
经济特区				
序号	项目名称			
1	Rashakai 产业园区（开普省）			
2	Dhabeji 经济特区（信德省）			
3	M-3 伊克巴尔产业园区（旁遮普省）			

资料来源：实地调研和文献资料统计，项目资料更新截至 2018 年年底。

二 以"一带一路"推动发展中国家改善民生

民生改善是南南互利合作的重要着力方向。中国携手发展中国家打造利益共享、责任共担、命运与共的人类命运共同体，其中重要方面是推动民众福祉的增进和改善，增进民众的获得感和认同感。中国与东盟 2018 年 11 月达成《中国—东盟战略伙伴关系 2030 年愿景》的重要共识，以政治安全、经贸合作、人文交流三大支柱为主线，推动建设更为紧密的中国—东盟命运共同体。中非命运共同体以责任共担、合作共赢、幸福共享、文化共兴、安全共筑、和谐共生为核心内涵，把增进民生福祉作为中非合作的出发点和落脚点。

近年来，中国显著增加了对发展中国家民生项目的援助和投资。中国倡议开展了东亚减贫合作示范、中非减贫惠民计划，目的就是要推动东南亚、非洲国家的减贫发展、就业创收、安居乐业。中国倡议实施了中国—东盟公共卫生人才培养百人计划、中非公共卫生合作计划等项目，目的就是要推动东南亚、非洲国家的公共卫生发展。在 2020 年新冠肺炎肆虐全球之际，中国更是明确提出打造"人类卫生健康共同体"，推动各国实现真诚合作、加强联防联控，通过捐款捐物的方式支持世界卫生组织的工作,通过派遣医疗专家、援助医疗防护物资、分享防疫经验等方式支持受疫情波及国家的抗疫行动,特别是支持共建"一带一路"国家维护公共卫生安全。习近平同志在 G20 领导人应对新冠肺炎疫情特别峰会上,郑重提出要携手帮助公共卫生体系薄弱的发展中国家提高应对能力。① 得益于中国等国家的积极努力,随后发表的峰会共同声明明确表示"加强非洲卫生防疫是提升全球公共卫生韧性的关键"②。

即便是"一带一路"的经济发展项目,也不只是具有"发展"属性,也具有显著的"民生"属性。中国的对外投融资着眼基础设施和产业发展,在直接推动经济发展的同时,也能产生显著的民生效应。世界银行的研究报告预计,"一带一路"交通项目及其带来的贸易增长将使走廊经济体实际收入增长 1.2%—3.4%,使全球实际收入增长 0.7%—2.9%。得益于交通项目的溢出效应,全球 760 万人可能摆脱极端贫困(购买力平价低于 1.90 美元/天),3200 万人可能因此摆脱中度贫困(购买力平价低于 3.20 美元/天)。③ 蒙内铁路堪称典范,它是东非发展提速的"大动脉",也是改善民生的"暖心路"。截至 2020 年 2 月 24 日,蒙内铁路已安全运营 1000 天,累计开行列车 1.3 万列次,累计运营 636.8 万公里,运送旅客 417 万人次,发送货物 77.1 万个标准箱,取得了良好的社会效益和经济效益。铁路为肯尼亚提供了大量就业岗位,在铁路建设期间有超过 4 万肯尼亚人在项目工作,当地员工占比超过 90%;目前有 2500 余名肯方员工参与铁路运营,当地员工占比将近 80%,这一比例随着肯方铁路人才的逐步培养还将进一步上升。④

三 以"一带一路"改善发展中国家的融资环境

长期以来,西方发达国家是发展中国家外来投融资的主要提供方。

---

① 习近平:《携手抗疫 共克时艰》,《人民日报》2020 年 3 月 27 日。
② 《二十国集团领导人应对新冠肺炎特别峰会声明》,《人民日报》2020 年 3 月 27 日。
③ Michele Ruta, Matias H. Dappe, et al., *Belt and Road Economics: Opportunities and Risks of Transport Corridors*, World Bank Working Paper, Washington DC, June 18th, 2019, pp. 11 – 18.
④ 《蒙内铁路安全运营 1000 天 助力肯尼亚经济和社会发展》,2020 年 2 月 26 日,人民网,http://world.people.com.cn/n1/2020/0226/c1002 - 31604766.html(2020 - 05 - 06)。

21世纪的一个重大新变化,是一批新兴经济体和发展中大国开始成为国际投融资的重要来源,特别是中国以"一带一路"国际合作为契机,不断加大对其他发展中国家的投资与援助,由此极大改变了传统的国际投融资格局,也极大推动着西方传统投融资模式的转变。

"一带一路"改变了传统的国际投融资格局。据世界银行发布的材料显示,发展中国家的基础设施缺口巨大,9.4亿人缺电,6.63亿人缺少改善的饮用水来源,24亿人缺少改善的卫生设施,10亿人居住在距全季节公路2公里以上的地方,40亿人缺乏互联网接入。① 然而,传统资金来源无法满足发展中国家如此巨大的基础设施建设需求,特别是自2008年国际金融危机以来,一些传统捐助者由于财政和捐助资源减少以及银行监管的收紧而相应减少了对发展中国家的投融资。国际发展合作期待投融资来源的多元化,特别是希望新兴发展中国家参与国际发展的投融资,以缓解发展中国家面临的资金短缺压力。中国倡议搭建了亚投行,成为助力共建"一带一路"的重要多边平台之一,在国际多边援助体系中扮演了越来越重要的作用。截至2018年年底,累计批准贷款75亿美元,撬动其他投资近400亿美元,投资项目涉及印度尼西亚、巴基斯坦、塔吉克斯坦、阿塞拜疆、阿曼、土耳其、埃及等13个国家。亚投行获得了广泛的世界认同,成员国由最初的57个增长到2019年4月的97个。中国2014年还出资设立了初始规模为400亿美元的丝路基金,2017年进一步向丝路基金增资1000亿元人民币。截至2018年年底,丝路基金协议投资金额约110亿美元,实际出资金额约77亿美元,并出资20亿美元设立中哈产能合作基金。②

"一带一路"推动着西方传统投融资模式的转变。在合作领域上,传

---

① "Price Tag for Sustainable Infrastructure Spending in Developing Countries is 4.5% of GDP",World Bank Press Release,Feb. 19,2019,https://www.worldbank.org/en/news/press-release/2019/02/19/price-tag-for-sustainable-infrastructure-spending-in-developing-countries-is-45-of-gdp(2020-05-06).

② 推进"一带一路"建设工作领导小组办公室:《共建"一带一路"倡议:进展、贡献与展望》,2019年4月22日,中国政府网,http://www.gov.cn/xinwen/2019-04/22/content_5385144.htm(2020-05-05)。

统投融资着眼于发展中国家的非生产性的金融和消费领域，而"一带一路"则更多着眼于基础设施建设和产业合作，着眼于发展中国家的"造血"能力。在合作条件上，传统投融资大多带有附加的前提条件，在法治、问责、透明度等方面对发展中国家提出了一系列要求，致使一些急需发展资金的国家无法获得贷款或援助，而"一带一路"则明确尊重发展中国家的自主性、平等性，在贷款条件上也相对更为务实、灵活。在本质上，传统投融资是一种南北垂直型关系，"一带一路"则是一种横向的南南发展伙伴关系，是发展中国家间的互助、互利和互惠合作。在发展中国家急需解决发展资金瓶颈之时，"一带一路"国际合作因其新的资金来源、新的合作条件、新的合作形式、新的合作属性而受到发展中国家的欢迎，成为它们的重要选项之一。

四 以"一带一路"提升发展中国家的国际地位

南南合作的发展需要持续的内生动力和外部挑战。历史上，第三世界因为共同追求民族独立、共同反帝反殖反霸而实现了亚非拉大团结，今天发展中国家在实现发展和复兴以及推动国际秩序变革完善中找到了新的合作基础与动力。"一带一路"国际合作正在通过更加紧密的互联互通推动南南互利合作，通过打造更加开放、包容、均衡、互惠的合作模式进而推动全球化进程的深入发展。伴随"一带一路"的持续推进，发展中国家正在出现一种交通更趋联通、贸易更趋繁荣、投资更趋便利、资金更趋融通、人员更趋流动、信息更趋共享的新格局，由此极大促进了发展中国家的市场活跃，推动了发展中国家的经济发展，提升了南南互利合作在全球发展格局中的地位和影响。

"一带一路"的持续推进，以及发展中国家市场趋于活跃，极大地推动了国际社会对发展中国家的重视。以非洲为例，21世纪以来，特别是"一带一路"倡议提出以来，中非合作得到显著发展，非洲经济复苏明显提速，由此推动国际社会更加关注非洲的发展，更加重视非洲市场，推动它们重新思考非洲的战略价值。有几个值得关注的新动向：

（1）美国显著加强在非洲的大国竞争。美国特朗普政府于2018年12月发布对非新战略，更加强调从"美国第一"的角度审视与非洲的经贸合作，声称要通过一项"繁荣非洲"（Prosper Africa）倡议以支持美国企业对非投资；更加强调从大国战略竞争的角度审视非洲的战略价值，把非洲作为遏制和对抗中俄全球影响力的重要阵地。① 伴随美国全球反恐压力有所降低，美国在非洲的战略重心由反恐合作明确转向了大国对抗，由此显著推升了外部大国在非洲的对抗色彩，中非关系中的大国因素由此更趋复杂。

（2）欧盟更加重视同非盟的平等对话与合作。2017年11月第五届非盟—欧盟峰会（AU – EU Summit）在科特迪瓦阿比让召开，会议名称一改此前"欧非峰会"（EU – Africa Summit）的传统称谓，显示出欧盟更加重视与非盟的平等地位，更加重视从非洲一体化的角度来审视欧非合作。②

（3）"脱欧"后的英国将更加重视非洲。2020年1月英非投资论坛（UK-Africa Investment Summit）在伦敦召开，这是英国正式"脱欧"后与非洲国家召开的最大规模会议。英国首相约翰逊在峰会上把"脱欧"后的英国称为"新英国"，称英国将以新机遇、新政策加强与非洲国家的伙伴关系。③ 此次会议促成英非企业达成多项合作协议，但更重要的是，会议还具有政治层面的象征性意义。英国借此向世界表明，离开欧盟的英国仍有能力拓展全球市场，仍有能力维护自身的全球利益。这是英国维系其"全球英国"（Global Britain）地位的重要举措。④

（4）日本、印度强化对非政策协调并突出对非政策的地缘考量。在

---

① "Remarks by Security Advisor Ambassador John R. Bolton on the The Trump Administration's New Africa Strategy", December 13, 2018, Washington DC, https：//www. whitehouse. gov/briefings – statements/remarks – national – security – advisor – ambassador – john – r – bolton – trump – administra- tions – new – africa – strategy/（上网时间：2020 – 04 – 12）。

② "5th African Union – EU Summit, 29 – 30 November 2017", https：//www. consilium. europa. eu/en/meetings/international – summit/2017/11/29 – 30/（2020 – 05 – 07）.

③ "UK-Africa Investment Summit 2020", https：//www. gov. uk/government/topical – events/uk – africa – investment – summit – 2020（2020 – 05 – 07）.

④ 2016年12月2日，鲍里斯·约翰逊发表就任外交大臣后的首份重要演讲为《脱欧后：全球英国》（Beyond Brexit：A Global Britain），全面阐述了"脱欧"后英国的外交走向。Boris Johnson, "Beyond Brexit：A Global Britain", 2 December 2016, https：//www. gov. uk/government/speeches/beyond – brexit – a – global – britain（2020 – 05 – 07）。

对非政策上，日本和印度着力协调"印太战略"布局，携手推进"亚非增长走廊"（Asia-Africa Growth Corridor）倡议。日印声称打造"自由开放的印太战略"，建立并维护从太平洋到印度洋、从亚洲到非洲广袤区域的自由秩序和经济繁荣。如果说"印太战略"是一宏大战略构想的话，那么"亚非增长走廊"则是日印携手推进实施"印太战略"的一项具体倡议，旨在通过高质量、高标准的基础设施和产业合作，构筑起从东北亚、东南亚、南亚至非洲的产业走廊和产业网络。早在2016年印度总理莫迪访问日本之际，日印双方开始讨论如何机制化地推动亚非实现经济社会合作，打造跨区域经济增长走廊逐步成形。在2017年5月于印度召开的非洲开发银行第52届年会上，印日联合发布《亚非增长走廊愿景报告》，宣布正式启动"亚非增长走廊"。其构想有四大支柱：发展与合作方案、高质量基础设施和制度联结、提升能力和技术、人文交流。[①] 虽然日印声称"印太战略"和"亚非增长走廊"不针对任何国家，但在"一带一路"在亚非地区稳步推进之时，日印加紧布局印太地区、着力拉拢非洲国家，显然有着明确的地缘战略考虑。"一带一路"合作不只是面临来自美欧的阻力，日本和印度的态度和政策也值得高度关注。

第四节　需要统筹的几对关系

"一带一路"是一个新事物。既无历史经验可循，也无现实样板可以参照，且其涉及广袤的大周边地区乃至亚欧非大陆，在某些领域甚至是更为全球性的对话与合作，因此必然面临复杂的国际形势。稳步推进"一带一路"国际合作，需要处理好以下几对关系。

一　努力实现中国发展方位的东西平衡

改革开放以来，中国发展方位长期以东向为主，注重发展与美日韩及东盟国家的关系，这在中国打开国门的初始阶段本身十分必要，对中

---

① *Asia Africa Growth Corridor：Partnership for Sustainable and Innovative Development*（*A Vision Document*），Ahmedabad, India, 22 – 26 May, 2017, pp. 8 – 12.

国经济发展的意义也十分重大。但随着近年来美国及其部分盟友对中国防范和牵制一面显著增长，东部方向面临的战略压力也在显著增加。广大西部地区具有连接中亚、南亚、西亚甚至直通欧洲的地理便利，向西"走出去"自然成为中国对外开放不断拓展的新的着力方向。"一带一路"倡议实施后，中国通过"大通道""大走廊""大陆桥"建设，显著便利了与中亚、南亚、西亚、中东欧等陆上国家的合作，实现中国发展方位的"东西互济、陆海统筹"，打造"一体两翼、两翼齐飞"的发展态势。

二 平衡推进对外开放的"请进来"与"走出去"

2015年，中国对外投资额首次超过吸引外资总额，成为资本净输出国。[①] 对外开放格局迎来重大转变，由以"请进来"为主转变为"请进来"和"走出去"并举并重，出现了市场、资源、资本"三头"对外深度融合的新局面。广阔的亚欧大陆由于地理的相邻、资源的丰饶以及尚待开发的国内市场，因而成为中国企业走出去的重要方向。"一带一路"在对外开放格局上因此发生两个重大新变化：在提升东向开放水平的同时，显著加快西向开放的步伐；在继续深化同发达国家合作的同时，显著加强与新兴经济体和发展中国家的合作，但这并不等于"请进来"已经不重要。由于中国产业结构升级转型尚未完成，中国的多数产业仍处在全球产业链价值链服务链的中低端，因而继续深化拓展与发达国家的经济技术合作，虚心向发达国家学习，仍是中国经济发展的重要方面。特别是要着眼于中国加快经济方式转变的需要，坚持引资和引技引智并举，不断提升"请进来"的质量及其对产业升级的拉动效应。

三 更大程度实现中国与世界的相互开放

"一带一路"向世界延伸，离不开相关国家对中国走出去的欢迎和接纳，需要它们以更加开放的姿态参与"一带一路"建设。但同时，中国也要进一步对世界开放，这不只是出于对过去40年中国经济发展得益于改革开放这一根本经验的深刻认识，也是中国更好回应国际社会特别是

[①] 2015年，中国实际利用外资1356.0亿美元，同年中国对外投资流量为1456.7亿美元。

欧美国家对中国市场和投资环境相关关切的需要。在 2019 年第二届"一带一路"国际合作高峰论坛上，习近平同志郑重提出五点对外开放新举措，即五个"更"：更广领域扩大外资市场准入，更大力度加强知识产权保护国际合作，更大规模增加商品和服务进口，更加有效实施国际宏观经济政策协调，更加重视对外开放政策贯彻落实。[①] 中国对外开放只有进行时，没有完成时；对外开放的步伐只会越走越远，不会停滞不前。以开放促改革，以开放促发展，以开放促合作，以开放促共赢，正是"一带一路"给中国与世界发展带来的重大意义。

四 实现经济合作与安全供给的有效协调

当前"一带一路"建设的重点区域多为发展中国家和地区，很多国家和地区不仅面临紧迫的经济发展问题，也面临棘手的安全和治理难题。相关国家的政治动荡、政权不稳、吏治腐败、有效治理不足，以及恐怖主义频发都极大影响到"一带一路"建设的稳步开展。中国周边地区也面临诸如"三股势力"、武器走私、跨境犯罪等形形色色的非传统安全问题，且非传统安全问题往往与传统安全问题相互交织、相互渗透、相互影响，极大影响着中国内陆边疆地区的安全稳定。如果说经贸合作是"一带一路"的"体"，安全合作和人文交流则是"一带一路"得以腾飞的两"翼"，是"一带一路"建设不可或缺的硬支撑和软支撑。所以，对外经济合作固然是重头戏，也有必要及时向国际社会提供更多的安全公共物品，在继续参与和支持联合国维和行动的同时，以多种形式积极参与热点难题的解决，参与甚至引领地区和国际社会的安全机制建设，在地区和国际安全合作中发出更多中国声音、增加更多中国贡献。

五 实现"硬联通"与"软联通"的齐头并进

"一带一路"建设要有硬资产项目，也要有轻资产项目；要有"民生

[①] 习近平：《齐心开创共建"一带一路"美好未来——第二届"一带一路"国际合作高峰论坛开幕式上的主旨演讲》，《人民日报》2019 年 4 月 27 日。

工程",也要有"通心工程";要有经贸合作,也要有制度建设。这就需要携手相关国家,实现标准对接、经验共享、文化互鉴,同时共同推进合作规范、规则和制度的搭建。特别要看到,国际经贸合作的重点不只是贸易、投资和技术交流,也高度重视对规则、规范和制度的建设,这是未来国际经济竞争的制高点。长期以来,主要西方大国一直主导着国际经济规则和制度的搭建,近年来日本等国积极推动"全面与进步跨太平洋伙伴关系协定"(CPTPP)的达成及实施,也是旨在以规则规范的搭建推动相关国家间的经贸合作水平,增强自身在国际经济竞争中的地位和优势。"一带一路"建设尊重现有的国际和地区制度安排,这显示出其灵活性、包容性的特点,但从长远看,必须及时考虑必要的规范规则制定,在提升自身制度性话语权的同时,为国际社会提供更多公共产品。

六 全面认识中国走出去"义"和"利"的辩证关系

中国积极推动走出去,自然着眼维护和增进中国的海外利益,中国企业也希望拓展更大的国际市场。但"一带一路"不只是言"利",也必须弘"义"。中国积极弘扬丝路精神,以共商共建共享为原则,以通路通商通心为关键支撑,以构筑跨国跨地区跨越洲际的命运共同体为努力方向,推动各国实现互利共赢共同发展。在当前世界充满不确定性的时代,中国通过"一带一路"建设向世界贡献重大公共产品,深入参与全球化和全球治理进而推动与世界互利共赢共同发展,特别是对发展中国家切实践行"正确义利观",无疑有助于提升中国的国际形象和道义精神,这是中国成长为全面意义上的世界大国的需要。同时,中国企业要在走出去过程中做大做强,也需要更加认真地履行企业社会责任,积极主动融入当地社会,为所在国的经济发展、社会治理和环境保护贡献自己的力量。

七 理性认识"中国倡导""中国主导"和"中国参与"的相互关系

中国是"一带一路"的倡议者,也是"一带一路"建设的主要推动者,但中国的首倡者角色是否意味着中国在"一带一路"建设中处处、事事、时时全面主导呢？"一带一路"建设需要中国与相关伙伴方实现战略对接、政策沟通、标准共建，甚至必要时还有规范规则和制度的搭建，因此必然需要相关伙伴方的平等合作、携手推进，需要尊重它们的主体地位、意愿和能力，充分调动它们的主动性、积极性和能动性，特别是需要认真考虑和尊重相关地区大国和域外大国的利益和考量。比如，中国一直注重推动"一带一路"与俄罗斯主导的欧亚经济联盟相对接，与欧盟的"欧洲投资计划"相对接。"一带一路"建设的稳步推进，自然离不开中国的顶层设计，也需要中国提供必要的资金和技术，但对于一些技术性议题，则大可由其他成员去倡导甚至主导。

八　正确认识"一带一路"进取与审慎

"一带一路"是一项宏大的国际合作倡议。它涉及地域之辽阔、人口之众多、国情之复杂、领域之广泛、资金之庞大，在世界发展史上尚不多见。作为一个发展中国家提出如此宏大的国际合作倡议，且能够得到如此广泛积极的国际反响，更是历史上的首次。"一带一路"集中体现了新时代中国大国外交的积极进取奋发有为，集中彰显了中国特色大国外交的全球视野和道义精神。但"一带一路"建设也需要稳步、有序地推进。做到量力而行、量入为出。"一带一路"建设要充分考虑投资的可回报和经济上的可持续。中国也应充分考虑相关国家特别是周边大国和域外大国的利益和关切，以最大限度的耐心和定力争取它们对"一带一路"的理解甚至支持。实践证明，在总体姿态上积极进取，在具体实践中稳步推进，这是"一带一路"建设得以不断行稳致远的重要经验。

第 五 章

对外援助：推动解决全球发展和治理问题

中国对外援助是南南合作的重要组成部分。它遵循着南南合作的基本精神与原则，体现着中国的民族特色、国家使命与全球责任，其历史演进始终与南南合作历史主题的阶段性嬗变相一致，始终与中国和发展中国家的复兴进程相契合。在理论特色上，中国对外援助以中国传统文化思想和无产阶级国际主义精神为思想渊源，以中华人民共和国重大外交理念和思想为理论基础，以国家利益和国际责任相统一为政策取向，以不干涉内政、不附加任何政治条件为最大特色，以"南南合作"而非"南北关系"为根本性质。就实践经验而言，始终尊重受援国的发展议程和自主选择，始终坚持对外援助的"发展"和"民生"导向，始终注重对外援助的务实、廉洁和高效，始终坚持平等相待和真诚友好的优良作风，始终坚持力所能及和重信守诺的优良传统。这种南南双向互助互援模式，通过展现相对更高的发展有效性推动着国际援助体系的创新和发展，通过着眼推进南南合作历史进程因而具有了某种世界体系层面的历史意义。

中国对外援助的发展演进是理解 70 余年中国与发展中国家团结合作的一条主线。在本质上，中国对外援助是南南互信、互助、互利合作的集中体现，它既有着国际发展合作的一般属性，同时在历史使命、核心理念、政策实践、价值与意义上又有着许多特殊的理解和表达。中国借助于对外援助，在过去曾有力推动了亚非国家的民族独立和解放，携手第三世界推翻了欧洲大国维系数百年之久的殖民体系，当前则着眼推动发展中国家的发展与复兴进程，携手推动构建人类命运共同体，因而从一开始就具有超越民族国家范畴的更为广泛的世界意义。总结中国对外援助模式的理论与经验，探讨其中具有的世界意义与当代价值，因而具有重要的理论和现实意义。

第一节　对外援助的历史演进逻辑

新中国成立七十余年来，中国对外援助从初期探索逐步走向发展成熟。思考中国对外援助的历史演进，必须将其置于中国与发展中国家在不同历史时期所处的时代背景与国际处境，必须结合中国与发展中国家在不同发展阶段所肩负的历史使命与追求。它所取得的成就与经验，所经历的艰辛与不易，都是中国与发展中国家携手追求独立、发展与复兴进程的一部分。一部中国对外援助史，就是一部中国与发展中国家团结合作的历史。

一　在第三世界反帝反殖反霸斗争中起步（1949—1978年）

探讨中国对外援助，离不开对中国国家身份（Identity）的理解和考察。[①] 无论是在理论上还是实践中，身份都是国家认识自身与外部世界的基础，在很大程度上影响着国家的利益判断和政策选择。中华人民共和国从一开始就是一个社会主义国家，同时也认为自己属于广大被压迫民族和国家的一员。中国在向苏联社会主义阵营"一边倒"的同时，也誓言联合亚非拉被压迫民族共同反对帝国主义的侵略。1949年9月

[①] "身份"（Identity）源于拉丁语"Idem"（相同的），意为个体或群体拥有的区别于其他人、其他群体的显著特征。一般认为，社会学意义上的身份具有三种基本功能，即它将告诉自己我们是谁、告诉他人我们是谁和告诉自己他人是谁。在国际关系中，身份同样具有重要的认同价值。

中国人民政治协商会议通过了具有临时宪法作用的《中国人民政治协商会议共同纲领》,"总纲"第 11 条规定了中华人民共和国外交的基本政策与原则:"中华人民共和国联合世界上一切爱好和平、自由的国家和人民,首先是联合苏联、各人民民主国家和各被压迫民族,站在国际和平民主阵营共同反对帝国主义侵略,以保障世界的持久和平。"[1] 新中国自步入国际舞台之始,就有着超越民族国家范畴的全球视野和国际主义精神。

中国对外援助最早是从周边社会主义国家起步的。从 1950 年开始,中国相继开展了援越抗法和抗美援朝斗争,帮助越南和朝鲜捍卫主权独立。同时,中国坚定地迈出了走向亚非世界的步伐,其中最具历史意义的两步,是 1954 年 6 月周恩来总理会同印度和缅甸正式提出和平共处五项原则,以及 1955 年 4 月周恩来总理率团出席亚非万隆会议并推动会议达成团结合作、反帝反殖的"万隆精神"。中国借此向世界阐述了社会主义中国的和平外交政策,向世界宣示中国将坚定支持亚非世界的民族解放运动,坚定站在世界反帝反殖正义斗争一边。从 1956 年开始,中国相继对亚洲的柬埔寨、尼泊尔、也门、缅甸,以及非洲的埃及、阿尔及利亚、几内亚等国提供了经济和物质援助,以支持它们维护主权独立和反抗外来侵略。对外援助在中国发展同亚非民族主义国家关系中发挥了重要作用。

20 世纪 60 年代迎来了中国与第三世界国家关系的大发展。在同时受到美苏包围封锁的困难时期,中国迫切需要寻求来自外部世界的同情和支持力量,通过建立广泛的国际统一战线来打破外交困局。当时许多亚非国家正在追求政治独立,也同样重视来自中国的外交支持,共同的历史任务把中国与广大第三世界国家的命运紧密联系在了一起。1960 年毛主席在接见非洲代表团时谈道:"我们是朋友,我们是站在一条战线的,共同反对帝国主义、殖民主义。"[2] 在中国看来,支持第三世界革命是中

---

[1] 谢益显主编:《中国外交史(中华人民共和国时期 1949—1979)》,河南人民出版社 1988 年版,第 11 页。

[2] 中华人民共和国外交部、中共中央文献研究室编:《毛泽东外交文选》,中央文献出版社、世界知识出版社 1994 年版,第 403 页。

国共产党人应尽的国际义务，同时还可以壮大世界反帝反霸阵线，最大程度削弱帝国主义力量，因而是爱国主义和国际主义的统一。① 1963年12月至1964年3月，周恩来总理率团访问了亚非13个国家，其间提出了对亚非国家提供经济技术援助的"八项原则"，标志着中国对外援助政策的正式形成。自那时起，尊重受援国主权、不附带任何条件、平等互利等原则就得以确立并一直坚持下来，成为中国对外援助的核心理念和原则。②

毛主席的"三个世界"战略思想是那一时期中国对外援助的理论基础。1974年2月，毛主席在会见外宾时明确提出"三个世界"的理论划分，以最精练的语言勾勒出了国际矛盾斗争和国际力量对比的基本态势，在当时外部环境异常尖锐时期清晰地指出了敌我友的关系。③ 中国国际战略的基本方向，就是要团结第三世界，争取第二世界，共同反对第一世界。"三个世界"理论划分是中国共产党国际统一战线思想最为集中的体现和运用，它大手笔地把中国与世界最大多数的国家、最大多数的人民团结在了一起，为中国外交找到了可以长期依靠的立足点。为支持第三世界的正义事业，中国1950—1978年累计提供对外援助约450亿元人民币，平均计算，占国家同期财政支出的1.73%。其中1971—1975年，援

---

① 周恩来总理曾对这种爱国主义与国际主义的高度吻合做过阐释："我国对外援助的出发点是，根据无产阶级国际主义精神，支援兄弟国家进行社会主义建设，增强整个社会主义阵营的力量；支援未独立的国家取得独立；支援新独立的国家自力更生，发展民族经济，巩固自己的独立，增强各国人民团结反帝的力量。我们对兄弟国家和新独立国家进行援助，把他们的力量加强了，反过来就是削弱了帝国主义的力量，这对我们也是巨大的支援。"《在第三届全国人民代表大会第一次会议上周恩来总理作政府工作报告》，《人民日报》1964年12月31日。

② "八项原则"是：（1）中国根据平等互利的原则对外提供援助，从来不把这种援助看作单方面的赐予；（2）严格尊重受援国的主权，绝不带任何条件；（3）在需要的时候延长还款期限，以尽量减少受援国的负担；（4）提供援助的目的是帮助受援国逐步走上自力更生、独立发展的道路；（5）援助项目力求投资少，收效快，使受援国政府能够增加收入；（6）中国提供自己所能生产的、质量最好的设备和物资；（7）中国对外提供任何一种技术援助时，保证做到使受援国的人员充分掌握这种技术；（8）中国援外专家同受援国自己的专家享受同样的物质待遇。

③ 毛主席指出："我看美国、苏联是第一世界。中间派，日本、欧洲、加拿大，是第二世界。咱们是第三世界。""第三世界人口很多。亚洲除了日本都是第三世界。整个非洲都是第三世界，拉丁美洲是第三世界。"中华人民共和国外交部、中共中央文献研究室编：《毛泽东外交文选》，中央文献出版社、世界知识出版社1994年版，第600—601页。

外支出占同期国家财政支出的比重达到5.88%，1973年一度高达6.92%。① 特别是，中国帮助非洲国家修建了长达1860公里的坦赞铁路，有力支援了南部非洲国家争取民族独立的斗争，成为那一时期中非团结合作最具标志性意义的事件。坦赞铁路架起了中非友谊的桥梁，其历史意义至今仍在显现。

二 在南南发展合作中实现调整与转型（1979—2012年）

20世纪70年代后期以来，南南合作的历史主题开始发生重大转变。绝大多数亚非国家已经相继获得政治独立，实现民族解放的历史任务逐步完成，经济和社会发展开始成为最为优先的发展目标。由于受到20世纪70年代世界经济危机的影响，非洲拉美国家纷纷出现经济发展的缓慢、停滞甚至是倒退，迫切希望获得经济社会发展所需的资金和技术援助。同一时间，源于中国国内政治形势变化和美苏争霸的逐步缓和，中国对国家利益的认识和国际战略形势的判断开始发生重大调整，党和国家的工作重心开始转移到经济建设上来。在此背景下，南南合作的战略基础逐步由反帝反殖反霸斗争中的相互支持转向了对和平与发展的共同追求，中国与发展中国家团结合作由着眼国际政治斗争转向了切实的经济发展和民生诉求，越来越呈现出务实、理性的性质。中国对外援助政策和实践相继发生了两次大的调整和改革。

第一次大的调整始于20世纪80年代初期。1983年年初，中国政府总理在访非时提出中非经济技术合作的"四项原则"，即平等互利、讲求实效、形式多样、共同发展。② "四项原则"是指导新时期中非经贸合作

---

① 《孙广相谈援外体制改革》，《国际经济合作》1993年第5期，第10—11页。
② "四项原则"的内容是：（1）遵循团结友好、平等互利的原则，尊重对方的主权，不干涉对方的内政，不附带任何政治条件，不要求任何特权；（2）从双方的实际需要和可能条件出发，发挥各自的长处和潜力，力求投资少、工期短、收效快，并能取得良好的经济效益；（3）合作的方式可以多种多样，因地制宜，包括提供技术服务、培训技术和管理人员、进行科学技术交流、承建工程、合作生产、合资经营等，中国方面对所参与承担的合作项目负责守约、保质、重义，中国方面派出的专家和技术人员不要求特殊的待遇；（4）双方合作的目的在于取长补短、相互帮助，以利于增强双方自力更生的能力和促进各自民族经济的发展。《赵总理宣布中非经济技术合作四项原则即平等互利、讲求实效、形式多样、共同发展》，《人民日报》1983年1月15日。

特别是对非援助工作的基本原则,它继承了"八项原则"尊重主权、不干涉内政、平等互利、促进受援国自力更生等基本精神,但又有许多因应时代主题变迁的新变化新发展。凸显四个"强调":一是强调援助的经济效益,由此前主要着眼国际国内政治需要演变为更加注重援助项目的可持续发展;二是强调援助的双向性,由此前单方面赠予演变为援助双方在平等互利基础上的经济合作;三是强调经济技术合作形式的多样性,由此前援助形式的较为单一转变为因地制宜地探索新的合作方式和举措;四是强调援助要从可能条件出发,其政策含义在于对外援助要从中国的实际能力出发,要与中国国内建设相协调相促进。

第二次大的调整始于20世纪90年代初期。1992年邓小平南方谈话后,中国市场经济体制改革显著提速,对外开放进入新阶段。很多发展中国家在冷战结束后加快了政治多元化和经济自由化进程,希望吸引更多外来投资推动经济发展。中国对外援助方式开始出现新一轮更大调整,以更好配合国内市场化改革和对外开放的需要,更好推进"大经贸"战略的实施,在切实帮助受援国减贫和发展的同时,以更大力度支持中国企业"走出去"。[①] 1995年6月15日,外经贸部召开传达贯彻国务院关于改革援外工作的有关指示,明确指出,要坚持援外工作的基本方针,继续遵循援外八项原则,同时借鉴国际通行有效的援助做法,积极推进援外方式改革。[②] 一是改革援助方式,大力推行政府贴息优惠贷款和援外项目合资合作;二是拓展资金渠道,将政府援外资金与银行贷款相结合,适当将企业投资吸纳到援外项目执行中;三是优化援助项目,重点承担受援国需要的中小型生产项目,做到项目的可持续发展;四是加强国际合作,将援外基金更好与联合国和地区经济发展机构或第三国的发展援助资金相结合,开展灵活多样的经济技术合作。其目的,是要扩大援外资金来源,提高援外项目的质量和效益,更好推动受援国经济社会发展,同时把对外援助与对外贸易和投资相结合,鼓励中国企业积极开拓海外

---

① 从1991年到1995年,中央领导就改革对外援助工作做了二十几次重要指示,其中1994年国务院总理李鹏就连续做出了9次重要指示。孙广相:《关于援外工作改革及若干问题的思考》,《外贸调研》1995年第25期,第35—36页。

② 《新形势下援外工作改革方针出台》,《国际经济合作》1995年第7期,第23页。

市场，努力开拓中国与发展中国家互利合作新局面。

援外方式调整与改革带来了对外援助的大发展。一是对外援助数额呈现大幅增长。1995 年中国对外援助预算支出为 29 亿元人民币，此后呈现逐年递增态势，2000 年、2005 年、2010 年分别增长到 45.88 亿元、69.20 亿元、144.11 亿元人民币，2012 年进一步增长到 192.30 亿元人民币。[①] 这里的援外资金是指中央政府对外援助预算支出，包括无偿援助、无息贷款和优惠贷款中的贴息部分。如果把进出口银行提供的优惠贷款资金整体纳入计算，中国对外援助数额实际上会大很多。根据中国政府发布的对外援助白皮书，2010—2012 年共计对外提供援助 893.4 亿元人民币。[②] 二是对外援助领域和方式显著拓展。在传统的公共设施、经济基础设施等"硬援助"之外，以技术合作、经验交流、能力建设合作为主要内容的"软援助"得到快速发展，"融资"与"融智"的紧密结合显著提升了对外援助的"造血"功能。

三 在推进构建人类命运共同体进程中赋予新使命新追求（2013 年以来）

党的十八大以来，中国开始进入全面追求大国复兴的新时代。新时代中国外交的视野更加开阔，愿景更加宏大，既要奋力实现中华民族伟大复兴，完成近代以来中国人的民族夙愿，又要携手世界推动构建人类命运共同体，充分展现当代中国的世界胸怀和全球担当。新的历史使命赋予中国外交以新的历史任务，既需要主动塑造和维护中国发展的战略机遇期，为中华民族伟大复兴提供更加有力的保障和更加有利的外部环境，也需要助推中国更加深入参与全球事务并发挥负责任的大国作用，为建设更加美好的世界贡献更多中国价值、中国方案和中国力量。中国对外援助因此有了新的国家使命和世界追求。

着眼中国复兴伟业，中国对外援助需要配合外交大局，推进与发展中国家的战略互信与互利合作，为国家发展营造更加有利的外部环境。

---

① 2019 年增至 219.56 亿元人民币。资料来源：历年全国一般公共预算支出。
② 国务院新闻办：《中国的对外援助（2014）》，《人民日报》2014 年 7 月 11 日。

对外援助不是对外经济工具，在本质上属于公共外交和人文交流的范畴，但它仍然能够以特殊方式助推伙伴国的经济发展，在一定程度上助推双边经贸合作水平的提升。在中国早已成为资本净输出国的今天，对外援助要尽快超越中国企业和商品"走出去"的低层次，而是着眼推动中国技术和标准"走出去"，更好实现与伙伴国在规则和标准上的全面对接。对外援助也不是地缘战略工具，但它能够通过双边互信的增进和民心相通的不断深化，巩固和提升双边合作水平。在当前中美竞争呈现显著复杂化、长期化的今天，如何通过更加立体多维的"大外交"继续深化与发展中国家的团结合作，继续巩固外交依托，扩大外交回旋空间，利用发展中国家的整体力量更好地维护全球战略平衡，改变和优化中国的战略处境，也是中国对外援助需要思考的重要问题。中国不会建立军事同盟，不会谋求势力范围，但中国也需要国际政治中的助力和帮手。

着眼推进构建人类命运共同体，中国对外援助需要更加彰显大国责任，在推动全球发展和治理进程中不断彰显中国的道义和精神。21世纪中国国际责任的最重要、最优先的方面，是要通过自身发展带动南南互利共赢和共同发展，通过相互分享发展机遇助推发展中国家的发展和复兴进程，这是当代中国对外援助的基本出发点和着眼点。推动构建人类命运共同体是一个美好愿景，当前最切实、最迫切的方面，是要稳步推进周边命运共同体、亚洲命运共同体、中非命运共同体、中阿命运共同体、中拉命运共同体，把南南互利合作打造成人类命运共同体的基础和典范。习近平同志明确提出对发展中国家的正确义利观，特别强调要做好对外援助工作，真正做到弘义融利。①过去几年来，中国援外资金不仅参与了肯尼亚蒙内铁路和尼日利亚阿卡铁路等一批重大经济基础设施建设，成为助推发展中国家经济发展和地区互联互通的重要引擎，同时以更大力度参与了发展中国家的安全治理、气候治理和公共卫生治理进程，成为推进全球治理进程的重要因素。

为完成对外援助的新使命新追求，中国显著加强了援外体制机制和能力建设。2018年中国国际发展合作署正式成立，其职能主要聚焦于三

---

① 《中央外事工作会议在京举行》，《人民日报》2014年11月30日。

大领域,即对外援助的政策规划,援外工作的统筹协调以及援外项目的评估和监督。以"国际发展合作署"而非"对外援助署"命名,本身就非常清晰地表达了两个信息:一是对受援国的尊重,因为"发展合作"远比"对外援助"更能体现双方的对等性,体现出中国对受援国平等地位和国家尊严的应有尊重;二是对受援国经济社会发展的强调和重视,中国对外援助着眼于通过援助撬动受援国经济和社会的发展,从根本上增强受援国的自主发展能力特别是内生发展动力,做到授人以鱼更要授人以渔。此外,中国还显著加强了对东盟、非洲、拉美等地区的整体外交,把对外援助逐步纳入中国—东盟合作机制和中非合作论坛等多边框架下予以统筹规划,特别是中非合作论坛每三年推出"一揽子"合作倡议和计划,显著推动了中非互利合作水平的全面跃升。

第二节　对外援助模式的理论概括

70余年中国对外援助理念和政策不断发展和调适,逐步形成了既有一般国际发展合作属性又有自身特色的对外援助模式。正如中国首份《中国对外援助》白皮书所言,"中国对外援助坚持平等互利,注重实效,与时俱进,不附带任何政治条件,形成了具有自身特色的模式"[①]。中国对外援助是当代南南合作的组成部分,遵循着南南合作的基本精神与原则,体现着自己民族特色与国家使命,因而形成了鲜明的个性与特色。

一　以中国传统文化思想和无产阶级国际主义精神为思想渊源

中国对外援助的独特性首先来自中国传统文化的精神特质。一是"大同"思想。中国人自古憧憬"大道之行,天下为公"(《礼记·礼运》),历来有"先天下之忧而忧,后天下之乐而乐"(《岳阳楼记》)的精神境界,有"为往圣继绝学,为万世开太平"(《张子语录》)的济世情怀。二是"义利"观念。中国传统文化注重义利之辨,倡导先义后利、重义轻利,甚至必要时舍利取义,正所谓"二者不可得兼,舍生而取义

[①] 国务院新闻办:《中国的对外援助》,《光明日报》2011年4月22日。

者也"(《孟子·告子上》)。三是"仁爱"精神。中国文化弘扬"仁者爱人"(《孟子·离娄下》),既强调"己所不欲,勿施于人"(《论语·颜渊》)的克己慎行,也倡导"己欲立而立人,己欲达而达人"(《论语·雍也》)的推己及人。穷时要以独善其身为人格底线,达时要有兼济天下的理想情怀。在国际交往中,国家之间也要以相互尊重、讲信修睦为基本,同时也要弘扬扶贫济困、乐善好施的国际道义精神,通过对外援助向身处困难的国家提供必要的支持和帮助。

中国是一个有着五千多年悠久传统文化的国家,也是当今世界上最大的社会主义国家。中国共产党人是中国历史文化的继承者和弘扬者,也是共产主义的倡导者和践行者,从一开始就有立足中国、放眼世界的眼界和胸怀。在第三世界民族解放运动时期,中国共产党高举国际主义精神旗帜,把广大被压迫民族的反帝反殖斗争看成世界无产阶级革命的一部分,在自身极为困难的时期向它们提供了力所能及的帮助。周恩来总理曾指出:"胜利了的中国人民,在进行社会主义建设的同时,还要根据可能的条件,给兄弟国家和民族主义国家以援助,这是我们不可推卸的国际主义义务。"① 到了今天,虽然第三世界民族解放运动早已过去,但中国共产党仍然有心怀天下、造福世界的志向和夙愿,在推动实现中华民族伟大复兴这一世纪夙愿的同时,也始终把为人类做出更大贡献作为自己的重要使命。

二 以中华人民共和国重大外交理念和思想为理论基础

中华人民共和国成立以来,中国历届领导人不断把脉国家利益和国际形势变化趋势,不断推动外交理论的创新和发展,为中国外交工作包括对外援助工作提供了基本理论遵循。历史上,1953年和平共处五项原则的提出,以及1986年"独立自主的和平外交政策"的完整表述,向世界表达了中国处理与外部世界关系的基本立场和原则,为对外援助提供了最为基本的原则指导。特别是,毛主席的"三个世界"理论为对外援助工作的开展奠定了坚实的理论基础,它明确指出中国是第三世界的一

---

① 《周恩来选集》下卷,人民出版社1984年版,第383页。

员,从国家身份和民族命运的角度把中国和第三世界紧密联结在了一起,在国际斗争异常尖锐复杂的特殊历史时期为中国找到了最广泛的可以依靠和借助的力量。在此之后,中国长期把广大发展中国家视为自身外交战略的基础,把南南互信互助作为拓展外交空间、舒展外部环境、提升国际影响,进而维护国际战略平衡的重要支撑。

在当前世界百年大变局背景下,习近平同志提出了推动构建人类命运共同体的宏大愿景,显著拓展提升了对外援助的视野、格局和使命。新时代中国的外交工作,包括对外援助,在服务民族伟大复兴的同时,也要着眼推动构建持久和平、普遍安全、共同繁荣、开放包容、清洁美丽的世界。中国把南南合作视为推动构建人类命运共同体的重要实践路径,明确提出对发展中国家践行正确义利观,在开展南南合作时讲信义、重情义、扬正义、树道义。如果说人类命运共同体是中国给世界提出的重大愿景,是新时代中国外交高举的道义旗帜,那么正确义利观则是当代中国外交应当秉持的价值观,集中体现了中国对发展中国家义利兼顾、弘义融利的道义观和责任观,彰显了中国作为一个社会主义国家、一个负责任的发展中大国所应当坚持的外交道义和精神。

三 以国家利益和国际责任相统一为政策取向

西方人看对外援助,常立足于两端,要么从现实主义的角度把对外援助看成大国竞争的手段,痴迷于谈论对外援助的地缘战略价值;要么从人道救助的角度,把对外援助看成一种"救济"和"施舍",因而常表现出一种捐助者高人一等的自大和自傲。与此极为不同的是,中国对外援助是一种南南合作框架下的双向互助,在过去很长时期里是一种"穷帮穷",当前则是发展中国家在追求现代化进程中的互利共赢和共同发展。这种双向合作,体现了南南合作的平等性、互助性、互利性。在中国眼里,帮助他人也是帮助中国自己。

理解中国对外援助的政策取向,因此需要有双重纬度。中国对外援助从一开始就具有超越民族国家利益的更为远大的使命和道义精神。毛泽东等老一辈无产阶级革命家有着强烈的国际主义精神,把实现第三世界民族解放看成自己应尽的义务。在非洲国家开展独立斗争的年代,毛主席频频接见来自非洲的朋友,坚定告诉他们"你们的斗争我们支持"①。在那特殊困难时期,中国通过对外援助赢得了广大第三世界国家的支持,为打破美苏超级大国的封锁包围并最终重返联合国找到了重要的外交支持力量。②正如毛主席在接见非洲代表时说的那样:"谁来支持我们?还不是亚洲、非洲、拉丁美洲的民族解放运动,这是支持我们的最主要的力量。"③虽然第三世界革命历史早已过去,但这些曾经并肩作战的亚非拉国家在追求发展和复兴进程中找到了新的合作基础与动力、新的努力方向和愿景,因而具有了新的持久动力和牢固纽带。当前中国与发展中国家是国际政治中的天然盟友,是经济发展合作的重要伙伴,在全球治理中互为助力和帮手,因而是一种利益共享、责任共担、命运与共的命运共同体。习近平同志就任和连任国家主席后的首次出访都选择了非洲,凸显了中国政府对非洲的重视。他在南非德班同非洲国家领导人举行早餐会时这样说道:"历史反复证明,中国发展好了,非洲发展会更顺;非洲发展顺了,中国发展会更好。"④

四 以不干涉内政、不附加任何政治条件为最大特色

相互尊重主权、不干涉内政是中国外交也自然是中国对外援助的最为核心的基本原则,也是中西方在对外援助上的最大区别之一。一般而言,西方国家热衷于对外输出它们的价值观念,执着于通过对外援助影响甚至改变受援国的制度和政策。无论是20世纪80年代它们在非洲和拉美推动的"经济结构调整计划",还是90年代推动的民主和良治建设,

---

① 中华人民共和国外交部、中共中央文献研究室编:《毛泽东外交文选》,中央文献出版社、世界知识出版社1994年版,第467页。

② 第三世界之所以把中国"抬进"联合国,并为此欢欣鼓舞,是因为它们把中国看成第三世界的代表,把中国的外交胜利看成它们共同的胜利。"第三世界强调这是战后新兴力量的有历史意义的巨大胜利。许多国家的代表表示:有九亿人口和国际关系上享有良好声望的中华人民共和国的参加,才使联合国具有充分的代表性。"黄华:《亲历与见闻——黄华回忆录》,世界知识出版社2007年版,第183页。

③ 中华人民共和国外交部、中共中央文献研究室编:《毛泽东外交文选》,中央文献出版社、世界知识出版社1994年版,第370页。

④ 《中国坚定奉行对非友好政策》,《人民日报·海外版》2013年3月29日。

都附带许多损害受援国主权的政治经济条件。美国政府设立的"千年挑战账户"(MCA),在2019财政年度共计选择了65个低收入国家和5个中低收入国家作为候选受援国,评选标准涉及"公正统治"(Ruling Justly)、"投资于人"(Investing in People)、"鼓励经济自由"(Encouraging Economic Freedom)三大领域共计20项指标(表5—1)。[1] 与此不同的是,中国对外援助始终坚持不附加政治条件,始终坚持相互尊重、平等相待的原则。1964年,周恩来总理在访问亚非国家归来后指出:"目前,中国在力所能及的范围内,正在向某些亚非国家提供一些经济援助。这些援助就其数量来说是极其微小的,然而是不附带任何条件的,这表示我们帮助这些国家独立发展的真实愿望。"[2] 2018年,习近平主席在中非合作论坛北京峰会上明确宣示"五不",即:不干预非洲国家探索符合国情的发展道路,不干涉非洲内政,不把自己的意志强加于人,不在对非援助中附加任何政治条件,不在对非投资融资中谋取政治私利。[3]

然而,部分西方人士常常基于西方价值观念和利益立场来解读中国不干涉内政原则。一些西方学者和媒体"担心"中国对外援助加剧受援国政治腐败,削弱受援国的民主和良治[4],而一些西方政客故意曲解甚至

---

[1] 有10个国家未能获得受援国资格,它们是:玻利维亚、缅甸、柬埔寨、厄立特里亚、尼加拉瓜、朝鲜、南苏丹、苏丹、叙利亚、津巴布韦。"Report on Countries that are Candidates for Millennium Challenge Compact Eligibility for Fiscal Year 2019 and Countries that would be Candidates but for Legal Prohibitions", https://www.mcc.gov/resources/doc/report-candidate-country-fy2019 (2020-05-16)。

[2] 谢益显主编:《中国外交史(中华人民共和国时期1949—1979)》,河南人民出版社1988年版,第240页。

[3] 2018年中非合作论坛确立未来三年及今后一段时间共同实施八大行动,中方为此提供600亿美元资金支持。习近平:《携手共命运 同心促发展——在2018年中非合作论坛北京峰会开幕式上的讲话》,《人民日报》2018年9月4日。

[4] Denis M. Tull, "China's Engagement in Africa: Scope, Significance and Consequences," *The Journal of Modern African Studies*, Vol. 44, No. 3 2006, pp. 459–479; Evan A. Feigenbaum, "Beijing's Billions", *Foreign Policy*, May 20, 2010, https://foreignpolicy.com/2010/05/20/beijings-billions/ (2020-05-16); Ruben Gonzalez-Vicente, "The Limits to China's Non-Interference Foreign Policy: Pro-State Interventionism and the Rescaling of Economic Governance", *Australian Journal of International Affairs*, Volume 69, Issue 2, March 2015, pp. 205–223.

恶意炒作中国对外援助带来的所谓负面影响。[①] 事实上，中国不干涉内政原则的内涵有二：一是援受双方在地位和尊严上完全平等。中国在双边文件中很少使用"援助""救济"，而多使用"合作""相互支持"等更具平等色彩的词汇；二是尊重受援国的内政和主权，特别是尊重受援国自主选择发展道路的权力，从不把自己的意志强加于人。这并不表明中国对受援国的发展和治理问题不闻不问、袖手旁观。长期以来，中国积极关注其他发展中国家的和平与稳定，建设性参与若干地区热点难点问题的解决，同时通过经贸合作、知识交流、经验分享和人才培养帮助它们提高发展能力和治理能力。中国一直是发展中国家追求发展和复兴的参与者和见证者。

表5—1　　美国"千年挑战账户"（MCA）的评选指标

领域（Categories）	标准（Indicators）
公正统治（Ruling Justly）	公民自由权（Civil Liberties） 政治权利（Political Rights） 控制腐败（Control of Corruption） 政府有效性（Government Effectiveness） 法治（Rule of Law） 信息自由（Freedom of Information）
投资于人（Investing in People）	接种率（Immunization Rates） 公共卫生支出（Public Expenditure on Health） 女子教育（Girls' Education） 初等教育公共支出（Public Expenditure on Primary Education） 儿童健康（Child Health） 自然资源保护（Natural Resource Protection）

[①] 2011年6月时任美国国务卿希拉里·克林顿在赞比亚含沙射影地攻击中国的对非政策，2018年3月时任美国国务卿蒂勒森在访问非洲时指责中国对非政策与美国形成鲜明对比，削弱了非洲国家的可持续发展。"Clinton warns against 'new colonialism' in Africa", *Reuters*, Jun 11, 2011; "Remarks-Secretary of State Rex Tillerson On U.S.–Africa Relations: A New Framework", March 2018, U.S. Department State, https://translations.state.gov/2018/03/06/remarks-secretary-of-state-rex-tillerson-on-u-s-africa-relations-a-new-framework/（2020-05-08）。

续表

领域（Categories）	标准（Indicators）
鼓励经济自由（Encouraging Economic Freedom）	创业（Business Start-Up） 土地权利与获取（Land Rights and Access） 贸易政策（Trade Policy） 管制质量（Regulatory Quality） 通货膨胀（Inflation） 财政政策（Fiscal Policy） 信贷准入（Access to Credit） 经济中的性别（Gender in the Economy）

资料来源：根据美国"千年挑战账户"官网资料整理而成。"Guide to the MCC Indicators for Fiscal Year 2019"，https：//www.mcc.gov/resources/doc/guide-to-the-indicators-fy-2019（2020-05-16）。

五 以"南南合作"而非"南北关系"为根本性质

中国对外援助在本质上是南南双向互助互援。此种合作，在过去曾是第三世界民族解放运动的一部分，当前则是在全球化加速发展背景下对现代化的共同追求。这种双向互助关系改变了西方援助天然具有的"发达"和"欠发达"的二元对立，改变了传统捐助者"施于人"和受援者"受于人"的不平等关系，其目的是通过南南互助互援来实现发展中国家的自立自强和共同发展，进而推进国际秩序更为公平公正的发展。因而，其意义早已超越了单纯的发展合作，成为百余年南南合作的重要组成部分，成为当代发展中国家追求复兴进程的重要推动力量。

随着中国经济持续发展，中国对发展中国家的援助是否仍然是一种南南合作？一些发展中国家担心，不断发展的中国是否还是它们当中的一员，是否仍然愿意同它们站在一起。究竟何谓"发展中国家"，国际社会至今没有形成公认的统一标准。首先，即便是着眼于经济社会发展水平，以世界银行、联合国开发计划署（UNDP）对世界主要国家和经济体的发展程度划分为参照，中国距离"高收入经济体"① 或"极高人类发展水平国家"② 仍有很大差距，中国仍然属于新兴和发展中国家行列。其次，中国对"发展中国家"概念还有自己特殊理解和认识。在中国的外交思维中，当代"发展中国家"概念是过去"第三世界"的历史延续和发展，当代发展中国家的南南合作也与过去第三世界革命一脉相承。虽然第三世界国家早已实现了政治独立，但这些曾经在追求民族独立过程中携手前行的亚非拉国家仍然面临实现经济发展和国家现代化的发展任务，在国际事务中也面临相似的政治和外交需求。在中国和很多发展中国家来看，"发展中国家"自始便不是一个纯粹的经济概念，有着丰富的历史、政治和文化属性，因而有着一种特殊的归属感、亲近感、认同感。正是从这个角度讲，中国一再承诺，中国将始终与发展中国家站在一起，始终是发展中国家的好朋友、好伙伴、好兄弟。一如既往地加强同发展中国家的团结合作，仍将是中国外交的重要方面。③

第三节　对外援助模式的经验总结

新中国成立以来，中国对外援助始终着眼受援国的实际需要，在实践中不断追求创新和发展，不断探索务实管用的经验和做法。

一　始终尊重受援国的发展议程和自主选择

西方捐助者常常秉持"教师爷"心态，从它们的观念、经验和利益

---

① 世界银行认为，人均 GNI 达到 12376 美元及以上为高收入经济体，2018 年中国人均 GNI 为 9732 美元，仍属于中高收入经济体。"World Bank Country and Lending Groups", World Bank, https://datahelpdesk.worldbank.org/knowledgebase/articles/906519 – world – bank – country – and – lending – groups（2020 – 04 – 28）。

② UNDP 以"人类发展指数"（HDI）大于或等于 0.800 为极高人类发展水平，2019 年中国 HDI 值为 0.758，世界排位是第 85 位，远未达到极高人类发展水平。UNDP, *Beyond Income, Beyond Averages, Beyond Today: Inequalities in Human Development in the 21st Century*, Human Development Report 2019, New York, pp. 300 – 303。

③ 罗建波：《正确义利观与中国对发展中国家外交》，《西亚非洲》2018 年第 5 期，第 3—20 页。

出发为受援国制订发展计划和蓝图，在对外援助的领域、重点和具体项目上体现出强烈的主观色彩，有时难以兼顾发展中国家的实际发展需要。虽然西方捐助者从签署 2005 年《巴黎援助有效性宣言》开始，就一再声称要尊重受援国"主事权"（Ownership），实现与受援国发展议程的"联系"与"对接"（Alignment），但西方国家与生俱来带有宗教色彩的普世主义情结，数百年来在文化和经济发展上形成的傲慢心态，以及近百年对外援助所形成的经验和路径依赖，都决定了它们要调整自身心态和做法必然相当困难。[①] 与西方不同的是，中国始终注重探寻南南合作的共同点和契合点，由此决定双方合作的出发点和着眼点。中国曾携手亚非国家反殖、反帝和反种族主义斗争，当前致力于携手发展中国家实现发展与复兴。例如，当前中国对非援助注重对接非洲国家的发展战略，注重结合非盟"2063 议程"（Agenda 2063）设置的七大愿望和 16 个领域的具体行动[②]，注重落实中非合作论坛共同商议确立的优先发展议题[③]，在非洲基础设施建设、工业发展、农业现代化、技能培训、能力建设、和平与安全、公共卫生治理等领域不断加强互利合作。

二 始终坚持对外援助的"发展"和"民生"导向

西方对外援助在本质上是一种"民主援助"，它以人为拟定的政治经济条件为前提，重点援助受援国的"社会"（Social）领域，而诸如"经

[①] 正如美国学者黛博拉·布罗蒂加姆（Deborah Brautigam）指出，西方国家也希望尊重伙伴国的主事权，但"对于传统捐助者而言，所有这些都是一个相当大的挑战"。Deborah Brautigam, *The Dragon' Gift: The Real Story of China in Africa*, New York: Oxford University Press, 2009, p. 133。

[②] "2063 议程"（Agenda 2063）的七大愿望是：经济可持续发展，更加紧密的团结和一体化，尊重法治和人权，和平与安全，共享文化和价值观，释放民众特别是妇女和青年潜力，非洲成为全球发展的重要伙伴；16 个领域具体行动：减贫、教育、技能和知识的革命，经济转型、增长与工业化，农业现代化，气候变化与环境，世界级的基础设施，大陆自由贸易区，青年发展，2020 年枪声沉寂，性别平等，非洲护照，巩固民主和以人为本，在全球发出统一的非洲声音，强化国内资源动员，建立执行、监督、评估体系，迈向大陆统一。African Union Commission, *Agenda 2063: The Africa We Want*, Final Edition, Popular Version, January 2015, pp. 11 – 19。

[③] 2018 年中非合作论坛确立未来三年及今后一段时间共同实施八大行动，中方为此提供 600 亿美元资金支持。习近平：《携手共命运 同心促发展——在 2018 年中非合作论坛北京峰会开幕式上的讲话》，《人民日报》2018 年 9 月 4 日。

济"（Economic）和"生产"（Production）领域则未受到足够重视。在2017年经合组织DAC成员国对非双边援助中，社会领域和人道主义援助占比分别为44.20%和18.90%，而经济和生产领域占比为14.20%和8.10%（图5—1）。[1] 在具体实践中，西方对外援助主要体现为"现金援助"或"支票援助"，通过赠款或信贷的方式对受援国提供一般预算支持（General Budget support）[2]。赞比亚籍学者丹比萨·莫约（Dambisa Moyo）曾尖锐地称西方援助是"发展的无形杀手"，认为大量援助资金的流入不仅滋生政府腐败，导致经济上的"荷兰病"现象，还助长了受援国的依赖心理，消减了非洲国家实现自力更生的意愿，从而形成了"援助的恶性循环"[3]。与此不同的是，中国对外援助授人以鱼，更授人以渔，既着眼解决受援国的一时之困、暂时之危，更着眼培育、提升它们的内生发展动力和自主发展能力，因而在本质上是一种"发展援助"和"民生援助"。自20世纪90年代援外方式改革以来，中国大力推行贴息优惠贷款和援外项目合资合作等方式，其直接目的就是希望带动受援国经济发展和产业能力提升。根据《中国的对外援助（2014）》白皮书，在2010—2012年中国对外援助资金中，经济基础设施占44.80%，社会公共基础设施占27.60%，物资援助占15.00%，工业占3.60%（图5—2）。[4] 相较于西方，以"民生"和"发展"为导向是中国对外援助的重要特点，也是中国对外援助规模不大但效果却相对更为明显的重要原因所在。

---

[1] OECD, "Development Aid at a Glance 2019: Statistics by Region (Africa)", pp. 10 - 11. http://www.oecd.org/dac/financing - sustainable - development/development - finance - data/Africa - Development - Aid - at - a - Glance - 2019. pdf（2020 - 05 - 18）。

[2] 世界卫生组织曾在2010年推出报告，认为一般预算支出要取得成效，必须依赖受援国良好的财政管理能力和治理绩效。Adelio F. Antunes, Ke Xjuu, Chris D. Janes, et al., *General Budget Support - has it Benefited the Health Sector*, World Health Report, Background Paper, No. 14, 2010, https://www.who.int/healthsystems/topics/financing/healthreport/14GBSpaperFINAL.pdf（2020 - 05 - 18）。

[3] ［赞比亚］丹比萨·莫约：《援助的死亡》，王涛等译，世界知识出版社2010年版，第34—48页。

[4] 国务院新闻办公室：《中国的对外援助（2014）》，《人民日报》2014年7月11日。

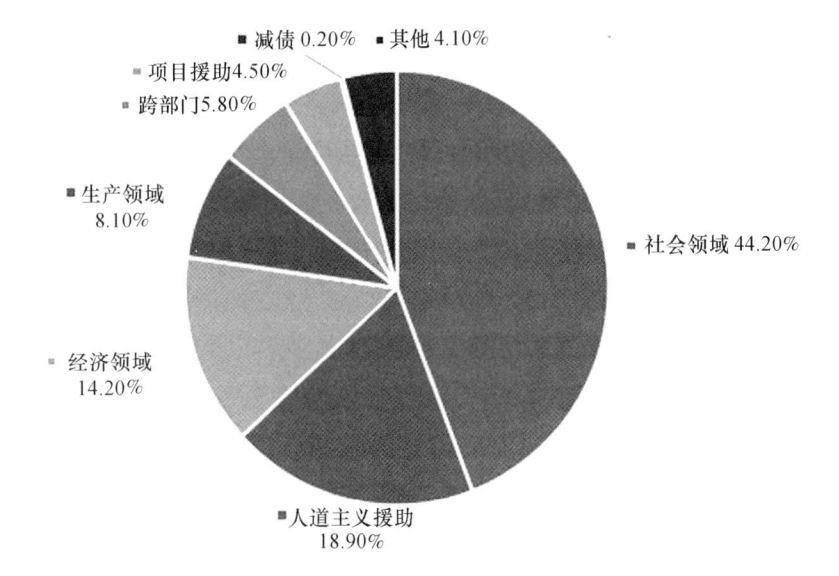

第五章　对外援助:推动解决全球发展和治理问题　/　149

图 5—1　2017 年经合组织 DAC 成员国对非双边援助资金分配

- 减债 0.20%
- 其他 4.10%
- 项目援助 4.50%
- 跨部门 5.80%
- 生产领域 8.10%
- 经济领域 14.20%
- 人道主义援助 18.90%
- 社会领域 44.20%

资料来源:OECD,"Development aid at a glance 2019:Statistics by Region (Africa)", pp.10 – 11.

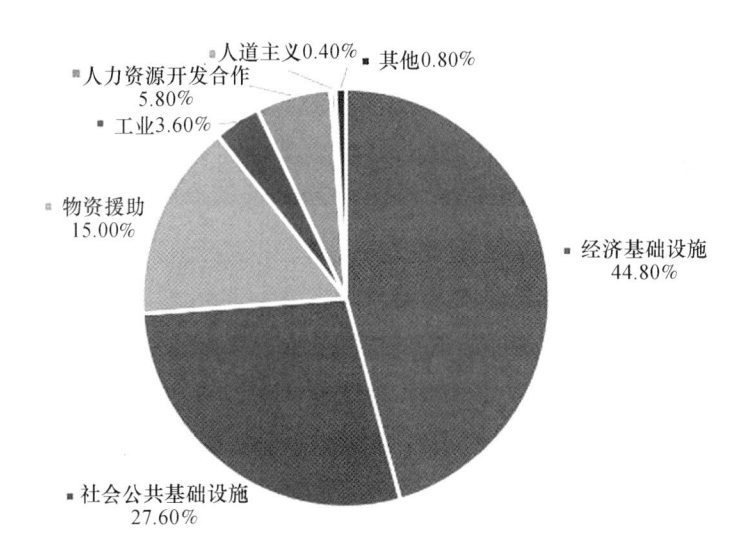

图 5—2　2010—2012 年中国对外援助的资金分配

- 人道主义 0.40%
- 其他 0.80%
- 人力资源开发合作 5.80%
- 工业 3.60%
- 物资援助 15.00%
- 社会公共基础设施 27.60%
- 经济基础设施 44.80%

资料来源:《中国的对外援助 (2014)》,《人民日报》2014 年 7 月 11 日。

三 始终注重对外援助的务实、廉洁和高效

西方通过现金或支票方式拨付援款，不仅为受援国政府制造了寻租机会，也容易导致项目管理费用的层层截留，减少了原本用于具体项目的援助资金，且援助国还需建立庞大的官僚机构和复杂的监管程序以监督援款的管理和使用，极大降低了援助的有效性。[①] 与此不同的是，中国对外援助主要通过成套项目、一般物资和技术合作等方式予以进行，其特点在于，中方负责资金的管理和使用，援助项目大多由中方企业负责管理和运作。[②] 中国以"实物"和"项目"形式为主的援助方式不仅有助于避免受援国的贪腐，保证了援助项目的质量和效率，还由于中方人员、技术和物资的成本相对较低而极大节约了援助经费，使同样数额的援助资金能够比西方援助办更多的事情。为了保证对外援助的发展有效性，中国还会采取三个举措：一是在援助项目的确定和选择上充分尊重伙伴国的发展意愿，真正实现双方发展战略的相互对接；二是近年来显著加大了援助项目的本地化进程，在项目实施过程中注重吸纳当地企业和人员的参与；三是以技术合作和技能培训向伙伴方传授管理和技术知识，帮助受援国提高自主发展能力。这种独特的援助方式虽然还在不断调适和完善，但在实践中证明是相对有效的，即便是一些国外学者对此

[①] 美国学者黛博拉曾讲述了这样一个故事：联合国在阿富汗偏远的巴米扬地区开展的住房材料项目中，日内瓦的一个联合国机构从 3000 万美元的项目中拿走了 20% 的管理费，然后将其转包给了布鲁塞尔的一个非政府组织。该非政府组织拿走了 20% 的管理费，又将其转包给了阿富汗的一个非政府组织，这个组织拿走了 20% 的管理费。以此类推，共出现了五层合同（当地的一家企业最终承担了具体工作）。据安哥拉的一家中国企业估计，类似的层层转包大约降低了由贷款所做的工作 40% 的价值。Deborah Brautigam, *The Dragon's Gift: The Real Story of China in Africa*, New York: Oxford University Press, 2009, pp. 151 – 153。

[②] 以成套项目为例，成套项目援助约占中国对外援助支出的 40%。中国通过提供无偿援助和无息贷款等援助资金帮助受援国建设生产和民用领域的工程项目，负责项目考察、勘察、设计和施工的全部或部分过程，提供全部或部分设备、建筑材料，派遣工程技术人员组织和指导施工、安装和试生产。项目竣工后，移交受援国使用。国务院新闻办公室：《中国的对外援助》，2011 年 4 月，第 7 页。

也给予了肯定。①

四 始终坚持平等相待和真诚友好的优良作风

平等相待和真诚友好，不只是体现在国家间的相互尊重和不干涉内政，也体现在项目实施过程中平等待人和友好往来。1964年提出的援外八项原则，明确承诺"派到受援国帮助进行建设的专家，同受援国自己的专家享受同样的物质待遇"②。1963年毛主席在接见几内亚代表团时讲道："如果我们有人在你们那里做坏事，你们就对我们讲。例如看不起你们，自高自大，表现出大国沙文主义态度。有没有这种人？如果有这种人，我们要处分他们。"③ 1964年他在接见亚非朋友时再次强调指出，"我们之间的相互关系是兄弟关系，不是老子对儿子的关系"④。正如习近平主席对非洲朋友讲的那样："我们双方谈得来，觉得相互平等；我们不把自己的意志强加给你们，你们也不把自己的意志强加给我们。"⑤ 几十年来，中国之所以能够赢得绝大多数发展中国家的信任和支持，原因自然很多，其中一个重要因素是中国始终能够同其他发展中国家相互尊重、平等相待，并在此基础上真诚合作、共同发展，这是那些经受过殖民压迫而至今仍处于国际体系边缘的发展中国家特别看重的，是中国与发展中国家关系之所以历久弥坚的重要基础。

---

① 很多国外学者也能正确评价中国对外援助，除了上述黛博拉的著作外，还可参见：Helmut Reisen, "Is China Actually Helping Improve Debt Sustainability in Africa?", *G24 Policy Brief*, No. 9, pp. 1 - 4, http://www.oecd.org/dataoecd/21/20/39628269.pdf; Laura Freschi, "China in Africa: Myths and Reality", *Aid Watch*, February 9, 2010; Kristian Kjollesdal, "Foreign Aid Strategies: China Taking Over?", *Asian Social Science*, Vol. 6, No. 10, October 2010。

② 谢益显主编：《中国外交史（中华人民共和国时期1949—1979）》，河南人民出版社1988年版，第284页。

③ 中华人民共和国外交部、中共中央文献研究室编：《毛泽东外交文选》，中央文献出版社、世界知识出版社1994年版，第491页。

④ 中华人民共和国外交部、中共中央文献研究室编：《毛泽东外交文选》，第538页。

⑤ 习近平：《永远做可靠朋友和真诚伙伴——在坦桑尼亚尼雷尔国际会议中心的演讲》，《人民日报》2013年3月26日。

五　始终坚持力所能及和重信守诺的优良传统

中华人民共和国成立后，在自身经济仍十分贫弱的情况下向亚非国家提供了大量援助，甚至一度超过中国自身经济的承受能力。20 世纪 80 年代后，南南合作转向更为务实理性的发展合作，中国仍然力所能及地向发展中国家提供支持。70 余年来，中国共计向 166 个国家和国际组织提供近 4000 亿元人民币援助，派遣 60 多万名援助人员，700 多人为他国发展献出了宝贵生命。已先后 7 次宣布无条件免除重债穷国和最不发达国家对华到期政府无息贷款债务。[①] 在 2020 年全球新冠肺炎抗疫背景下，习近平主席在第 73 届世界卫生大会上明确承诺在两年内提供 20 亿美元国际援助，用于支持受新冠肺炎疫情影响的国家特别是发展中国家抗疫斗争以及经济社会恢复发展，同时与二十国集团成员一道落实"暂缓最贫困国家债务偿付倡议"[②]。在 2020 年 6 月中非团结抗疫特别峰会上，习近平主席呼吁打造"中非卫生健康共同体"，承诺于年内开工建设非洲疾控中心总部，郑重宣布中方将免除非洲国家截至 2020 年年底到期的对华无息贷款债务。[③] 在推动自身发展进程中带动发展中国家实现共同发展，在推动实现自身民族复兴的进程中不断增加国际责任和世界贡献，正是新时代中国特色大国外交的重要使命和追求。

第四节　对外援助模式的世界意义

中国对外援助模式有着三个纬度的价值属性：它是一种有着中国特色的援助理论与实践，在当今国际援助体系中有着特殊的地位和价值；它是中国对发展中国家实现独立、发展和复兴的思考，集中体现着中国发展模式的基本经验和核心精神；从更大范围讲，它也是南南合作的一

[①] 国务院新闻办：《新时代的中国与世界》，《光明日报》2019 年 9 月 28 日。

[②] 《习近平在第 73 届世界卫生大会视频会议开幕式上致辞》，《人民日报》2020 年 5 月 19 日。

[③] 习近平：《团结抗疫　共克时艰——在中非团结抗疫特别峰会上的主旨讲话》，《人民日报》2020 年 6 月 18 日。

部分，始终着眼推进南南合作的历史进程因而具有某种世界体系层面的历史意义。

一 作为一种有着中国特色的援助理论与实践，中国对外援助模式推动着国际援助体系的创新与发展，为世界贡献了新的国际合作规范和伦理

长期以来，西方发达国家主导着国际发展援助体系，特别是经合组织（OECD）发展援助委员会（DAC）是国际发展援助的主要提供者，是国际援助理论和政策的主要塑造者。21世纪的一个重大新变化，以中国、韩国、印度为代表的一批新兴经济体和发展中大国更加积极地参与国际发展援助，不仅扩大了援助资金来源，也为国际援助体系贡献了新的援助理念和实践经验。特别是，中国对外援助以平等互信为基础、以发展和民生为导向，以南南互利合作为特色，以及在某些领域相对更为显著的发展成效，极大推动着传统捐助国对发展援助既有知识和经验的反思。西方学术界和战略界已经认识到，相较于传统捐助方，中国发展援助更加强调援助与受援国经济增长的联系，更加注重通过项目而非方案的方式提供援助。[1] 他们认为，中国对外援助为传统捐助方反思其家长式（paternalistic）的干涉、"一刀切"（one-size fits-all）的援助模式，以及对外援助的有效性不足，提供了一个重要的机会。[2] 曾出任欧盟委员会官员的白小川（Uwe Wissenbach）先生坦言，中国援助方式"在欧盟—非洲伙伴关系的再定位过程中也许发挥了某种催化剂作用"[3]。从2003年开始，OECD相继组织召开了四次全球性的"发展援助有效性高层论坛"以及三次"全球有效发展合作伙伴关系高级别会议"，对既有西方援助理念和运作方式进行了较大层面的反思，极大推动着国际援助体系的发展

---

[1] Kassaye G. Deyassa, "To What Extent Does China's Aid in Africa Affect Traditional Donors?", *International Journal of Sociology and Social Policy*, Vol. 39, No. 5/6, 2019, pp. 395–411.

[2] Paul Opoku-Mensah, *China and the International Aid System: Challenges and Opportunities*, IDR Research Series Working Paper No. 141, Aalborg University, Denmark, pp. 1–14.

[3] ［德］白小川：《欧盟对中国非洲政策的回应——合作谋求可持续发展与共赢》，《世界经济与政策》2009年第4期，第72—80页。

与进步。①

一是推动西方发展援助由"垂直支配型"逐步向"平等合作型"转变。西方对外援助在本质上是一种南北关系结构，其特点在于，发达的捐助国制定援助议程、设定援助标准、确定援助项目，并在援助过程中灌输和渗透西方政治理念和价值观。进入 21 世纪后，发展中国家自主发展意识显著提高，以及南南发展合作成效不断显现，推动发达国家开始反思和调整既有的援助理论与实践。在 2005 年巴黎第二届援助有效性高层论坛上，61 个双多边援助者和 56 个受援国共同签署《关于援助有效性的巴黎宣言》，确定了提升援助有效性的五个原则，即主事权原则（Ownership）、联系原则（Alignment）、协调原则（Harmonisation）、重成果原则（Managing for Results）与相互问责原则（Mutual Accountability）。② 巴黎规则的核心内容，是强调尊重受援国自主制定发展战略的权力，要求对外援助与受援国发展战略相互对接，以及通过紧密合作和相互问责以提高对外援助的有效性。虽然西方国家要转变其既有观念和姿态并非易事，但巴黎规则的确立对于西方援助模式的调整无疑具有里程碑式的意义。2008 年于加纳阿克拉召开的第三届援助有效性高层论坛通过《阿克拉行动议程》，除了继续强调巴黎规则外，还明确提出了"包容性伙伴关系"（inclusive partnership）的概念，意在强调援受双方是平等的合作伙伴。③ 在此次会议上，商务部副部长傅自应向会议介绍了中国开展南南合作的基本经验，强调国际发展援助有效性的关键在于"尊重发展中国家的意愿"。④

二是推动西方发展援助由强调"援助有效性"向"发展有效性"转变。2011 年在韩国釜山召开了第四届援助有效性高层论坛，通过了《有

---

① 事实上，中国与西方国家在援助领域的互动是一个双向的相互学习过程。作为国际援助的后来者，中国也从西方援助借鉴了许多援助项目评估、监管以及援助体制机制建设的经验。

② OECD, "The Paris Declaration on Aid Effectiveness: Five Principles for Smart Aid", http://www.oecd.org/dac/effectiveness/45827300.pdf（2020 - 05 - 25）.

③ OECD, "The Accra Agenda for Action", http://www.oecd.org/dac/effectiveness/45827311.pdf（2020 - 05 - 25）.

④ 《傅自应副部长在第三届援助有效性高层论坛圆桌会议就"南南合作"的发言》，商务部网站，http://yws.mofcom.gov.cn/article/u/200905/20090506228164.shtml（2020 - 05 - 26）。

关新的全球伙伴关系的釜山宣言》。会议最突出的亮点有二：①将"援助有效性"（Aid Effectiveness）转变成"发展有效性"（Affective Development）。援助有效性重在强调援助项目或方案的有效实施，而发展有效性则强调以发展援助推动受援国经济和社会的发展。西方捐助者已经认识到中国等新兴经济体以援助撬动受援国经济增长和自主发展能力的积极成效，逐步反思西方援助在推动减贫和发展方面的某些不足。釜山会议一致认为，援助本身无法打破贫穷的循环，而应当作为其他发展合作的有效补充，才能最大程度发挥其促进减贫和增长的效应。[①] ②加大对南南合作和三边合作（发展中国家—发展中国家—发达国家）的重视，肯定了南南合作在全球发展体系中的独特地位和作用。在发展中国家急需解决发展资金瓶颈之时，南南合作因其新的资金来源、新的合作条件、新的合作形式、新的合作属性而受到发展中国家的欢迎，成为它们的重要选项之一。釜山会议还搭建了"全球有效发展合作伙伴关系"，并在这一框架下于2014年（墨西哥城）、2016年（内罗毕）、2019年（纽约）召开了三次高级别会议，成为当前全球最高级别的发展有效性国际论坛。

二 作为中国发展模式的重要呈现，中国对外援助横向传递着中国对独立、发展和复兴的思考，助推发展中国家提升治理能力并更好探索适合自身的发展道路

对外援助不只是资金、物质和技术上的国际转移，双方发展共识的塑造、发展战略的对接、援助领域的选择、优先项目的确立都必然涉及对国家发展和治理的诸多思考。这种经验交流，在过去是第三世界国家对独立精神与斗争经验的横向传递，在当前则是发展中国家治国理政经验的相互分享，反映的是发展中国家对国家发展和复兴的共同追求，以及它们对发展中国家在世界应有地位和价值的共同思考。中国对外援助因为有了这种治国理政经验的横向交流互鉴，因而有了更深刻的理论内涵和更大的世界意义。

[①] OECD, "Busan Partionship for effective development cooperation", http://www.oecd.org/dac/effectiveness/Busan%20partnership.pdf（2020-05-25）.

首先,中国对外援助体现了中国人对国家自立、自主、自强的深刻理解。一是中国对主权平等、不干涉内政的理解和尊重。中国与绝大多数发展中国家都曾经是西方大国的殖民地和半殖民地,是现代国际体系的后来者,是经济发展的后发者,因此格外珍视来之不易的国家主权独立,格外重视国家间的相互平等和彼此尊重。二是中国人对自主发展精神的一贯弘扬和坚持。中国始终强调以自身力量从事经济建设,以自身国情民情为基础探寻适合自身的发展道路,以自身立场为准绳思考并处理与外部世界的关系,这是中国之所以能不断走向发展和富强的最基本的经验。中国对外援助的初衷,正在于通过产能和技术合作推动其他发展中国家的减贫与发展进程,通过治国理政经验的相互借鉴帮助它们更好探索适合自身的发展道路,特别是,注重与它们分享中国的独立自主精神、自主发展精神,以及民众拥有的创业精神和实干精神。对于发展中国家而言,中国模式既是一种道路或经验,也是一种精神上的榜样和激励。

其次,中国对外援助以发展为导向也是源于中国国内发展经验。中国在改革开放后一直坚持发展导向,以发展为优先目标且以发展为手段和途径来解决发展中出现的问题。中国发展模式有个显著特点,即把经济发展置于优先地位,注重发挥党和政府对发展的引领和助推作用。中国通过基础设施建设来撬动经济发展,通过适度的产业政策来推动经济结构转型升级,通过大规模"请进来""走出去"深度参与全球市场,都集中展现出中国政府推动经济发展的积极意愿和行动能力。中国还坚持了一种发展导向的问题解决路径,以更大程度的发展、更高水平的开放、更深层次的改革来破解发展中出现的各种难题。由于上述特点,国际学术界倾向于把中国模式与东亚"发展型国家"(Developmental State)相提并论。① 虽然中国发展模式有其需要解决的问题,也需要在发展中不断转

---

① 有关东亚"发展型国家"的论述,参见 Linda Weiss, "Development States in Transition: Adapting, Dismantling, Innovating, not 'Normalizing'", *The Pacific Review*, 2000, Vol. 13, Issue 1, pp. 21 – 55; Victor Nee, Sonja Opper &Sonia M. L. Wong, "Developmental State and Corporate Governance in China", *Management and Organization Review*, Vol. 3, No. 1, March 2007, pp. 19 – 53; John Knight, China as a Developmental State, *The World Economy*, 2014, No. 10, Vol. 37, pp. 1335 – 1347。

型升级,但诸如政府对经济的有效推动和引领、以发展导向而非仅仅依赖政治导向来解决社会和民生问题,对其他后发国家仍具有可以借鉴的价值。

三 作为南南合作的组成部分,中国对外援助始终着眼推进南南合作的历史进程因而具有某种世界体系层面的历史意义

中华人民共和国成立后,从一开始就积极关注和支持第三世界殖民地、半殖民地的民族解放运动,把它们视为世界无产阶级革命的一部分,把支持第三世界革命视为中国应尽的国际主义义务。从20世纪50年代支持亚洲的朝鲜、越南,以及非洲的埃及、阿尔及利亚反抗外来侵略开始,直到20世纪70年代支持南部非洲国家实现反殖反种族主义斗争和印支三国的抗美斗争,以及在此期间对其他民族独立国家提供的大量经济援助,都体现了中国对外援助的国际主义色彩。赞比亚国父卡翁达总统曾这样称赞道:"中国是南部非洲同殖民主义、法西斯主义和种族主义进行斗争的爱国力量的主要支持者之一。中国对莫桑比克、安哥拉和津巴布韦人民的支持对这些国家的解放起了决定性的作用。"[1] 中国通过对外援助携手亚非国家实现政治独立,从政治层面彻底摧毁了欧洲大国经营数百年的殖民体系,极大改变了长期存在的不平等的国际体系和国际政治结构,这是人类历史发展进程中具有革命性历史意义的重大事件。数十个民族国家实现了政治独立,开始更加自立自尊地参与世界事务,更加自信自豪地彰显它们的价值和尊严,由此开启了一个全新历史时代的到来。[2] 这是南南合作之于国际体系变迁的重大历史贡献,在这一历史进程中,中国对外援助自始发挥着重要的作用。

---

[1] 谢益显主编:《中国外交史(中华人民共和国时期1949—1979)》,河南人民出版社1988年版,第596页。

[2] 英国历史学家杰弗里·巴勒克拉夫曾这样评价道:"1945年到1960年,至少40个国家和8亿人口——超过世界人口的四分之一——反抗过殖民主义,并赢得了他们自己的独立。在整个人类历史上,以前不存在如此迅猛进行的这样一次革命性反复。亚洲和非洲人民的地位以及他们与欧洲关系的改变,是一个新时代来临的最有力表现。"[英]杰弗里·巴勒克拉夫:《当代史导论》,张广勇等译,上海社会科学院出版社1996年版,第149—150页。

21世纪以来,发展中国家开始携手追求国家发展和民族复兴,共同提升和捍卫发展中国家在世界体系中的地位和权益。中国对外援助也因此有了新的使命和价值:①通过对外援助更好撬动受援国的经济发展,助推发展中国家解决它们面临的发展和治理难题。②对其他发展中国家而言,中国日益增加的援助以及由此撬动的更大规模的投融资,为它们在面对西方苛刻援助条件时增加了某种可以讨价还价的机会和能力,在一定程度上增加了它们在国际发展合作领域的话语权,进而使它们能够以更大意愿追求独立自主。但笔者不认同一些西方学者的观点,即认为中国对外援助是西方援助的一种替代(alternative)选择[1],也不认为二者是一种非此即彼的竞争关系,而是倾向于认为,中西方援助是一种互补关系,完全可以通过平等对话或三边合作更好地推动受援国的发展。③或许同样重要的是,21世纪以来南南互利合作的蓬勃发展以及一批新兴经济体和发展中大国的快速崛起,极大增强了很多发展中国家对发展的自信。"太平洋时代""印度洋时代"频频见诸媒体,"金砖五国"(BRICS)、"远景五国"(Vista)、"新兴七国"(E7)、"新钻十一国"(N-11)等概念不断涌现,反映了发展中国家日益增长的自信以及世界对发展中国家经济发展的重大关切与期望。部分借助于与中国的合作,发展中国家在一定程度上能够更为自主地追求经济发展,能够更为自信地处理与外部世界的关系。伴随发展中国家复兴进程的加快,几个世纪以来以发达国家为中心、以发展中国家为外围的世界体系正在悄然发生某种具有历史意义的新变化。

第五节 需要注意的几个问题

中国对外援助模式之所以不断走向成熟,在于中国政府始终坚持务实的精神不断推动对外援助的发展与创新。继续推动其发展和完善,还需思考以下几个问题:

---

[1] May Tan-Mullins, Giles Mohan & Marcus Power, "Redefining 'Aid' in the China – Africa Context", *Development and Change*, Vol. 41, No. 5, 2010, pp. 857 – 881.

一　有效平衡对外援助的尽力而为和量力而行

中国是一个负责任的世界大国，是世界减贫发展和全球治理的倡导者、推动者和践行者，在推动全球减贫、实施人道救助、应对气候变化、推进公共卫生治理等领域承担了应有的大国责任。同时，中国也是一个发展中国家，还面临实现脱贫攻坚和经济转型的迫切任务，还面临一系列国内发展和治理难题。中国参与全球发展和治理，一要坚持量力而行、量入为出的原则，基于自身国情和能力基础上为世界和平与发展做出力所能及的贡献；二要注重权责平衡和效益最大化原则，承担的责任、义务需要与自身权力、利益的增进相匹配，付出的国际投入也需要与自身话语权和影响力的不断提升相一致。近年来西方民粹主义、单边主义不断发展，美欧提供全球公共产品的意愿和能力不断下降，全球治理由此进入问题"多发期"和治理"低迷期"，其后果，可能导致全球共识的显著下降、参与全球治理的成本增加，以及治理成效的大幅减少。因此，中国在深入参与全球治理、承担更大国际责任的同时，也积极呼吁国际社会更加关注不断增多的全球性问题，推动国际社会形成共商共建共享全球治理的国际共识。

二　在坚持不附带政治条件基础上适度加大对受援国国家治理的关注

不附带政治条件主要是指尊重受援国的国家主权，尊重它们自主选择发展道路的权利，不干涉受援国的内政外交事务。但考虑到一些受援国治理能力不高、吏治严重腐败、政策稳定性差，中国在提供对外援助时，也需要积极关注和推动受援国治理能力建设，这是援助项目可持续发展的需要，也是受援国更好实现国家发展的需要。一是可综合考虑受援国的经济政策、发展环境和社会条件，据此对援助项目加以一定程度的引导和监督，或者在双方协商一致的前提下对援助项目设立一定的约束条件，以有利于援助项目的可持续发展，提高援助项目的发展有效性。二是在援助框架下加大能力建设合作，通过治国理政经验交流和人力资源开发合作帮助受援国提升治理能力，增强自立精神，进而帮助它们提高自主发展能力。

三 不断完善成套项目的运作以提高援助项目的可持续发展能力

中国对外援助资金的40%左右用于帮助受援国建设成套项目，涉及交通、通信、电力、能源、工业、农业等多个方面。成套项目援助是中国对外援助的优势所在，集中体现了中国对外援助的发展导向和互利性质。在实践中，成套项目尤其需要注重提升可持续发展能力，不断增进项目的发展有效性。为此，成套项目的选择需要着眼提升受援国的发展和民生，更多考虑项目的经济效应和发展可持续。同时鼓励中资企业承担应有的社会责任，积极探索诸如投建营一体化等项目运作模式。中国政府推行贴息优惠贷款，其初衷在于筹措更多资金帮助发展中国家发展经济，同时鼓励中资企业更多参与援外项目进而更好"走出去"。这就需要相关中资企业树立长远眼光，把援助项目与企业形象、国家形象相结合，把企业利益与国家利益、受援国利益相统一，通过履行企业社会责任更好彰显中国企业的道义和精神。这并非要求企业不计成本，也并非要求企业承担政治使命，而是敦促企业更多思考援助项目的质量、效益和可持续发展，更多加强对项目立项和实施过程的监督和约束。

四 在弘扬正确义利观的基础上务实推进"差异化"原则

从总体上讲，中国需要对发展中国家这个群体给予特殊关照，在开展同发展中国家合作中展现中国的道义精神和人文情怀。但在实践中，又要根据不同发展中国家经济社会发展程度、与我外交关系之亲疏、对我外交的重要性进行细致研判和分类，做到差异化处理。在国别选择上，把周边和非洲国家作为最优先方向，通过深化同周边、非洲国家的利益和情感交融，进一步夯实中国外交的战略基础和依托。通过打造"中国与周边命运共同体""中非命运共同体"的示范效应，分步骤、分阶段、分领域地务实推动构建人类命运共同体。在合作路径选择上，坚持双边优先，整体外交次之，南南多边合作机制（如金砖国家组织）最后的顺序。其中颇为重要的是，21世纪以来中国不断搭建和完善对发展中国家"1+N"整体外交合作框架，重视发挥诸如中非合作论坛、中阿合作论坛、中拉合作论坛、中国—中东欧"17+1"合作机制，以及形式多样的中国—东盟合作机制等集体磋商与合作平台的作用，利用此种整体外交机制最大程度抓住发展中国家的大多数，更好优化中国的国际处境。

五 在继承发扬自身优势和特色基础上加强同发达国家在援助领域的交流与合作

七十余年中国对外援助积累了丰富的理论思考和实践经验，有着许多显著的优势和特色。但同时，中国也是国际援助体系的后来者，因此也需要虚心地研究和借鉴发达国家在援助领域的某些优长，比如，如何加强对援外项目的评估和监督，如何更好吸纳 NGO 和民间力量参与对外援助，如何通过援助项目更好塑造国家形象，如何更好开展人道主义救援，如何更好处理与受援国当地民众的关系。此外，中国还可以审慎、稳步推进与发达国家在援助领域的三边或多边合作。中国同发达国家在援助理念、经验和具体方式上存在很大不同，且在短时期内难以弥合。但各方也可以在分歧较少、敏感度较低的领域和项目上开展更有建设性的交流与合作，通过优势互补进而更好提高援助项目的发展有效性。在 2019 年第 21 次中国—欧盟领导人峰会上，中欧（盟）双方重申加强国际发展合作，共同推动落实联合国 2030 年可持续发展议程和《亚的斯亚贝巴行动议程》。在路径选择上，各方应当采取循序渐进的方式，在积累信任、增进共识的基础上不断推进更高层次的合作；在合作领域上，可以考虑从减贫、农业、卫生、自然灾害、气候变化等低政治议题入手，逐步拓展到治理能力建设以及和平与安全等高政治领域和议题。在合作原则上，需要充分尊重受援国的主导权和选择权，以它们的利益和诉求为基本出发点与着眼点，同时注重维护中方在三边或多边合作中的应有权益。比如，中国在非洲问题上一直秉持"非洲提出、非洲同意、非洲主导"三原则，欢迎非洲合作伙伴多元化，支持国家社会助力非洲发展和复兴。只要各方本着开放、包容、互利、共赢的精神，才可以最大程度避免大国在非洲的零和竞争，在推动非洲发展进程中实现各方利益的双赢、多赢和共赢。

第 六 章

经验交流：治国理政经验交流与南南知识共享

  治国理政经验交流是当前中国与发展中国家合作的重要方面，是新时代南南合作深入发展的重要生长点和着力点。在世界百年大变局下推动治国理政经验交流，需要着眼推动全球性发展和治理问题的解决，着眼通过撬动发展中国家的整体发展因而能够在更大程度上推动世界格局的演变和世界体系的演进。与发展中国家分享中国经验，需要准确把脉中国经验的本质，充分挖掘中国与发展中国家在发展和治理领域的最大公约数，从发展中国家追求现代化因而需要解决若干发展难题的角度来思考中国发展经验，从发展中国家推进国家建构（State-building）因而需要探索适合自身发展道路的角度来解读中国的制度选择。治国理政经验交流的行稳致远，还需要始终坚持相互尊重、互学互鉴、存异求同的原则。

  当今世界正面临百年未有之大变局，世界处于大发展、大变革、大调整时期。深入推进与发展中国家的治国理政经验交流，全面深化南南合作，为推动解决全球性发展和治理问题贡献中国方案，为全球性文化、知识和观念对话贡献更多中国话语，是新时代中国特色大国外交的重要追求，是携手世界推动构建人类命运共同体的重要实践。治国理政经验交流已经成为当前中国与发展中国家合作的重要方面，是新时代南南合作深入发展的重要生长点和着力点。

第一节　治国理政经验交流的时代背景与意义

思考中国与发展中国家治国理政经验交流的必要性和重要性，需要准确把脉新时代中国历史方位、历史使命和当今人类历史发展大势，在此基础上准确理解中国外交的历史任务和外交追求。经过中华人民共和国成立70年、改革开放40多年特别是党的十八大以来的继续发展，中华民族迎来了从站起来、富起来到强起来的伟大飞跃，新时代中国的历史使命正在于继往开来、着力推动实现中华民族伟大复兴，中国外交自然需要为民族伟大复兴提供有力保障，自然需要不断提高中国的国际影响力、感召力和塑造力。当前世界面临百年未有之大变局，伴随科学技术的突飞猛进、国际规则的不断演进，以及一批新兴大国和发展中国家的群体性崛起，国际体系和国际秩序正在发生历史性的重大转变，中国外交自然需要高举人类命运共同体旗帜，携手世界推动国际秩序朝着更加公平公正的方向发展。治国理政经验交流的出发点和着眼点，都应当置于这一总体框架之下。

从中国特色大国外交理论与实践创新的角度，与发展中国家的治国理政经验交流总体上属于中国公共外交和人文交流的范畴，其具体实践有助于改善中国国家形象、提升中国国际话语权，通过培育与发展中国家的共享价值来增进政治互信。由于发展中国家之间的制度选择多有不同，加上西方媒体长期以来的选择性报道甚至是刻意歪曲，一些发展中国家对中国的国内政治和外交政策仍有误解，因此，主动向发展中国家介绍中国的发展道路和政策选择，向它们展现中国人对自己、对世界发展的责任和担当，能够在很大程度上起到释疑增信的作用，增进世界对中国发展的了解和信心，也能够在诸如人权对话等重大的国际场合为中国赢得信任和支持。特别是，要善于挖掘中国与其他发展中国家在历史文化和国家建设中存在的异同点，相异之处增进了解，相通之处增进互信，通过文化、观念、制度的交流互鉴来培育共享价值，为新时代中国与发展中国家合作夯实价值观基础，为世界贡献更多来自非西方的智慧和观念。

从全球发展的角度，与发展中国家的治国理政经验交流是一种国际发展合作，其目的在于推动全球性发展和治理问题的解决，因而从一开始就有超越中国自身的更大的世界意义。过去几十年来，发展中国家群体在总体发展态势上呈不断上升之势，世界"东升西降""南升北降"在某些领域也确是事实，但发展中国家之间发展速度迥异、发展差距甚大，世界的和平赤字、发展赤字、治理赤字仍主要集中在部分发展中国家和地区。中国主动与世界分享减贫和发展经验，通过技术转让、经验分享、能力建设开展与发展中国家的发展合作，成为中国撬动世界发展、参与全球治理的重要途径和方式。回首过往，中国14亿人口逐步实现减贫和发展，这是人类发展史上的重大成就，对世界发展有着巨大贡献，如今中国在实现自身发展后又全力支持发展中国家的发展与复兴进程，积极参与全球发展和治理进程，这是中国崛起对国际社会的又一重大贡献。

从人类文明对话的角度，与发展中国家的治国理政经验交流在深层次上也是一种观念和制度的互学互鉴，为发展中国家自主探索发展道路提供了新的启示。自发展中国家实现独立以来，求和平、促发展、谋复兴就成为它们面临的最为重要也是最为迫切的历史任务。在过去的几十年里，中国有效实现了社会长期稳定和经济快速发展，从一个积贫积弱的国家跃升为世界第二大经济体，而同期很多亚非拉发展中国家则不同程度地经历了经济社会发展的缓慢甚至停滞，一些国家甚至深陷政治动荡的泥潭，这是中国治国理政经验之所以备受发展中国家瞩目的重要背景。于是，中国成功实现长期发展和稳定的政策选择和制度设计，中国党和政府对国家发展的宏观规划和引领，以及中国始终独立自主追求自身发展道路的决心，都成为它们热议的话题。中国发展的相对成功，推动发展中国家不断思考自身发展道路，帮助它们探寻在复制欧美模式或曾经效仿苏联模式之外更加自主地探索适合自身的发展道路。对于很多发展中国家而言，中国发展的相对成功既是一种经验上的参照和借鉴，也是一种发展精神上的榜样和激励。

从更为宏大的世界体系演进的角度，与发展中国家的治国理政经验交流也是南南合作的重要方面，通过撬动发展中国家的整体发展因而能够在很大程度上推动世界格局的演变和世界体系的演进。中华人民共和国成立70年来，南南合作的历史使命由20世纪50年代至70年代追求民族国家独立和第三世界的完全解放，逐步演变到20世纪八九十年代特别是21世纪以来追求经济社会发展和民族复兴，以及推动全球发展和治理问题的解决。中国与发展中国家的治国理政经验交流，也由最初革命经验、革命精神的横向传递和新生民族国家建设经验的相互交流，发展到经济社会发展和政党政治经验的全方位相互学习，以及更为深层次的思想、观念和制度层面的相互借鉴。着眼世界历史变迁，中国与发展中国家的经验交流从一开始就具有重要的世界意义。如果说民族独立时期的经验交流改变了亚非拉世界的政治命运，也彻底终结了维系数百年之久的欧洲殖民体系，那么当前时代的治国理政经验交流则具有全新的世界意义：一是通过推动发展中国家的发展和复兴进而带来了国际力量对比的显著变化，以及国际格局更加均衡的发展；二是南南技术、知识和观念互学互鉴从长远上有助于人类文明格局的改变，世界范围知识流动不再只是由北向南、由西向东扩散和渗透，人类文明交流日益呈现更加多元的格局，延续几百年之久的西方中心主义格局或将发生某种具有实质性意义的改变。

第二节　中国治国理政经验的理论概括

推进与发展中国家的治国理政经验交流，既包括向发展中国家介绍中国的治国理政经验，与它们分享中国人对经济发展、社会稳定、国家复兴、中国与外部世界关系等重大问题的理论思考，也包括虚心研究和合理借鉴其他发展中国家的发展经验，更为深入地了解它们的历史、文化和制度特点。在当前国际社会迫切需要了解中国发展的"秘密"之时，我们尤其需要及时研究和总结中国治国理政经验，向国际社会呈现更多讲得透、听得懂、记得住的中国话语。本书因此主要集中于中国治国理政经验的理论概括上。

回答这一大问题，需要理解和把握中国经验最一般性的本质。相较于其他发展中国家，中国在实现独立后取得了两大历史性发展成就：一是实现了一个超大型国家长达70年的和平稳定；二是有效实现了自身14亿人口的减贫和发展。从中国自身历史进程来看，中国治国理政经验是中国人维护国家独立、追求发展复兴的理论与实践探索，是中国人独立自主探寻发展道路的观念总结和经验积累。从全球发展的角度，中国经验是发展中国家追求现代化的一种成功探索，是人类社会在解决全球发展问题上的一种重要实践，因而具有了超越中国自身的世界意义。

与发展中国家分享中国经验，就需要在价值取向与话语表述上实现大体平衡：既要向世界呈现中国治理模式的独特之处，彰显中国特色社会主义的道路自信、理论自信、制度自信和文化自信，又要注重中国经验的世界表达，而非自说自话，用国际社会听得懂的话语展现中国经验的内涵与世界意义。这就需要寻求与其他发展中国家在发展领域的最大公约数，从发展中国家追求现代化因而需要解决若干发展难题的角度来思考中国发展经验，从发展中国家推进国家建构（State-building）因而需要探索适合自身发展道路的角度来解读中国的制度选择。

一 弘扬自主精神，但也注重处理好独立自主与对外开放的关系

中国共产党一直坚持独立自主和自力更生的精神，以这样的精神去领导中国的革命和建设，去思考中国的改革和发展，这是中国成就自身伟业的最根本经验。中国始终强调以自身力量从事经济建设，以自身国情民情为基础探寻发展道路，以自身立场为准绳思考并处理与外部世界的关系，都体现出对独立自主精神的一贯弘扬和坚持。对许多苦苦追求发展但仍未找到适合自身发展道路的国家，中国治国理政经验最宝贵之处或许正在于这种精神上的激励和启示。需要指出的是，中国所倡导的自主自立精神并不是对外部世界的孤立和封闭，也非依附理论所主张的与世界体系"脱钩"，而是在独立自主的基础上与世界携手发展。中国的独立和主权维护曾得到第三世界国家的广泛支持，中国改革开放的成功离不开深度融入世界，中国未来发展同样需要更为全面更为深入的对外开放，这也是中国之所以倡导"一带一路"国际合作、搭建上海进

口博览会并坚定反对保护主义和孤立主义的重要背景。习近平主席一再承诺：站在新的历史起点，中国开放的大门只会越开越大。①

二 推行渐进改革，审慎处理改革、发展与稳定之间的关系

实现社会转型是很多发展中国家在现代化进程中都需要解决的大问题。放眼世界，无论是冷战结束东欧国家的激进政治转型和非洲政治民主化，还是2010年后波及多个国家的"阿拉伯之春"，其结果都带来了不同程度的政治动荡和经济发展的严重迟滞。中国在探索改革路径时有自己特殊的理解，在很长时期里一直强调"摸着石头过河"，在本质上走的是一条渐进改革之路。其政治逻辑在于，稳定是前提，改革是动力，发展是目标，在保持政治秩序稳定的前提下循序渐进地推进改革开放进程，以避免社会快速变迁给经济发展带来难以调和的冲击和震荡，进而在有效实现发展的过程中不断改革和完善国家制度，增加化解矛盾、防范风险的能力。其合理之处在于，发展中国家的现代化是从前现代社会向现代社会的转型，在本质上是一场系统性的政治、经济和文化变迁，涉及错综复杂的利益竞争、社会矛盾和制度分歧，试图以激进方式实现变革往往容易激化既有矛盾，给现代化带来许多难以预料、难以处理的破坏性影响。美国保守主义学者塞缪尔·P. 亨廷顿在目睹多个新兴独立国家的政治动荡之后指出，对于现代化进程中的发展中国家而言，首要问题是合法的公共秩序而非政治自由，必须先存在权威而后才能谈得上限制权威。② 需要强调的是，渐进改革绝不意味着为了政治稳定而忽视改革和发展的持续推进，而意在强调，发展中国家在追求现代化进程中，必须重视维护政治秩序稳定，必须审慎处理社会变迁进程中的各种分歧和矛盾，必须着眼改革和发展进程的有序推进，从而有效避免许多发展中国家曾出现过的"经济发展—政治动荡"的政治难题。

---

① 习近平：《开放合作 命运与共——在第二届中国国际进口博览会开幕式上的主旨演讲》，《人民日报》2019年11月6日。
② ［美］塞缪尔·P. 亨廷顿：《变化社会中的政治秩序》，王冠华等译，生活·读书·新知三联书店1989年版，第7页。

三 坚持发展导向,以发展为优先目标且以发展为手段和途径来解决发展中面临的问题

中国发展模式有个显著特点,即把经济发展置于优先地位,注重发挥党和政府对发展的引领和助推作用。中国通过基础设施建设来撬动经济发展,通过适度的产业政策来推动经济结构转型升级,通过大规模请进来走出去深度参与全球市场,都集中展现出中国政府推动经济发展的积极意愿和行动能力。中国还坚持了一种发展导向的问题解决路径,以更大程度的发展、更高水平的开放、更深层次的改革来破解发展中出现的各种难题。由于上述特点,国际学术界倾向于把中国模式与东亚"发展型国家"(Developmental State)相提并论。① 虽然中国发展模式有其需要解决的问题,也需要在发展中不断转型升级,但诸如政府对经济的有效推动和引领、以发展导向而非仅仅依赖政治导向来解决社会和民生问题,对其他后发国家仍具有可以借鉴的价值。

四 强化制度建设,在此基础上平衡好"有为政府"(Effective State)和"有效市场"(Effective Market)的关系

好的发展建设在好的治理上。在公共管理学领域,国家可以根据其治理能力的高低大致分为有效(有能力的)政府、低效(低能的)政府、失败(无能的)政府。② 制度建设和能力建设是现代国家构建的核心内容,国家制度的完善程度和执政能力的高低直接决定着国家的治理水平和治理绩效。这是因为,无论何种意识形态,无论何种政党政治体制,国家要履行其公共管理职能都需要有系统且较为成熟的国家制度,包括统一的市场规则体系、现代化的财政和金融体系、完善的教育卫生和社

---

① 有关东亚"发展型国家"的论述,参见 Linda Weiss, "Development States in Transition: Adapting, Dismantling, Innovating, not 'Normalizing'", *The Pacific Review*, 2000, Vol. 13, Issue 1, pp. 21 – 55; Victor Nee, Sonja Opper &Sonia M. L. Wong, "Developmental State and Corporate Governance in China", *Management and Organization Review*, Vol. 3, No. 1, March 2007, pp. 19 – 53; John Knight, China as a Developmental State, *The World Economy*, 2014, No. 10, Vol. 37, pp. 1335 – 1347。

② 王绍光、胡鞍钢、周建明:《第二代改革战略:积极推进国家制度建设》,《战略与管理》2003 年第 2 期,第 90—95 页。

会保障体系，以及相对成熟的法治体系，这是国家推动经济发展、维护社会稳定并为国民提供公共服务的基础。美国学者弗朗西斯·福山，这位鼓吹西方民主制度的新自由主义者，也承认有效的政治制度是贫穷国家实现稳定和发展的关键，主张国家发展的首要议题在于推进国家构建（State-building）并提升国家能力（State Capacity）。① 从这个角度讲，当代中国治理的相对成功，靠的不是强人，而是强制度。中国治理模式的特点，也主要不是强政府（Strong Government），而是有效国家或有为政府（Effective State）。加拿大政治学者贝淡宁（Daniel A. Bell）曾专门用"贤能政治"（Meritocracy）概括中国治理模式的特点，认为中国有着一套成熟的官员选拔、考核和任免体系，能够选出德才兼备的行政官员，这是中国有效治理能力的重要基础。②

这里所言"有效政府"，并非是指党和国家需要垄断一切，无意于表明中国发展需要的是一种全能型政府，而是意在说明，党对国家的引领、政府对社会的管理，是通过现代国家治理体系建设和国家治理能力的不断增强来实现的。事实上，改革开放40多年来，中国一直试图在政府与政党、国家与社会二元关系中寻找合理边界，在中央和地方、宏观调控与市场机制中寻求合理平衡，这一直是中国改革和发展的重要课题。于是，中国党和国家得以在经济和社会事务中发挥着积极的引领作用，通过投融资环境的培育来激发市场活力，通过适度产业规划来引领市场发展方向，通过适度的宏观调控来规避市场的某些不足，不断完善富有特色的社会主义市场经济体制，进而在"有效政府"之外培育出"有效市场"。中国40多年经验已经表明，中国快速发展的一个重要背景正在于对市场作用的不断重新认识，以及市场活力和民间创业精神的极大释放。

---

① ［美］弗朗西斯·福山：《国家构建：21世纪的国家治理与世界秩序》，黄胜强、许铭原译，中国社会科学出版社2007年版，第115页；［美］弗朗西斯·福山：《政治秩序的起源：从前人类时代到法国大革命》，毛俊杰译，广西师范大学出版社2014年版，第9—29页。

② 贝淡宁认为，中国治理模式崇尚选贤与能，能够挑选出拥有高超能力和美德的政治领袖，同时通过"基层民主、中间试验和高层尚贤"的政治架构尽可能地回应了民众的民主诉求。［加］贝淡宁：《贤能政治》，吴万伟译，中信出版集团2016年版，第136—163页。

五　培育社会共识，同时注重统筹政治和社会生活中的多元与共识的关系

中国有着数千年的分久必合的"大一统"历史，中国文化也有着追求统一和秩序的"大一统"思想，同时中国文化又有着内在的中庸思想和"和而不同"理念，这在很大程度上成就了中国在文化思想和政治制度选择上的一体多元格局。中华人民共和国成立后，中国坚持民主集中原则，把民主集中制度作为党的根本组织制度和领导制度，同时在具体制度设计不断发展和完善全国人民代表大会制度、人民政治协商制度、民族区域自治制度、基层民众自治制度，以及在具体政治生活中践行民主选举、民主决策、民主管理、民主监督，都体现了中国治理中的"多元共识"特点。其本质在于，多元是前提和基础，共识是导向和趋向。其目的，是在承认社会多样性和差异性基础上，通过广泛的讨论、对话和协商来化解分歧、减少矛盾、增进互信，通过"存小异求大同"以达到最大程度的"和而不同"①。

放眼世界，无论何种文化传统，无论何种政治选择，政治制度包括政党制度的功能和诉求都是一样的，即在尊重社会多元的前提下，最大限度鼓励政治上的良性竞争而非恶性竞争，最大限度培育社会共识而非扩大社会分歧，最大限度维护秩序稳定而非导致社会动荡和国家分裂。相较于西方国家片面或绝对地追求所谓选举民主或多数民主，中国民主形式更接近于协商民主或共识民主的实质，能够在一定程度上克服单纯倚重多数票决方式所带来的弊端，在注重形式民主的同时更加强调实质民主，进而通过适当的政治安排最大限度地吸纳不同党派、阶层、群体的意志，最大限度地反映最大多数人的意见，并使得少数人的利益和意见也得到应有的尊重和考虑。② 考虑到亚非拉很多发展中国家都存在复杂的族群关系和宗教关系，一些国家还存在严重的族群冲突和宗教冲突，

---

① 罗建波：《中国与发展中国家的治国理政经验交流：历史、理论与世界意义》，《西亚非洲》2019 年第 4 期，第 3—22 页。

② 有关协商民主或共识民主的论述，请参见林尚立《中国政党制度与国家建设》，《毛泽东邓小平理论研究》2009 年第 9 期，第 1—6 页；杨光斌：《中国的政策过程追求的是一种共识民主》，《北京日报·理论周刊》2018 年 3 月 5 日。

特别是"逢选必乱"或"逢选易乱"仍未终结，中国多元共识的政治理念对它们完善自身政治制度或许具有某种启示性意义。

70年来，中国在继承优秀传统政治文化、适度借鉴国外发展经验的基础上，不断创新适合自身国情的制度设计，不断完善推进改革和发展的政策选择，探索出一条既有着一般国家治理属性而又有自身显著理论和实践特色的国家发展和治理模式。概括起来，中国模式呈现四个显著特点，即四个"State"。[①]

有为政府（Effective State）。中国模式的显著特点在于，政府有着推动经济发展的强烈意愿并拥有有效动员、协调和整合资源以推动国家发展的能力，特别是通过大规模基础设施建设来改善发展条件并提升发展能力，通过市场环境的逐步完善以充分整合利用各种资源禀赋和发展要素，通过有选择性的产业培育以实现在特定领域的追赶型发展。一些学者习惯于用"强政府"（Strong Government）来指称中国发展和治理模式，其实这一词汇在政治学领域并非是完全意义的褒义词。从发展方向看，中国模式其实是一种"有为政府"，即政府在相对有限的治理范围和必要的制度约束下行使富有效能的国家权力。改革开放40多年中国快速发展的一个重要背景，正在于对政府权力的适当调整和约束，对市场作用的不断重新认识，进而极大激发市场活力和民间创业激情，从而大体实现了"有为政府"（Effective State）和"有效市场"（Effective Market）的良性互补。从这个角度讲，当代中国发展和治理的相对成功，靠的不是强人，而是强制度。中国模式的特点，也主要不是强政府，而是现代国家治理意义上的有效政府。党的十九届四中全会专门通过《中共中央关于坚持和完善中国特色社会主义制度、推进国家治理体系和治理能力现代化若干重大问题的决定》，其目的就是要进一步完善中国国家制度体系和治理体系，把我国制度优势更好转化为国家治理效能，为实现"两个一百年"奋斗目标、实现中华民族伟大复兴的中国梦提供有力保障。

回应型政府（Responsive State）。中国传统文化主张"仁者爱人"（《孟子·离娄下》），强调"民为贵，社稷次之，君为轻"（《孟子·尽心

[①] 在英语世界里，State常指主权国家的政权或政府，有时也用以指代国家。

下》），要求执政者顺民心、施仁政。中国共产党和政府始终坚持为人民服务，始终以人民为中心，始终把人民的利益和呼声置于一切工作的首要位置。这是中国共产党的初心，是中国革命、改革、建设不断得以攻坚克难、砥砺前行的原动力。习近平同志在纪念改革开放四十周年大会上指出，改革开放的基本经验之一就是："必须坚持以人民为中心，不断实现人民对美好生活的向往。"① 就国家治理而言，中国国家治理的根本目的是保障人民利益，国家治理的根本基础在于人民的认同，国家治理的根本力量在于人民的支持。强调国家治理的群众基础，要求国家治理必须依靠人民，必须得到人民的认同和支持，必须充分动员人民的意志和力量，这是中国治理模式的显著特点。在新冠肺炎疫情暴发后，中国共产党和中国政府始终把人民生命和健康置于首位，以最坚决、最果断、最有力的方式打赢疫情阻击战，充分保障了人民的生命权、健康权，彰显了为人民服务、以人民为中心的初心。

中性政府（Disinterested State）。中国共产党执政目标的长远性、执政使命的人民性、执政基础的广泛性，决定了它能够以长远眼光而非眼前利益、以全局视野而非局部利益来审视自身的使命、责任并由此制定国家的大政方针。中国政府因此具有超越国内不同利益集团和政治力量的相对"自主性"，因而能够规划相对长远的国家发展目标，能够制定着眼全民福祉的具体政策，且能够在实践中一以贯之地执行。② 其实，中国的政策制定环境并非真空，政策制定过程也受到许多来自不同行业和地方的利益集团的影响，但相对于其他多数发展中国家，中国执政党和政府仍然拥有相对更为广泛的代表性，能够在最大限度上将长远的国家利益作为自己的追求目标。

共识型国家（Consensus State）。中国是一个民族、文化、社会都非常多元的国度，但中国文化的和合本质、中国历史对统一的追求，以及当代中国特殊的国体和政体，都决定中国又是一个注重共识且能够培育

---

① 《习近平在庆祝改革开放四十周年大会上的讲话》，《人民日报》2017年12月19日。
② 姚洋：《中国经济成就的根源与前景》，《文化纵横》2010年第4期，第16—23页；贺大兴、姚洋：《社会平等、中性政府与中国经济增长》，《经济研究》2011年第1期，第4—17页。

共识的国家。中国在很大程度上有着举国一致的"社会共识""全民共识",即以全国之力、上下一心来推动国家的改革和发展并在这一进程中维护国家的基本稳定,由此实现国家的统一与繁荣。中国的国情党情与很多发展中国家存在很大差异,历史文化传统也有很大不同,中国共识型国家模式不能完全照搬到其他发展中国家,但可以探讨的是,对于那些国家统一构建尚未完成且亟须提高国家治理能力的发展中国家,也的确需要加强国家共识的培育,这是国家实现团结和统一并在此基础上追求发展和复兴的重要基础。

第三节 治国理政经验交流的机制建设

为推进与发展中国家的治国理政经验交流,中国不断推进外交理论与实践创新,携手发展中国家搭建了一系列机制和平台,逐步完善了一系列政策和举措。

一 以治国理政经验交流为抓手构筑起中国外交的"文明交流"大格局

21世纪以来中国与发展中国家的经验交流最早是从中非合作起步的。2000年首届中非合作论坛会议开创性地设立了"非洲人力资源开发基金",推动中非发展经验分享和能力建设合作进入历史新阶段。2006年年初中国政府发表首份《中国对非洲政策文件》,以及同年召开的中非合作论坛北京峰会,均提出相互学习和借鉴"治国理政和发展经验"[1],治国理政经验交流开始明确写入外交政策文件,成为中非合作中的优先事项之一。20年来,中国与发展中国家治国理政经验交流得到全面快速发展,日益形成了南南合作"文明交流"大格局。在地域分布上,从非洲国家快速拓展到几乎所有发展中国家,成为中国与发展中国家南南合作的重要方面;在参与主体上,除了政府间合作,政党交流、公共外交、民间

---

[1] 《中国对非洲政策文件》,《人民日报》2006年1月13日;《中非合作论坛北京峰会宣言》2006年11月6日。

交往，以及各层面的学者、智库、妇女、青年交流蓬勃发展；在交流内容上，在关注经济社会发展经验的同时，开始更多涉及制度建设、治理模式、能力建设、政党经验等内容；在交流形式上，以中国政府部门及相关培训机构主办来华研修班为主，辅之以多种形式的互访、研讨、宣介、展览、合作研究。

二 在双边、区域和全球层面搭建起多层次、多形式、多领域的交流合作机制

在双边层面，中国同几乎所有发展中国家都建立了不同形式的经验交流和能力建设合作。在区域层面，中国不仅加强了同东盟、非盟、阿盟、拉共同体等区域合作组织的全方位合作，还主动搭建并不断完善上合组织、中国东盟合作机制、中非合作论坛、中阿合作论坛、中拉合作论坛、中国中东欧"17+1"合作机制，通过集体磋商机制来统筹、协调、优化治国理政经验交流。比如，在中非合作论坛框架下，中非双方搭建了中非民间论坛、中非智库论坛、中非青年领导人论坛、中非媒体合作论坛、中非减贫与发展论坛等分论坛；中国教育部于2010年启动了"中非高校20+20合作计划"，中国外交部于2013年启动了"中非智库10+10合作伙伴计划"，推动中非思想知识界建立起更富成效的长期伙伴关系。在跨区域层面，金砖合作组织注重分享治国理政经验，并以"金砖+"模式引领南南框架下的能力建设合作。在全球层面，中国通过提供资金、物资、技术和经验支持联合国、世界银行等全球性多边机构在发展中国家开展的能力建设项目，推动G20更加关注非洲等发展中国家的减贫与工业化进程，同时还主动发起具有全球规模的中国共产党和世界政党高层对话会，分享治党治国经验，开展文明交流对话。

三 审慎推进与发达国家在全球发展和能力建设领域的三边合作

中国和发达国家加强在全球发展和治理领域的三边合作，从理论上讲有助于各方减少分歧、增进协调，扬长避短，进而提高发展援助的成效，因此中国一直秉持开放包容的态度欢迎此类三边和多边合作与对话。在2019年第21次中国欧盟领导人会议上，双方重申加强国际发展合作，

共同推动落实联合国 2030 年可持续发展议程和《亚的斯亚贝巴行动议程》。① 但同时，中国同发达国家在历史经验、发展理念和外交原则上存在不同，在外交诉求和利益关切上也有差异，客观上制约着三边合作的顺利开展。在路径选择上，各方应当采取循序渐进的方式，在积累信任、增进共识的基础上不断推进更高层次的合作；在合作领域上，可以考虑从具体的低政治领域入手，比如加强在减贫、农业、卫生、自然灾害、气候变化等领域的合作，逐步拓展到和平与安全等高政治领域。在合作原则上，需要尊重发展中国家的主导权和选择权，以发展中国家的利益和诉求为出发点与着眼点，同时注重维护中方在三边合作中的应有权益。比如，在非洲问题上，中国秉持"非洲提出、非洲同意、非洲主导"三原则，欢迎非洲合作伙伴多元化，支持国家社会助力非洲发展和复兴。

第四节　需要秉持的理念与原则

治国理政经验交流的行稳致远，还需要继续秉持人类命运共同体理念，认真践行正确义利观，始终坚持相互尊重、互学互鉴、存异求同的原则。

人类命运共同体理念是治国理政经验交流的根本遵循。当今世界早已是一个休戚与共的命运共同体。中国与发展中国家的历史情感和现实联系尤为特殊，双方在历史上曾联合反帝反殖反霸，最终实现了第三世界的独立和解放，当前则携手追求和平、发展和复兴，共同应对严峻全球性发展和治理难题。中国高举人类命运共同体旗帜，把周边命运共同体、中非命运共同体、中阿命运共同体、中拉命运共同体等视为先行先试的样板，为推动构建人类命运共同体打造重要的示范效应。中国认真践行正确义利观，始终把发展中国家视为履行大国责任的主要区域，通过治国理政经验的互学互鉴推动发展中国家更好思考它们面临的发展和治理难题。新时代中国特色大国外交的进取方向之一，就是要与发展中

---

① 《第二十一次中国欧盟领导人会晤联合声明》，2019 年 4 月 9 日，中国政府网，http：//www.gov.cn/xinwen/2019 - 04/09/content_5381013.htm（2020 - 03 - 16）。

国家更多分享发展机遇，向世界贡献更多中国经验、中国观念、中国方案，更好助推世界发展和全球治理进程。

相互尊重、互学互鉴、存异求同是治国理政经验交流的基本原则。习近平总书记强调指出，中国不"输入"外国模式，也不"输出"中国模式，也不会要求别国"复制"中国的做法。① 中国与发展中国家的经验交流，需要始终坚持美人之美、美美与共，注重尊重其他发展中国家的文明成果与经验积累、注重尊重它们的平等地位，注重尊重它们的自主选择，与它们建立在文化、思想、观念、制度上的伙伴关系。这种经验交流，不是中国经验的单向输出，不是中国治理的单方面宣介，而是互学互鉴、取长补短，即便是其他国家在探索发展道路时走过的弯路和相关教训也值得我们认真吸取，帮助我们更好思考和解决前进道路上的诸多难题。这种经验交流，还需要尊重相互间的差异，尽量不去辩论政治制度的孰优孰劣和意识形态的高下之分，而是发掘最大公约数，找到双方的关切点、相似点、共同点，从国家现代化的角度分享经济社会发展经验，从国家构建的角度探讨制度选择和能力建设，从人类命运共同体的角度去构筑共享的文化、思想和观念。我们需要自信地认识中国的发展成就和世界影响，又要怀着谦虚精神、客观态度去对外宣介，这既有助于照顾对方的心理感受，也有助于避免国际社会对中国外交的某些误解和猜忌。

中国是一个大国，中国共产党也是世界上最大的政党。大国、大党就应该有大国、大党的样子。中国人自古就有"天下大同"的世界理想，有"先天下之忧而忧、后天下之乐而乐"的道德情操，当代中国更是有立足东亚、放眼全球、造福世界的胸怀和境界。在百年大变局下思考中国大外交，既要着眼服务民族复兴和国家富强，也要为建设更加美好的世界贡献更大力量。在百年大变局下推进南南合作，既要着眼于推进彼此经济社会发展，也要有推动世界体系更加公平公正发展的宽阔历史视野。推进与发展中国家的治国理政经验交流，正是在百年大变局下推动构建新型国际关系、推动构建人类命运共同体的重要实践。

---

① 习近平：《携手建设更加美好的世界——在中国共产党与世界政党高层对话会上的主旨讲话》，《人民日报》2017 年 12 月 2 日。

第七章

和平与安全合作：
以建设性参与非洲安全治理为例

中国不断增加的大国责任，不只是体现在中国经济增长为世界带来发展红利和机遇，也表现为中国对世界和平与安全事务的积极介入和参与，为国际安全治理提供来自中国的理念、方案和行动。"建设性参与"的特点有二：一是参与的建设性，始终践行相互平等的原则，始终保持不偏不倚和客观公正；二是参与的有限性，始终尊重当事国的主权，始终尊重联合国和相关区域组织的立场和决议。在非洲，中国通过参与联合国维和行动、支持非盟集体安全机制建设等方式，逐步加大了对非洲和平与安全事务的建设性参与，在非洲安全治理进程中扮演了越来越积极的角色，发挥了越来越重要的作用。世界正在见证，日益崛起的中国不只是全球发展的"推动者"和"贡献者"，也是世界和平的"维护者"和"建设者"。

建设性参与非洲和平与安全建设，是中非互信互助互利合作的重要方面，是中国全面践行正确义利观的重要体现。在2018年中非合作论坛北京峰会上，习近平同志呼吁中非携手打造责任共担、合作共赢、幸福共享、文化共兴、安全共筑、和谐共生的中非命运共同体。[①] 中国通过参与联合国维和行动、支持非盟集体安全机制建设等方式，不断加大对非

---

① 习近平：《携手共命运 同心促发展——在2018年中非合作论坛北京峰会开幕式上的主旨讲话》，《人民日报》2018年9月4日。

洲和平与安全事务的建设性参与，在非洲和平与安全事务中扮演了越来越积极的角色，发挥了越来越重要的作用。着眼中国日益崛起为世界大国因而需要承担更大的国际责任，着眼非洲发展复兴因而需要更加稳定的政治环境，今后中国还须在量力而行的基础上，不断创新对非安全合作理念和政策，不断拓展中非安全合作的内容与形式，为非洲和平与发展做出更大贡献。

第一节　非洲安全形势新变化新特点

进入21世纪以来，非洲地区冲突较之以前明显降温，地区安全形势趋于缓和。安哥拉、卢旺达、布隆迪、利比里亚、科特迪瓦、塞拉利昂、莫桑比克结束了大规模内战并开始国家重建，刚果（金）、苏丹达尔富尔等热点难点问题得到逐步缓和，2011年"阿拉伯之春"引发的北非动荡局势也总体趋于稳定。但非洲"总体稳定、局部动荡"的局势仍在持续，索马里、南苏丹的内战仍未消停，一角（东非之角）一带（萨赫勒地带）两湖（乍得湖、大湖地区）两湾（亚丁湾、几内亚湾）的政治冲突、恐怖主义、海盗等传统和非传统安全问题仍然十分严峻，且恐怖主义、极端主义、分裂主义势力在非洲部分地区大有不断做大和相互渗透之势，显著增加了非洲安全的复杂性和不确定性。近年来非洲安全形势呈现出以下五个特点。

特点一：非洲"大战终结"但低烈度冲突仍在持续。20世纪90年代，非洲多党民主运动曾一度带来了非洲政治形势的显著恶化，超过半数的非洲国家都曾发生过程度不同的战争、冲突和政治骚乱。但从21世纪初期开始，非洲安全形势明显趋于好转，一是非洲冲突的数量已经显著下降，2009—2018年的10年武装冲突数量平均为13.7次（表7—1）；二是非洲冲突的烈度显著降低，大多为死亡人数少、持续时间不长的"低烈度"的冲突。① 当前刚果（金）东部地区武装冲突仍在持续，但与

---

① 斯德哥尔摩和平研究所《SIPRI年鉴：军备、裁军与国际安全》把一个日历年度造成1000人以上死亡的冲突定义为高烈度冲突或战争，而把这个阈值以下的冲突定义为低烈度的小型武装冲突。

90年代大湖地区多国卷入的"非洲大战"相比，冲突的频度、烈度和后果已经显著降低。虽然当前非洲冲突数量年均超过十余起，但非洲冲突导致的死亡人数已经降低到历史上的低位。非洲已经进入一个"大战终结"时代。[1]

表7—1　　　　2009—2018年非洲活跃武装冲突的数量

年份	2009	2010	2011	2012	2013	2014	2015	2016	2017	2018
冲突数量（起）	13	10	16	13	13	12	20	19	8	13

资料来源：根据斯德哥尔摩国际和平研究所出版的历年《SIPRI年鉴：军备、裁军与国际安全》相关数据统计而成。

特点二：国家间冲突基本结束但国内冲突仍时有发生。自20世纪90年代中期以来发生的数十起冲突之中，除了埃塞俄比亚和厄立特里亚边界战争（1998—2000年）、吉布提和厄立特里亚边界战争（2008年）、苏丹和南苏丹边境冲突（2012—2013年）之外，其他冲突均为不同程度的国内冲突。2018年埃厄签署和平协定，结束了两国长达20年的战争状态，也为埃塞俄比亚政府同国内反对派实现和解创造了条件，长期以来困扰东非之角和平与稳定的一个重要因素得到解决。埃塞俄比亚总理阿比·艾哈迈德·阿里在和平解决埃厄边界争端中发挥了重要作用，因此获得2019年度诺贝尔和平奖。当前，国内冲突是非洲不稳定的主要形式，涉及选举暴力、政治骚乱、反政府武装、恐怖主义、分裂主义等。值得注意的是，一些国内冲突也具有"外溢性"和"扩散性"，往往波及和影响邻国和地区的安全，同时一些国内冲突也有着复杂的地区背景，往往涉及多个非洲国家甚至域外大国的复杂关系。2011年席卷多个北非国家的"阿拉伯之春"引发利比亚的大规模内战以及外部大国的军事介入，而此后利比亚内战的外溢效应又进一步扩散至马里等西非国家，直接导

---

[1]　［美］斯科特·斯特劳斯：《大战终结：撒哈拉以南非洲政治暴力变化的模式》，王学军译，《西亚非洲》2013年第6期，第98—113页。

致非洲出现更大范围的政治动荡。虽然当前刚果（金）局势已有所缓和，主要涉及刚果（金）政府军与反叛武装及当地民兵武装之间的冲突，但邻国乌干达、卢旺达等国仍不同程度地卷入了这场冲突。持续多年的索马里战争也有邻国不同程度地卷入。

特点三："逢选必乱""逢选易乱"渐成历史但选举暴力仍未完全杜绝。自20世纪90年代以来，多党政治成为影响非洲政治稳定的重要因素，"逢选必乱""逢选易乱"成为非洲政治的痼疾。但进入21世纪特别是2010年以来，非洲多党选举引发的政治动荡或流血冲突明显减少。2014—2019年非洲共计举行60余次大选，除了布隆迪、加蓬、冈比亚、肯尼亚、津巴布韦、圣多美普林西比一度发生政治骚乱和小规模冲突，绝大多数总统或议会选举都能以相对和平的方式进行，"逢选不乱""逢选无乱"渐成常态。与选举暴力相对减少紧密关联的是，非洲军人干政现象大为减少，军政关系逐步趋于理性和正常。2017年津巴布韦虽发生"兵谏"迫使穆加贝下台，但津巴布韦军人对"宪法程序"极为重视，最终非盟和南共体都不认定津巴布韦政局变动是军事政变。[①] 但也要看到，选举暴力仍未完全杜绝，族群政治仍有待改善，多党民主政治仍有待完善，一些国家"第三任期"问题也值得密切关注。

特点四：非传统安全问题增多使非洲不稳定因素日益"复杂"和"联动"。在围绕领土、边界和政权而展开的传统安全问题继续存在的同时，非传统安全问题逐渐成为非洲冲突的重要来源。诸如恐怖主义、海盗、贫困与饥荒、生态环境的恶化、民众对资源的争夺、难民大规模流动、武器走私与非法买卖等问题在非洲大陆日益突出，成为导致局部地区动荡不宁的重要诱因，日益影响非洲大陆的安全与稳定。近年来非洲的恐怖主义日益猖獗。索马里青年党、伊斯兰马格里布基地组织、尼日利亚"博科圣地"、马里的"西非统一和圣战运动"等恐怖组织，利用利比亚内战、马里内战以及北非阿拉伯国家动荡等地区性危机，大肆进行

---

① 黎文涛、王磊：《非洲政治在碰撞与磨合中发展前行》，载《非洲发展报告（2017—2018）——非洲形势：新情况、新特点和新趋势》，社会科学文献出版社2018年版，第37—51页。

恐怖活动并扩展控制区域，且大有合流之势，直接导致北非、西非、东非特别是非洲萨赫勒地区的安全形势恶化，形成一条西起几内亚湾、中经马格里布地区、东至索马里和东非之角的广阔"动荡弧"。非洲的恐怖组织往往与反政府武装、民族分裂组织、极端宗教组织、走私与非法贩运集团以及国际恐怖主义组织相互渗透，呈现复杂的多维度特征，使得非洲的恐怖主义活动愈加难以打击，更难以从根本上予以杜绝。非传统安全问题增多使非洲安全形势"碎片化""分散化"，同时不稳定因素又在"复杂化"和"联动化"。

特点五：西方大国对非安全重视程度增加但直接介入有限。美国在冷战结束后一度疏远非洲，但"9·11"事件后，美国开始加大对非洲恐怖主义的关注，于2007年正式组建"非洲司令部"（AFRICOM），加大了与埃塞俄比亚、吉布提、肯尼亚、乌干达、马里等国的军事合作，协助打击索马里青年党、乌干达圣灵军和西非地区的恐怖主义活动。但总体上，美国对非安全奉行"脱身"但不"撒手"的策略，通过"有限介入""幕后支持"的方式介入非洲地区安全事务。相较于美国而言，法国对非安全介入则更为"直接"。法国历来重视法语非洲国家，希望维系法非之间的特殊关系，把法国在非洲的政治、经济和军事存在视为法国大国地位的重要体现。自2011年以来，法国先是派兵参与北约对利比亚的军事打击，随后直接派兵介入科特迪瓦、马里、中非等国的安全事务。近年来法国的两个新动向，一是重视对非反恐的间接参与，通过支持萨赫勒五国联合反恐部队来维护西非地区的相对稳定，同时维系自身在非洲安全事务中的影响力；二是积极推动非洲安全议题"欧盟化"，法国总统马克龙多次呼吁欧盟加大对非洲反恐的支持，特别是强调以法德为轴心加大对非洲安全事务的关注。

近年来，西方大国对非战略的一个新动向，是显著加强了在非洲的地缘政治博弈，由此给非洲政治与安全形势带来了新的复杂性和不确定性。尤其是，美国特朗普政府于2018年年底公布其对非新战略，明确强调从地缘战略层面加大与中国和俄罗斯在非洲的竞争，把非洲作为遏制和对抗中俄全球影响力的重要阵地。① 事实上，美国对中非合作的高度"关注"，并非是因为中美在非洲的利益存在直接冲突，更非美国在非洲利益受到了中国的直接挤压，而主要是因为美国担心中国的崛起及其全球影响力的不断增长，是美国加强对华全球战略竞争在非洲呈现的传导效应和扩散效应。美国外交最重要的目标，是要维护所谓美国治下的世界秩序，而非洲则是美国全球霸权体系中的重要一环。2017 年以来，美国相继出台一系列重要的战略报告，包括 2017 年 12 月的《国家安全战略报告》、2018 年 1 月的《美国国防战略报告》、2018 年 2 月的《核态势评估报告》、2019 年 6 月的《印太战略报告》，均涉及对华战略定位。美国已经明确把中国称为"战略竞争者""修正主义国家"，前者着眼大国实力较量，后者着眼对华意识形态竞争。美国对非洲新战略自然是美国全球战略的重要一环，其出发点，就是应对中国在非洲力量和影响力的快速上升态势，其落脚点，就是要维护美国在非洲的利益和价值观。当前美国对中非关系的干扰和打压，主要是通过价值观上的"矮化"、舆论上的"丑化"、对中非合作的"挑拨离间"以及与欧洲大国"联手制华"，希望以最小的投入获取最大的收益。美欧在非洲问题上针对中国形成严格意义上的结盟体系可能性不大，但不排除它们在诸如非洲债务问题、疫情起源问题、非洲政治走向问题以及一些非洲热点难点问题上形成针对中国的"议题联盟"②。随着中西方全球竞争的演化，未来大国在非洲竞争还存在继续走强的风险，西方对华战略手段也可能存在新的变化和调整。还须警惕的是，非洲国家的个别势力、个别政党或者个别群

---

① "Remarks by Security Advisor Ambassador John R. Bolton on the The Trump Administration's New Africa Strategy", December 13, 2018, Washington DC, https: //www. whitehouse. gov/briefings – statements/remarks – national – security – advisor – ambassador – john – r – bolton – trump – administrations – new – africa – strategy/ （2020 – 04 – 12）。

② 美欧对非洲的关注，起始点和关注点并不完全一样。欧洲大国对非洲的关注，主要源于它们的"非洲情结"。这种非洲情结主要是一种历史联系和历史情感，当然也有利益和战略考量。欧洲"关注"中国在非洲的活动，不是因为它们关注中国，而是因为它们关注非洲，希望维护非洲原有的利益格局，希望维护它们在非洲的既有联系和利益。美国对非洲的关注，主要源于它的"霸权情结"，它"关注"中国在非洲的活动，不是出于关注非洲，而是出于关注中国，即担心中国挑战了它主导的全球秩序。因为非洲是它主导的全球体系的组成部分，它才格外关注中非关系。

体可能会从中西方战略竞争中渔利，对此需要加以及早防范。

第二节　对非安全合作的理念与原则

长期以来，中国一直是非洲和平与安全的积极"维护者"和"建设者"。党的十八大以来，中国站在中非命运共同体的高度，秉持正确义利观和"真实亲诚"合作理念，不断创新对非安全合作理念和原则，不断推动中非安全合作取得新进展、新成就。

一　"以非洲方式解决非洲问题"

"以非洲方式解决非洲问题"（African Solutions to African Problems）是非盟一直倡导的基本原则。[①] 其目的在于，希望提高非洲大陆的自主性，提升非洲国家在解决非洲问题中的地位和作用，同时也希望外部势力在帮助非洲实现和平与发展时，更加注重倾听非洲的声音，更加注重维护非洲的利益。2006年《中国对非洲政策文件》声明："支持非洲联盟等地区组织及相关国家为解决地区冲突所做的积极努力，并提供力所能及的援助。"[②] 2015年《中国对非洲政策文件》明确指出："支持非洲国家以非洲方式自主解决非洲问题的努力。"[③] 正是在这一援助的指导下，中国不仅通过双方渠道积极开展同非洲国家的安全合作，同时通过提供资金和物资以支持非盟在非洲开展的自主维和行动和常备军建设，增加为非盟培训和平与安全事务官员和维和人员的数量。

为体现对非盟和非洲国家的尊重，中国在探讨对非三边和多边合作时，慎重提出并认真践行"非洲提出、非洲同意、非洲主导"三原则，

[①] Kasaija Phillip Apuuli, *The Principle of "African solutions to African Problems" under the spotlight: The African Union (AU) and the Libya Crisis*, Open Society Institute, Africa Governance Monitoring & Advocacy Project, September 6, 2011, pp. 1 – 10; Matthias Goldmann, "Sierra Leone: African Solutions to African Problems?", in A. von Bogdandy and R. Wolfrum (eds.), *Max Planck Yearbook of United Nations Law*, Volume 9, 2005, pp. 457 – 515.

[②] 《中国对非洲政策文件》，《人民日报》2006年1月13日。

[③] 《中国对非洲政策文件》，《经济日报》2015年12月5日。

体现了中国对"以非洲方式解决非洲问题"原则的充分尊重。在非洲和平与发展问题上，中国欢迎非洲合作伙伴多元化，支持国家社会携手助力非洲发展和复兴。同时认为外部世界应该以非洲为本位，始终尊重非洲的意愿和选择，而非以导师爷的姿态把自己的意志和方案强加于人。历史上，中国在苏丹达尔富尔问题上明确推动苏丹政府、非盟、联合国达成"三方机制"，坚定支持以维和行动和政治和解进程为主渠道的"双轨战略"，就是有效平衡非洲自主与国际合法干预的成功案例。①

历史上，中非关系一直坚持相互尊重、平等待人的原则，"不干涉内政"是其中最核心的表述。它体现了中国对主权平等的尊重，表达了中国作为最大发展中国家因而在很大程度上代表了发展中国家群体对西方强权政治和单边主义的否定。当今世界仍然存在许多不公正、不合理的地方，仍然存在形形色色的强权政治和单边主义行为，"互不干涉内政"原则仍有其存在的必要性。在理论上，这一原则与当今世界依赖主权国家为主体成员的国际体系构造相一致，是有效克服以大欺小、倚强凌弱的野蛮丛林法则之必需。② 在实践上，正如外交部非洲司司长卢沙野所言，非洲国家从内心是维护和支持不干涉内政原则的，因为它们知道，西方国家能打着联合国旗号干涉北非政局，那么说不定哪天就会干涉到自己的头上。③

二 "建设性参与"非洲和平与安全事务

2013年3月，习近平主席在访问非洲时提出"建设性参与"非洲的和平与安全事务。④ 2014年5月，李克强总理在访问非盟总部时，进一步

---

① 罗建波、姜恒昆：《达尔富尔危机的和解进程与中国国家形象塑造》，《外交评论》2008年第3期，第44—50页；姜恒昆、罗建波：《达尔富尔问题的政治解决进程及对中国外交的启示》，《西亚非洲》2008年第3期，第5—10页。

② 王逸舟：《发展适应新时代要求的不干涉内政学说——以非洲为背景并以中非关系为案例的一种解说》，《国际安全研究》2013年第1期，第4—18页。

③ 卢沙野：《关于中非新型战略伙伴关系的几点思考》，《新战略研究》2013年第1期，第5—13页。

④ 《推动中南关系深入发展　建设中非新型战略伙伴关系典范》，《光明日报》2013年3月27日。

提出在非洲启动和平安全合作工程,全面实施"中非和平安全合作伙伴倡议"①。2015年《中国对非洲政策文件》明确指出:"积极探索具有中国特色的建设性参与解决非洲热点问题的方式和途径,为非洲和平与安全发挥独特的影响力、做出更大的贡献。"② 王毅外长在2017年年终"国际形势与中国外交研讨会"开幕式主旨演讲中明确指出,中国愿意参与热点问题的和平解决,积极探索具有中国特色的建设性介入方式。他说,中国将继续倡导并践行"解决热点问题三原则",即:坚持不干涉内政,反对强加于人;坚持客观公道,反对谋取私利;坚持政治解决,反对使用武力。③ 2021年中国政府发布《新时代的中非合作》,提出中非命运共同体的重要内涵是"安全共筑",重申中方为促进非洲和平与稳定发挥建设性作用,支持非洲国家提升自主维稳维和能力。

何为建设性参与?建设性参与有两个关键词,一是"建设性";二是"参与"。它也表达了两个方面的含义,一是更加积极地参与热点难点问题的解决;二是这种参与还必须是建设性的。

所谓更加积极的"参与",是指中国要以更加积极的态度,更富创造性的手段和方式参与一些重大热点难点问题的解决。面对诸多热点难点问题及人道主义危机,国际社会普遍希望相关大国能够基于客观公正的立场予以积极介入,帮助调节矛盾、缓和危机,引导事态朝着和平稳定方向发展。在中国利益快速走向全球的时代,适时适度适当参与危机管理和危机调解,也有利于维护中国自身海外利益、更好塑造负责任的大国形象。中国政府在2008年及时调整了在苏丹达尔富尔问题上的立场,近年来中国积极介入朝核问题、伊核问题、阿富汗问题、叙利亚问题、缅甸罗兴亚人问题,在解决重大热点难点问题及人道主义危机中发挥了建设性作用。

所谓参与的"建设性",是指中国要始终尊重当事国的主权,始终尊

---

① 李克强:《开创中非合作更加美好的未来——在非盟会议中心的演讲》,《人民日报》2014年5月6日。
② 《中国对非洲政策文件》,《经济日报》2015年12月5日。
③ 王毅:《进入新时代的中国外交:开启新航程 展现新气象》,《国际问题研究》2018年第1期,第1—12页。

重联合国和相关区域组织的立场和决议，始终保持不偏不倚和客观公正。中国不做发展中国家的"保护人"，也不做发展中国家的"教师爷"，中国建设性参与在目的、手段和方式上都显著有别于西方国家的强权介入，这是中国式介入的最大特色。王毅外长提出的"解决热点问题三原则"充分说明，建设性介入的前提，是尊重主权平等原则；介入的目的，是维护国际公平与正义；介入的方式，是强调政治解决这一主渠道。

"建设性参与"概念就是意在说明，中国将在尊重主权平等原则、尊重联合国和相关区域组织的前提下，更加积极、更加主动、更加建设性地参与重大热点难点问题。这一概念不宜随意泛化，如果像个别学者那样把它描述为中国更加积极地参与地区和全球事务，把它等同于中国外交下先手棋或更加积极有为，必将使这一概念失去其本应具有的适用效力。

在对外宣介中，建设性参与在翻译时也应格外慎重。目前国内外对"参与"的表达主要有三种：一是 intervention，该词含有外来干涉之意，贬义色彩较浓；二是 involvement，既有主动参与也有被动卷入之意；三是 engagement，意指参与、接触、互动。对"建设性"的英文表达，国内外学者倾向于使用 constructive，主要着眼于外交行为和结果富有建设性；但也有人使用 creative，更加侧重于表达主观上的更加主动、进取和谋划。综合考量，使用 constructive engagement 较为贴切，既能表达中国外交更加建设性参与重大问题的解决，也避免了干涉或过于强势之嫌。在一些口语化表达中，也可以用 active participation 予以代替。

发展中国家也是积极支持和期待中国在国际热点难点问题上发挥更加积极的作用。以非洲为例，从现有的文献资料及笔者与非洲学者、政府官员和军方人士的交流来判断，非洲国家大抵上是欢迎中国在非洲安全事务上发挥更为积极的作用，一些国家甚至把中国视为抗衡西方压力的重要力量。但同时，多数非洲人士并不希望中国以军事手段全面介入非洲内部冲突，而更多希望中国继续增加对非洲安全能力建设的支持。比如，对非洲自主维和行动提供更多的技术支持和后勤保障，加大对非洲国家安全机构和军警的能力培训，在诸如海盗、恐怖主义、跨国犯罪等非传统安全问题上展开广泛合作。非盟和平与安全理事会秘书长阿德

第七章　和平与安全合作：以建设性参与非洲安全治理为例 / 187

菲·卡姆布兹（Admore Kambudzi）曾言，与直接的外来军事干预相比，中国基于"不干涉内政"原则基础上的对非安全合作，更有助于非洲发展自主的安全机制和安全能力。①

笔者曾分别于2014年和2016年对31位浙江师范大学承办的"非洲智库研修班"学员②和39位国防大学外训班的非洲学员③进行了调研。当问及"中国应如何参与非洲的和平与安全建设？"（多选）时，所有人都赞同"深化与非洲国家的双边军事合作"（70票），其他回答依次是"支持非盟和非洲区域组织的集体安全机制和安全行动"（65票），"参与联合国在非洲的维和行动"（60票），"在非洲建立军事基地"（45票），"直接派兵实施对非洲的人道主义干预"（10票）。很明显，非洲学员普遍赞同中国通过双边和多边方式建设性参与非洲的和平事务，但对建立军事基地和直接派兵实施军事介入则非常谨慎。不过，非洲的声音一向多元。在中非安全合作上，有非洲学者和媒体人士认为，中国应该适时建立"中非司令部"（China-Afirca Command）或者"非洲司令部"（Afri-

---

① Admore Mupoki Kambudzi, "Africa and China's Non-Interference Policy: Towards Peace Enhancement in Africa", in Mulugeta Gebrehiwot Berhe & Liu Hongwu (eds), *China-Africa Relations: Governance, Peace and Security*, Ethiopia, 2013, pp. 29–45.

② 笔者对浙江师范大学组织的2014年非洲法语和英语国家智库研修班学员进行了访谈和问卷调查，共收集到有效问卷31份。非洲法语国家学员主要有：布隆迪总统府战略研究与发展办公室督导菲尔迪南德·茹怡日（Ferdinand Rufyiri）、几内亚比绍国际协商合作部都密勾·索哈艾姆多大使（Domingos Soaressemedo）、加蓬总统办公室专员赛尔之·欧古拉哈默多（Sergep Ogoularaymondo）、喀麦隆国际关系学院教授赫密·姆拜达姆拜达（Remy Mbidambida）、马里外交和国际合作部外事参赞马马杜·凯塔（Mamadou Keita）、突尼斯外交部培训与研究院主任科赫麦斯·金南尤大使（Khemaies Jhinaoui）、尼日尔外交部分析处处长穆萨·帕莱搜搜黎曼（Moussa Paraisosouleymane）、塞拉利昂总统办公室策略与政策处资深政策分析家萨尼哈·阿达马·迪恩（Sanira Adama Deen）；非洲英语国家学员主要有：尼日利亚参议院国家委员会法律助理多兹·高德帕瓦·保罗（Dozie Godspower Paul）、毛里求斯教育与人力资源部副校长彼比·帕维·奥克托亚（Bibi Parveez Ochotoya）、尼日利亚国防情报局阿布贾总部研究主任戴维·达瓦·马克威（David D. Makvwi）、利比里亚外交部驻外事务研究院行政助理瑟顿·劳拉（Seton P. Loglar）、南非非洲事务研究院助理研究员妮迪勒卡·巩西卡（Ndileka Gongxeka）。

③ 调研对象为2016年国防大学外训班非洲学员，共计调研39人，他们来自乌干达、尼日利亚、博茨瓦纳、塞拉利昂、加纳、赞比亚、坦桑尼亚、肯尼亚、埃塞俄比亚、刚果（金）等21个非洲国家。遵照学员的要求，此处不公开他们的姓名和具体单位。

can Command）。① 但这类声音不是主流（表7—2）。

表7—2　问卷调查：中国应如何参与非洲的和平与安全建设（多选）

1	70 票	深化与非洲国家的双边军事合作
2	65 票	支持非盟和非洲区域组织的集体安全机制和安全行动
3	60 票	参与联合国在非洲的维和行动
4	45 票	在非洲建立军事基地
5	10 票	直接派兵实施对非洲的人道主义干预

三　对"保护的责任"的理解

为解决冷战后频发的人道主义危机以及各国围绕这些危机而产生的分歧，联合国秘书长安南在2000年呼吁国际社会就人道主义的相关问题达成共识，探索在联合国维和行动这一传统方式之外的更为有效的解决途径。为响应联合国秘书长的这一倡议，加拿大政府提议成立"干预与国家主权国际委员会"（ICISS）作为解决相关问题的国际协调机构。2001年12月，该委员会向联合国秘书长安南提交了一份题为"保护的责任"的报告，首次明确提出"保护的责任"（the responsibility to protect）概念并对此作了全面阐释。2004年12月，联合国"威胁、挑战和改革问题高级别小组"向安南提交报告《一个更安全的世界：我们的共同责任》再次明确阐述了新时代"主权与责任"的关系，提出国家和国际社会都应承担"保护的责任"。2005年3月，安南秘书长在联合国大会上做了题为"大自由：实现人人共享的发展、安全与人权"的报告，特定段落涉及了"保护的责任"问题，这是联合国秘书长首次正式将"保护的责任"的基本含义传达给各国，并请各国予以认真的考虑。

2005年10月24日，第60届联合国大会通过《2005年世界首脑会议成果》，明确提出了"提供保护的责任"理念，声称："各国政府清楚、明确地接受它们应承担保护其人民免遭灭绝种族、战争罪、族裔清洗和

---

① Haggai Matsiko, "Is it time for a China-Africa Command?", *The Dependent*, 16 November, 2014.

危害人类罪之害的集体国际责任。在和平手段证明不足以解决问题，而且国家当局显然无法做到这一点时，愿为此目的通过安全理事会采取及时、果断的集体行动。"[1] 联合国的上述表述，一方面，承认了主权国家政府是提供"保护的责任"的首要主体，而且将责任明确界定为灭绝种族、战争罪、族裔清洗和危害人类罪；[2] 另一方面，又认为在国家当局显然无法做到这一点（无力或不愿意）时，国际社会应提供集体保护的责任，并肯定了安理会在此类集体行动中地位和作用。[3] 此后，2009年9月14日，第63届联大专门通过《保护的责任》决议，这是联大通过的关于"保护的责任"的第一个专门决议。2005年成果文件与2009年联大决议被认为是目前为止关于"保护的责任"最具权威的国际文件，虽然它们本身没有法律约束力，但反映了会员国的一些普遍的政治意愿和看法，具有比较强的道义力量。

"保护的责任"从一开始都是在联合国层面上提出并展开讨论的。作为联合国安理会常任理事国和联合国的坚定维护者，中国本着负责任的态度参与了这一概念的相关讨论，但鉴于历史上人道主义干预的频频滥

---

[1] 《2005年世界首脑会议成果》（摘要），联合国官方网站，http：//www.un.org/chinese/summit2005/outcome.htm（2014-12-23）。

[2] 《2005年世界首脑会议成果》（全文）的第138段这样阐述："每一个国家均有责任保护其人民免遭灭绝种族、战争罪、族裔清洗和危害人类罪之害。这一责任意味通过适当、必要的手段，预防这类罪行的发生，包括预防煽动这类犯罪。我们接受这一责任，并将据此采取行动。国际社会应酌情鼓励并帮助各国履行这一责任，支持联合国建立预警能力。"《2005年世界首脑会议成果》，中国外交部官方网站，http：//www.fmprc.gov.cn/ce/cgvienna/chn/xnyfgk/t227151.htm（2014-12-23）。

[3] 《2005年世界首脑会议成果》（全文）的第139段这样阐述："国际社会通过联合国也有责任根据《联合国宪章》第六章和第八章，使用适当的外交、人道主义和其他和平手段，帮助保护人民免遭种族灭绝、战争罪、族裔清洗和危害人类罪之害。在这方面，如果和平手段不足以解决问题，而且有关国家当局显然无法保护其人民免遭种族灭绝、战争罪、族裔清洗和危害人类罪之害，我们随时准备根据《宪章》，包括第七章，通过安全理事会逐案处理，并酌情与相关区域组织合作，及时、果断地采取集体行动。我们强调，大会需要继续审议保护人民免遭种族灭绝、战争罪、族裔清洗和危害人类罪之害的责任问题，要考虑到《宪章》和国际法的相关原则。我们还打算视需要酌情做出承诺，帮助各国建设保护人民免遭种族灭绝、战争罪、族裔清洗和危害人类罪之害的能力，并在危机和冲突爆发前协助处于紧张状态的国家。"《2005年世界首脑会议成果》，中国外交部官方网站，http：//www.fmprc.gov.cn/ce/cgvienna/chn/xnyfgk/t227151.htm（2014-12-23）。

用，中国对"保护的责任"概念又持一种较为谨慎的态度。2009年7月，中国时任联合国大使刘振民在联大关于"保护的责任"辩论会上做了专门发言，阐述了中国方面的相应立场和态度。中国方面认为"保护的责任"是"本世纪初出现的一个新概念"，认为"2005年《世界首脑会议成果文件》对'保护的责任'作了非常谨慎的描述。《成果文件》将'保护的责任'的适用范围严格限于'种族灭绝、战争罪、族裔清洗和反人类罪'四种严重的国际罪行。但几年来，各方对此概念的内涵和适用性仍存在争议"[①]。中国的初步立场概括为四点：

第一，各国政府负有保护本国公民的首要责任。当一个国家发生人道主义危机而本国政府又无力解决时，国际社会可以提供协助以恢复秩序，但保护其民众归根结底还要靠有关国家政府，这与主权原则是一致的。尽管世界发生了复杂深刻的变化，但《联合国宪章》宗旨和原则的基础地位没有改变，尊重各国主权和不干涉内政原则不能动摇。

第二，"保护的责任"概念只适用于种族灭绝、战争罪、种族清洗和危害人类罪四种国际罪行。各国均不应对该概念做扩大或任意解释，更要避免滥用，要防止将"保护的责任"用作"人道主义干涉"的另一种翻版。在出现上述四大类危机时，缓解和制止危机是国际社会的普遍共识和正当要求，但有关行动须严格遵守《联合国宪章》规定，尊重当事国政府和所在地区组织的意见，要坚持在联合国框架下处理，并用尽一切和平手段。

第三，当发生上述四大类危机且需要联合国做出反应时，安理会可发挥一定作用。但安理会必须根据具体情况判断和处置，并应慎重行事。需要指出的是，《宪章》赋予安理会的职责是维护国际和平与安全，其采取行动的前提是发生了构成"对和平的威胁、对和平的破坏及侵略行为"。安理会应将"保护的责任"放在维护国际和平与安全的大框架内一并考虑。

---

① 《刘振民大使在联大关于"保护的责任"问题全会上的发言》，2009年7月24日，中国外交部官方网站，http://www.fmprc.gov.cn/ce/ceun/chn/lhghywj/fyywj/fayan2009/t575179.htm（2014-12-23）。

第七章　和平与安全合作：以建设性参与非洲安全治理为例　/　191

第四，在联合国以及区域组织范围内，应将正常的人道主义援助与履行"保护的责任"时的国际援助相区别，以保持人道主义援助的中立性和公正性，并避免"保护的责任"的滥用。①

概括起来，一方面，中国在原则上支持"保护的责任"，愿意将它作为减轻人道主义灾难的补充性手段。这是因为，当前世界仍存在各种形式的人道主义危机，不仅严重危及当事国民众的生命和财产安全，也危及中国不断扩大的海外利益，同时国际社会对中国参与全球安全治理也有更大的期待，而"保护的责任"概念也已具有一定程度的合法性和国际承认。另一方面，中国也对某些西方大国曲解甚至滥用"保护的责任"给予了高度的关注和警惕。特别是在北约干预利比亚之后，中国和俄罗斯等国更是表达了对西方国家故意混淆"保护的责任"与颠覆他国政权这一做法的强烈不满，并在随后的叙利亚危机中连续多次反对西方国家再次把利比亚模式复制到叙利亚。中国政府认为，"保护的责任"还只是一个概念，尚不构成一项国际法准则，因此，各国应避免将其作为向他国施压的外交手段。

综观中国政府的表态和做法，中国政府并没有反对"保护的责任"这个概念本身，也没有反对合法的人道主义干预，而是反对"保护的责任"概念被滥用，反对少数国家打着"保护的责任"的旗号继续推行干涉主义之实。所以，在实践中，中国政府有意淡化了"是否应该干预"的问题，而将重点放在了如何实践"保护的责任"，强调如何负责任、建设性地去推动人道主义危机的解决。中国国际问题研究所副所长阮宗泽研究员提出了"负责任的保护"（Responsible Protection），认为保护的对象应该是无辜平民而非特定的政治派别或者武装力量，保护的目标必须是有利于减轻人道主义灾难而非推翻一国政权，保护的手段应该以外交和政治对话为主而非仅仅强调武力干涉，保护的责任包括重建的责任而

---

① 《刘振民大使在联大关于"保护的责任"问题全会上的发言》，2009年7月24日，中国外交部官方网站，http://www.fmprc.gov.cn/ce/ceun/chn/lhghywj/fyywj/fayan2009/t575179.htm（2014 - 12 - 23）。

非只是武力破坏。① 在中国来看，国际社会应重视"保护的责任"三阶段中的"预防的责任"和"重建的责任"，而不仅仅是强调"反应的责任"。

中国对"保护的责任"的立场与主张，为国际社会关注非洲的人道主义危机预留了空间，其对"重建责任"的强调也有助于非洲国家从根本上实现国家的长治久安。同时，中国又反对曲解和滥用"保护的责任"，反对某些大国借人道主义危机行颠覆他国政权的做法，以维护非洲国家的主权独立以及它们选择自身发展道路和发展模式的权利。

第三节　对非安全合作的路径与方式

当前中非安全合作的一个显著特点，是在中非合作论坛框架下加大了对非安全合作的统筹规划。无论是 2015 年中非合作论坛约翰内斯堡峰会提出的"和平与安全合作计划"，还是 2018 年中非合作论坛北京峰会提出的"和平安全行动"，都体现出中非双方显著加强了在和平与安全问题上的战略对接。在这一框架下，中国不断调整对非安全政策，创新对非安全合作的方式和途径，中非安全合作取得了若干新的进展，展现出许多新的发展趋向。

一　注重通过双边渠道提升非洲国家的安全能力

长期以来，中非安全合作主要是通过双边渠道予以进行，这是中非安全合作的主渠道。一方面，中国注重向非洲国家提供资金支持、物质

---

① 阮宗泽认为，"负责任的保护"应有六大要素：(1) 要解决对谁负责的问题。保护的对象应该是无辜平民，而不是特定的政治派别或者武装力量。(2) 本国政府负有保护本国公民的首要责任。联合国安理会才是实施"人道主义干预"的合法主体。(3) 严格限制"保护"的手段。实施保护的前提，必须是穷尽了外交和政治解决的手段。(4) 明确"保护"的目标。保护的目标必须是有利于减轻人道主义灾难，绝不能因为保护而造成更大的人道主义灾难，更不能成为推翻一国政权的借口，以"保护"之名行"干涉"之实。(5) 需要对"后干预""后保护"时期的国家重建负责。(6) 联合国应确立监督机制、效果评估和事后问责制，以确保"保护"的实施手段、过程、范围及效果。阮宗泽：《负责任的保护：建造一个更安全的世界》，《国际问题研究》2012 年第 3 期，第 9—22 页。

援助、后勤保障等"硬支持",帮助非洲国家提高武器装备和安全设施。另一方面,中国也注重加强对非洲国家在能力建设领域的"软支持",在尊重非洲国家意愿的前提下,通过双边军事交流向部分非洲国家派遣中方教官或提供军事技术援助,同时邀请非洲国家的军事、安全和行政官员来华进行学习或培训,涉及国防、反恐、防暴、社会治安、海关监管、移民管控等多个领域的能力建设。近年来,在"非洲人力资源开发基金"的支持下,国防大学、南京陆军指挥学院等军事院校还增加了邀请非洲军事及安全学员来华参加学习和交流的机会,积极尝试对参训学员的研究生学位教育,加强了学成归国后的后续跟踪和联系,以进一步巩固此类培训项目的成效。

  这是因为,中国认识到,非洲安全能力不足不仅体现在军事装备和技术的落后,也与安全观念落后、安全治理能力不强有着内在的关联。一些非洲国家之所以出现社会失序甚至政治动荡,重要原因之一在于它们的执政能力不足、治理不善,无法提供民众所需的基本公共服务,无法维护国家发展所需的基本社会秩序,无法有效化解在经济发展和社会变迁进程中出现的各种分歧和矛盾。因此,积极开展对非人力资源培训,加大与非洲国家在安全治理领域的经验交流,是提高非洲安全能力的重要途径。

二 积极支持和参与联合国在非洲的和平行动

  中国是联合国的坚持支持者和维护者。中国一直呼吁国际社会尊重以《联合国宪章》基本原则为基础的国际关系准则,积极捍卫联合国在全球多边体系中的核心地位,积极支持联合国在全球发展和全球治理进程中发挥更大的作用。同时,中国在联合国经费筹措上承担了力所能及的义务,从 2019 年开始,中国已经成为联合国会费和维和经费的第二大出资国。[1] 长期以来,中国是联合国在非洲维和行动的坚定支持者和参与者,非洲也成为中国参与联合国维和行动的重点区域。据联合国安理会

---

[1] 《中国成为联合国两项预算第二大出资国》,新华社,2018 年 12 月 23 日,http://www.xinhuanet.com/world/2018-12/24/c_1123895921.htm(2020-06-22)。

网站的数据,当前联合国在非洲8个任务区执行维和行动,中国参与了其中6项,包括联合国刚果(金)稳定特派团、联合国西撒哈拉全民投票特派团、联合国南苏丹特派团、非盟—联合国达尔富尔混合行动、联合国驻苏丹特派团、联合国马里多层面综合稳定特派团(表7—3)。

表7—3　　　当前中国参与的联合国在非洲维和行动

	部署地点	维和行动	部署期
1	马里	联合国马里多层面综合稳定特派团(马里稳定团)	2013年4月至今
2	南苏丹	联合国南苏丹共和国特派团(南苏丹特派团)	2011年7月至今
3	苏丹阿卜耶伊	联合国阿卜耶伊临时安全部队(联阿安全部队)	2011年6月至今
4	苏丹达尔富尔	非盟—联合国达尔富尔混合行动(达尔富尔混合行动)	2007年7月31日至今
5	刚果(金)	联合国刚果(金)稳定特派团(联刚稳定团)	2010年7月至今
6	西撒哈拉	联合国西撒哈拉全民投票特派团(西撒特派团)	1991年4月至今

资料来源:根据联合国官网上的相关资料整理而成。

其中,2013年中国决定向联合国驻马里综合稳定特派团派遣工兵、医疗和警卫分队共计395名官兵,首批135名先遣队在同年底即奔赴马里,这是中国军队自1990年首次派出联合国维和人员以来参与的第24项联合国维和行动,也是中国军队首次派出安全部队参与维和。2014年,中国又决定向联合国驻南苏丹特派团派遣一支700人的成建制维和步兵营,并于2015年年初部署到位,该步兵营根据联合国的要求,携带用于自卫的轻武器、装甲运兵车和防弹衣、头盔等防护装备,主要承担保护平民、联合国和人道主义工作人员,以及巡逻警戒、防卫护卫等任务。中国向马里派出具有安全警卫能力的维和部队以及向南苏丹派遣成建制步兵营,展现了中国以更为积极的姿态参与联合国维和行动的信心和能力。

在联合国安理会的授权下，中国还积极参与国际社会在亚丁湾和索马里海域的护航行动。从2008年6月以来，联合国安理会应索马里过渡政府的请求，并考虑到亚丁湾和索马里海域猖獗的海盗行为，根据《联合国宪章》第七章有关规定，先后通过四项决议，授权相关国家进入索马里海域并采取强制性措施打击海盗。从2008年12月中国首次参与亚丁湾和索马里海域护航行动，截至2019年8月，中国先后派出33批海军护航编队，共计106艘军舰、2.8万名官兵参与护航行动，完成1200余批6700余艘中外船舶护航任务，确保了被护送船只和编队自身百分之百安全。①

三 推动非盟的集体安全机制建设

中国一贯支持非盟倡导的"非洲问题由非洲人解决"的原则，希望看到非盟在地区安全事务中发挥更大作用。在2015年中非合作论坛约翰内斯堡峰会上，中方决定在三年内向非盟提供6000万美元无偿援助，支持非洲常备军和危机应对快速反应部队建设和运作。在2018年中非北京峰会上，中国决定正式设立"中非和平安全合作基金"，以常态化支持非盟集体安全机制和非洲国家的安全能力建设，同时当非洲国家面临大规模人道主义灾难的时候也可以紧急筹措资金。② 公开资料显示，在过去很长时期里，非盟安全机制90%的经费来自西方国家的支持，③ 因此中国加大对非盟经费的支持，必将极大助力非盟集体安全机制的发展，特别是

---

① 《中国海军第33批护航编队起航赴亚丁湾》，2019年8月29日，国防部网站，http://www.mod.gov.cn/action/2019-08/29/content_4849233.htm（2020-06-22）。

② 这一动议部分受到欧盟"非洲和平基金"（African Peace Facility）的启发。欧盟在2004年设立"非洲和平基金"，首批经费为2.5亿欧元，以支持非盟能力建设、和平支持行动和建立早期反应机制。"African Peace Facility"，非盟官网，https://africa-eu-partnership.org/en/success-stories/african-peace-facility（2020-06-22）。

③ Anthoni Van Nieuwkerk, "South Africa and the African Peace and Security Architecture", *NOREF Report*, Norwegian Peacebuilding Resource Center, March 2014, p. 7; Solomon Ayele Dersso, "Although Africa's peace and security regime is promising, Serious Challenges remain", http://www.issafrica.org/iss-today/although-africas-peace-and-security-regime-is-promising-serious-challenges-remain（2014-06-22）.

非洲常备军和危机快速反应部队的建设和自主维和行动的开展。

中国与非盟的安全对话与合作机制也在不断完善。①非盟委员会是中非合作论坛的重要参与方，双方在论坛框架下保持着密切的沟通与合作。①②中国于2005年向非盟派遣兼驻代表，于2015年正式设立驻非盟使团②，2018年非盟正式设立驻华代表处，双方常态化机制化联系更进一步。③双方自2008年召开首次"中国—非盟战略对话"以来，截至2018年已举办七次战略对话，并在这一框架下于2014年设立并举行了首轮"和平与安全分组对话会议"，以探讨中非和平与安全合作，以及双方共同关注的重大非洲或国际安全议题。诚如国内学者黎文涛博士所言，这种合作机制应该具有三个功能：促进中非在安全问题上机制化的政策沟通与协调；形成中非在相关安全问题上的政治议程；强化中非在资金、技术和人员等方面的各项安全合作。该机制形成的共识可成为指导中国在联合国安理会或国际场合做出表决或付诸行动的合法性依据。③

在注重开展同非盟的安全合作之时，中国也注重对非洲区域经济共同体的研究并适时与这些区域组织开展安全对话。非盟正式承认的8个区域经济共同体（西非国家经济共同体、中非国家经济共同体、南部非洲发展共同体、东南非共同市场、东非共同体、阿拉伯马格里布联盟、萨赫勒—撒哈拉国家共同体、政府间发展组织）是非洲集体安全机制的重要组成部分，它们在各自区域的安全事务中发挥着重要的作用。比如，西共体曾对利比里亚、科特迪瓦、几内亚比绍、马里等国的政治危机和军事冲突进行了不同程度的干预，近年来政府间发展组织（简称伊加特，IGAD）对南苏丹内战进行积极的政治斡旋。中国在重视非盟的同时，也应重视对这些区域安全机制的研究，同时尝试同它们开展安全对话，适

---

① 《中非合作论坛——北京行动计划（2019—2021年）》特别指出："中方赞赏非盟委员会加入中非合作论坛以来发挥的积极作用。"参见《中非合作论坛——北京行动计划（2019—2021年）》，2018年9月5日，商务部官网，http：//www.mofcom.gov.cn/article/i/dxfw/gzzd/201809/20180902783477.shtml（2020-06-23）。

② 欧盟和美国均在非盟设立有常驻使团。

③ 黎文涛：《非洲安全治理特点及对中非安全合作的思考》，载张宏明主编《非洲发展报告（2012—2013）：中国与非洲区域经济合作的机遇与路径》，社会科学文献出版社2013年版，第129—141页。

当时可以加强对它们的外交和经费支持，以增加自身在非洲安全事务中的发言权。

有非洲学者认为，中国应重点开展同非盟的安全合作，而不宜把与单个非洲国家的双边安全合作视为中非安全合作的重心。原因在于，非洲国家政府往往容易成为冲突的当事方，这容易导致冲突的其他当事方及国际社会批评中国在非洲冲突中的立场和原则，由此极大损害中国在非洲的形象及长远的战略利益。而且，此类冲突也容易导致这些非洲国家的政权频繁更迭，无助于中国与这些非洲国家建立长期的稳定关系。[①]上述观点不无道理，但笔者以为，中非安全合作仍需采取两条路径，在继续加强同非洲国家的关系，尤其是注重与有地缘战略价值的非洲国家及对我关系友好国家进行安全合作的同时，积极推动与非盟的安全合作，进一步培育非洲大陆的自主安全能力。

四　通过外交特使参与非洲和平与安全事务

政府特使是负有特殊外交使命的代表。从职务存续时间长短看，特使可以分为临时代表和常设代表两种，前者主要代表政府或政府首脑出席临时性的重大外交活动，后者主要是在一段时期内代表政府处理地区性事务，或者参与某些重大国际问题的谈判和处理。从参与活动的性质看，特使可以分为礼仪性和政治性两种，前者主要是代表政府或政府首脑出席他国政府或领导人的就职典礼、重要的仪式或纪念活动；后者主要是代表政府出席某些重大国际会议、参与重大国际争端的斡旋和解决，以及参与国际条约的谈判和签署。由于外交特使的级别相对较高、身份比较灵活，因此更加便于代表政府参加一些热点难点问题的国际对话，在相关国家或者相关当事方之间进行穿梭外交，以更加积极的姿态参与国际和地区性事务。

21世纪以来，中国海外利益的显著拓展、国际责任意识的显著提升，

[①] 比如，埃塞俄比亚和平与安全研究所戴维特博士（Dawit Yohannes Wondemagegnehu）曾参与笔者主持的2014年度外交部"中非联合研究交流计划"项目"非洲集体安全机制建设与中非安全合作"，在他提交的论文中就提到这一观点。

以及世界影响力的不断增长，都呼唤中国更加建设性地参与国际热点难点问题的解决。在此背景下，中国外交特使不断朝着机制化和常态化方向发展。除了临时性、议题性的特使外，中国常设代表目前有中国中东事务特使、中国政府朝鲜半岛事务特别代表、中国非洲事务特别代表。从2007年设立非洲事务特别代表以来，中方在调解苏丹达尔富尔危机、南苏丹内战、利比亚问题等非洲热点难点问题上发挥了积极作用，在非洲地区冲突、反恐、气候变化、难民移民等问题上发出了中国声音、提出了中国方案。着眼未来，中国还须更加积极地通过双多边途径参与非洲地区冲突的斡旋和调停，更加积极参与联合国安理会、联合国人权理事会等国际组织在非洲热点问题上的各项调查行动，主动增进维护和提升在非洲安全事务中的话语权，更好展现中国的大国责任和大国作用。只有外交上更加"有为"，才能在非洲和平与安全事务中更加"有位"。

五　探索与欧盟、美国及欧洲大国在非洲和平与安全事务中的协调与合作

欧盟、美国及欧洲主要大国在非洲有着传统的政治影响力，也是非盟和平与安全建设的主要捐助方，长期以来在非洲重大安全问题上有着较为深入的直接或间接介入。21世纪初期以来，鉴于中国在非洲影响力的增长，欧美多次表达希望加强同中国在非洲事务上的三边合作或多边合作，中国同美国、欧盟、英国等也加强了在非洲问题上的对话与合作。当前中国同欧盟对话机制日益成熟，中国—欧盟峰会、中国—欧盟领导人会晤、中欧高级别战略对话都会常态化地探讨非洲议题。比如，2019年4月在比利时布鲁塞尔举行的第二十一次中国—欧盟领导人会晤，双方重申："加强和平、安全和防务合作和高层交流，包括海上安全、打击海盗，支持非洲人以非洲方式解决非洲问题，支持就危机管理和联合国维和行动开展信息交流。"[①] 借助此类双边、三边或多边对话，中国加强了与欧美各方在联合国维和行动、非盟安全机制建设、非洲人道主义救

[①] 《第二十一次中国—欧盟领导人会晤联合声明》，2019年4月9日，新华网，http://www.xinhuanet.com/2019-04/09/c_1124345605.htm （2020-06-23）。

援、非盟能力建设等方面的对话与合作。此举不仅有助于各方形成合力更好地推动非洲安全机制建设和安全问题的解决，也有助于借鉴欧美大国参与非洲事务的经验和做法，分享欧美在非洲开展安全介入、人道主义救援及能力建设的渠道，通过此种三边或多边合作提升我在非洲事务中的话语权。

但是，此类合作也应注意两个问题：一是需要始终尊重非盟倡导的"以非洲方式解决非洲问题"原则，始终坚持中国提出的"非洲提出、非洲同意、非洲主导"三原则。任何关于非洲问题的三边、多边对话，都应当把非盟及非洲国家视为重要的合作方，始终尊重非洲方面在非洲事务中的主体地位，始终尊重非洲方面在非洲事务中的地位、利益和意愿。二是及时研判和把握欧美与我国开展三边、多边合作的意图，警惕它们让中国分担其在非洲的治理成本，同时用西方理念、规范和机制来约束中国的图谋。因此，基于中国和非洲的实际需要，循序渐进、权责平衡地稳步推进与欧美在非洲事务上的对话与合作，当是中国外交的应有选择。

第八章

合作范例一：中非命运共同体的愿景与推进路径

在中非命运共同体理念的指引下，中非双方正在携手共筑更加紧密的利益共享、责任共担、价值互鉴的命运与共新格局。其内在逻辑在于，利益共享是基础，责任共担是支撑，价值互鉴是保障，三者共同构筑起以互利、互助、互信为特点的中非命运共同体。中非命运共同体的推进是一个系统性工程，需要双方在国家、政党、社会三个层面予以携手推进，同时着力三条路径，即以共建"一带一路"筑牢共同利益纽带，以全球治理合作深化共同责任精神，以人文交流增进中非共享价值。还须不断推进对非外交实践创新，实现政治、经济、文化、安全各领域平衡发展的"全方位"合作新局面，打造政府外交与政党外交、公共外交与民间外交、国家外交和地方外事相互携手的"大外交"新体系，构筑双边、三边、多边与整体外交相互配合的"立体化"外交新格局。中非命运共同体的不断推进和发展，对国际社会推动全球发展和全球治理进程有着重要的引领作用，对推动构建人类命运共同体有着重要的示范意义。

70年来，中非双方先是携手反帝反殖反霸，推动第三世界实现了民族独立和解放，随后开始共同追求发展和复兴，不断推动国际秩序的变革和完善。习近平主席明确提出"中非命运共同体"，既是对70年中非互利互助互信合作的总结概括，也是着眼于推动更加紧密的中非命运共同体，因而对未来中非友好合作的全面跃升绘就了蓝图，提出了前进方向。中非命运共同体的不断推进和发展，对国际社会推动全球发展和全球治理进程具有重要的引领作用，对推动构建人类命运共同体具有重要的示范意义。全面阐释中非命运共同体的内涵与愿景，深入分析推进路径与合作方式，因而具有重要的理论与现实意义。

第一节 中非命运共同体的内涵与愿景

2013年3月习近平主席访问非洲时，明确指出"中非从来都是命运共同体"，因为"共同的历史遭遇、共同的发展任务、共同的战略利益把我们紧密联系在一起"[①]。在2018年9月中非合作论坛北京峰会上，习近平主席提出推动构建"更加紧密的中非命运共同体"的时代命题，呼吁中非携手打造责任共担、合作共赢、幸福共享、文化共兴、安全共筑、和谐共生的中非命运共同体，精辟阐述了中非命运共同体的丰富内涵。[②] 2020年6月，习近平主席在中非合作抗疫峰会上，呼吁打造"中非卫生健康共同体"，充分发挥中非合作在引领全球公共卫生合作中的积极意义。[③]在命运共同体思想的指引下，中非双方正在携手共筑更加紧密的利益共享、责任共担、价值互鉴的命运与共新格局。其内在逻辑在于，利益共享是基础，责任共担是支撑，价值互鉴是保障，三者共同构筑起以互利、互助、互信为特点的中非命运共同体。

一 中非利益共同体

长期以来，中非互为对方发展的重要机遇。中非双方秉持互利共赢、

---

① 习近平：《永远做可靠朋友和真诚伙伴——在坦桑尼亚尼雷尔国际会议中心的演讲》，《人民日报》2013年3月26日。
② 习近平：《携手共命运 同心促发展——在2018年中非合作论坛北京峰会开幕式上的主旨演讲》，《人民日报》2018年9月3日。
③ 习近平：《团结抗疫 共克时艰——在中非团结抗疫特别峰会上的主旨讲话》，《人民日报》2020年6月18日。

共同发展的理念，在资源禀赋上互通有无，在生产要素上取长补短，在发展经验上互学互鉴。非洲是中国能源资源的重要来源、产能合作的重要伙伴、现代科技的重要应用市场，对中国经济转型升级和可持续发展有着不可替代的重要作用。快速崛起的中国也是非洲实现发展的重要机遇，中非合作着眼非洲基础设施建设、产能合作、能力建设三大领域，能够显著助推非洲解决基础设施滞后、资金短缺、人才不足三大瓶颈。特别是，中国不断增加的对非贸易、投资和援助有助于激发非洲市场活力，中非不断推进的能力建设合作有助于非洲改善治理能力和投融资环境，这本身就是非洲发展的重要助力，而进一步讲，非洲市场活力的提升以及经济复苏进程的加快又能显著提升非洲在世界经济中的地位和影响力，推动国际社会更加重视非洲发展问题，这是中非互利合作之于非洲发展的又一重要作用。部分得益于与中国的合作，非洲国家正在以更加自主、更加自立、更加自信的方式走向世界。

作为非洲的真诚伙伴，中国一直注重与非洲分享发展成果。中国认真践行正确义利观和"真实亲诚"合作理念，在中非合作中坚持义利兼顾甚至先义后利、以义为先，其中最大的"义"，就是用中国发展助力非洲发展，最终实现与非洲国家的互利共赢和共同发展。从中非"十大合作计划"到"八大行动"，从非洲"三网一化"到中非产能合作，中国通过对外援助和投资在非洲修建了诸如蒙内铁路、亚吉铁路、阿卡铁路等一大批铁路、公路、机场和现代通信设施，通过诸如埃及苏伊士经贸合作区、埃塞俄比亚东方工业园、尼日利亚莱基自由贸易区等工业园或产业园助力非洲工业化和产业多元化。① 中国在2018年中非合作论坛北京峰会上，宣布启动中非"设施联通行动"，决定和非盟共同编制《中非基础设施合作规划》，全面助力非洲"三网一化"和中非基础设施合作。非洲开发银行《2019年非洲经济展望》在谈到非洲基础设施建设时，指出中国与非盟在"非洲2063议程"框架下签署意义深远（far-reaching）

---

① 在商务部公开确认的80个"一带一路"海外园区中，非洲园区占25个。参见《"一带一路"沿线园区名录》，商务部官网，http：//www.fdi.gov.cn/CorpSvc/Temp/T3/Product.aspx?idInfo=10000042&idCorp=1200000103（2020-06-24）。

的基础设施协议，有望通过交通的改善和贸易成本的降低加速非洲的城市化和区域一体化，从而形成从基础设施投入贸易增加再到投资有利可图的良性循环（virtuous cycle）。①

二 中非责任共同体

历史上中非双方始终风雨同舟、患难与共，中非团结合作的历史使命、任务与意义，始终与南南合作历史主题的阶段性嬗变相一致，始终与中国和发展中国家的复兴进程相契合。在第三世界民族解放运动时期，中国秉持国际主义精神携手亚非国家反帝反殖反霸，推动亚非国家最终实现了政治独立。中国在自身经济非常困难的时期，给非洲国家提供了大量经济和物资援助，甚至一度超过了中国自身的经济承受能力。②坦赞铁路是其中最具代表性、最富历史意义的伟大工程，中国借此有力支持了南部非洲国家的反帝反殖反种族主义斗争，也因此获得了非洲国家的信任和支持。③非洲国家对中国的外交支持也是及时的、慷慨的：借助广泛的国际统一战线，中国在面对美苏同时包围封锁的特殊困难时期有力捍卫了自己的主权和尊严；借助广大非洲国家的力量，中国在1971年最终"重返"联合国④；借助非洲这一独特窗口，中国在1989年政治风波后得以及时打破外交困局⑤；中国在台湾问题、香港问题、南海问题、人权问题上等涉及国家主权独立和完整的核心利益问题上，也得到了非洲

---

① AFDB, *African Economic Outlook 2019*, African Developing Bank, 2019, p. xx.
② 1971—1975年，援外支出占同期国家财政支出的比重达到5.88%，1973年一度高达6.92%。《孙广相谈援外体制改革》，《国际经济合作》1993年第5期，第10—11页。
③ 赞比亚国父卡翁达总统曾这样称赞道："中国是南部非洲同殖民主义、法西斯主义和种族主义进行斗争的爱国力量的主要支持者之一。中国对莫桑比克、安哥拉和津巴布韦人民的支持对这些国家的解放起了决定性的作用。"谢益显主编：《中国外交史（中华人民共和国时期1949—1979）》，河南人民出版社1988年版，第596页。
④ "第三世界强调这是战后新兴力量的有历史意义的巨大胜利。许多国家的代表表示：有九亿人口和国际关系上享有良好声望的中华人民共和国的参加，才使联合国具有充分的代表性。"黄华：《亲历与见闻——黄华回忆录》，世界知识出版社2007年版，第183页。
⑤ 1989年8月和9月，在西方国家的一片围堵声中，钱其琛外长先后应邀出访了8个非洲国家。当时，顶着西方巨大压力到中国访问的第一位外国元首来自非洲，第一位政府首脑来自非洲，第一位外长也来自非洲。

国家的一贯支持。作为现代国际体系的"后来者"和现代化进程的"后发者",亚非团结合作一直是中非双方捍卫主权和尊严、追求发展和复兴的重要力量所在。

中非责任共担的又一纬度,是中非双方在解决全球发展和全球治理问题中的相互携手。当今世界的和平赤字、发展赤字、治理赤字主要集中在发展中国家,而非洲又是发展中国家最为集中的大陆。正因为此,中国一直把非洲视为自身履行大国责任的重要地区,在非洲减贫、和平与安全、气候治理、公共卫生安全等领域给予了大量的帮助和支持。在2020年全球抗疫背景下,习近平主席在第73届世界卫生大会上明确承诺在两年内提供20亿美元国际援助,用于支持受疫情影响的国家特别是发展中国家抗疫斗争以及经济社会恢复发展,同时与二十国集团成员一道落实"暂缓最贫困国家债务偿付倡议"[①]。在2020年6月中非团结抗疫特别峰会上,习近平主席呼吁打造"中非卫生健康共同体",承诺于年内开工建设非洲疾控中心总部,郑重宣布中方将免除非洲国家截至2020年年底到期的对华无息贷款债务。[②] 中国始终把非洲作为推进全球治理的关键,在携手推动非洲发展和复兴进程中为世界做出更大贡献,正是新时代中国大国责任的重要体现。

三 中非知识和价值共同体

中非命运共同体的深入推进,离不开双方在文化、观念、思想和制度层面的相互理解、尊重和共享。中国与非洲在尊重长者和秩序,热爱家庭和集体,坚持平等和友爱,主张多元、和谐与包容等方面具有许多相似的观念和认同,在社会秩序、国家观念、世界秩序上也有许多相似的认识和理解。南非乌班图(Ubuntu)思想对平等、博爱和包容的

[①] 《习近平在第73届世界卫生大会视频会议开幕式上致辞》,《人民日报》2020年5月19日。

[②] 习近平:《团结抗疫 共克时艰——在中非团结抗疫特别峰会上的主旨讲话》,《人民日报》2020年6月18日。

弘扬①，卢旺达盖卡卡（Gacaca）传统法庭对团结、信任与和解的追求②，以及非洲传统文化对"大树下的民主"的解读③，都能在中国传统文化思想中找到共鸣与认同。不同文明的相似之处能够带来相通性，相异之处能够带来互补性。④ 中国与非洲在语言、宗教、哲学、传统习俗、生活方式以及政治观念等方面又存在许多显著差异，双方完全可以在平等的对话交流中取长补短、互学互鉴。特别是，非洲人对物质和财富的豁达，对人与自然和谐相处的淳朴坚守，对身处快速社会变迁进程中的中国人无疑是一种有益的参照。而中国人的勤奋、执着以及对效率的追求，对正在追求经济发展的非洲国家无疑也是一种富有积极意义的借鉴。不同文明的相互激荡，不只是有助于消除彼此隔阂和误解，更是不同文明相互吸引、相互补充、相互增益的重要魅力所在。

中非知识和价值互鉴还在于双方对独立、改革和发展的相互同情和声援，对发展模式和制度选择的相互尊重和互学互鉴。这种治国理政经验交流，在过去亚非民族解放运动时期是革命经验和革命精神的横向传递和相互激励，双方对民族自觉、国家独立、主权平等有着共同的认识和追求，在当前亚非复兴时期则是对经济发展、国家治理、制度建设经验的相互交流和借鉴，双方对携手追求发展和复兴因而需要深层次的观

---

① "乌班图"一词源于非洲南部的祖鲁语，意为"我存在，因为我们存在"。周鑫宇：《南非乌班图思想与新兴大国本土政治思想崛起》，《现代国际关系》2018年第2期，第56—62页；*Building a Better World: The Diplomacy of Ubuntu (final draft)*, White Paper on South Africa's Foreign Policy, Republic of South Africa, May 13, 2011, pp. 1 – 36。

② "盖卡卡"一词源于卢旺达人的金尼卢旺达语，意为"草地上的司法公正"。刘海方：《卢旺达的盖卡卡法庭》，《西亚非洲》2006年第3期，第56—62页；[美]斯蒂芬·金泽：《千丘之国：卢旺达浴火重生及其织梦人》，延飞译，世界知识出版社2014年版，第226—248页；Colin Oreilly & Yi Zhang, "Post-Genocide Justice: The Gacaca Courts", *Development Policy Review*, Volume 36, Issue 5, pp. 561 – 576。

③ 坦桑尼亚国父尼雷尔将这种"大树下的民主"想象地描绘为"先人围坐在一棵大树下，就共同体（氏族、部族或村庄）的事务展开讨论，这种讨论没有时间限制，需要多久就持续多久，直至各方达成一致意见为止"。张宏明：《多维视野中的非洲政治发展》，社会科学文献出版社1999年版，第108页。

④ 李安山教授曾指出，文明互鉴有两个层面的含义，一是不同文化的相通性，二是不同文化的互补性。李安山：《释"文明互鉴"》，《西北工业大学学报》（社会科学版）2019年第4期，第69—75页。

念和制度对话有着共同的理解和认同。这种治国理政经验交流，其重要成就，在于推动中非合作从一般意义上经贸往来和外交支持上升到了理念对话和知识共享的深度交流，推动中非南南合作在内涵和性质不断呈现新的拓展和提升，其时代意义，在于通过发展和治理经验的互学互鉴共同推动亚非复兴进程，通过战略互信和民间认同的不断增进进一步筑牢中非时代友好的情感纽带，通过观念和思想的深度对话交流逐步培育中非共享价值。这种共享价值的培育，必将为更加紧密的中非命运共同体奠定坚实的价值观的基础。

推动构建人类命运共同体，愿景十分美好，但也需要世界各国携手推进。通过双边和区域层次的命运共同体建设，逐步上升到世界范围的互利共赢共同发展以及国际体系的更加公平公正，是最终构建人类命运共同体的可行路径之一。总体上讲，在中国与世界各主要地区的整体性关系中，中非关系是基础最为牢固、发展最为稳定、外交上最值得倚重的一组关系。中非命运共同体是习近平主席最早提出的区域命运共同体，中国的意愿很明确，正是希望通过中非共筑更加紧密的利益共享、责任共担和价值互鉴，为推动构建人类命运共同体树立样板和典范。事实也的确如此，历史上中非携手反帝反殖反霸是第三世界大团结的最重要组成部分之一，对亚非民族国家的独立乃至殖民体系的终结做出过杰出贡献，新时代中非全面合作同样具有广泛的世界意义，通过中非共同发展助推全球发展和治理问题的解决，通过中非互利互助互信合作模式推动构建新型国际关系，通过新时期南南合作携手推动国际秩序的变革和完善。中非合作从一开始就具有重要的世界意义，当前更是如此。

第二节　中非命运共同体的推进路径

中非命运共同体的推进是一个系统性工程。当前中非合作涉及多个层面、多个领域、多个议题，因此全面推进命运共同体建设，也需要分清主次和重点，明确路径和步骤，方能做到提纲挈领、事半功倍。概括起来，中非命运共同体建设需要双方在国家、政党、社会三个层面予以携手推进，同时着力三条路径，即以共建"一带一路"筑牢共同利益纽带，以全球治理合作深化共同责任精神，以人文交流增进中非共享价值。

一 着眼三个层面

政府间战略对接。中非互利合作的全面深入推进离不开双方高度的战略共识，这就需要有精准的战略对接。做好政策沟通，对于实现贸易畅通、设施联通、资金融通、人心相通有着基础性、关键性意义。中国需要注重对接诸如南非、埃及、埃塞俄比亚、尼日利亚等有一定影响力的区域性大国，通过辐射效应和示范效应带动更大范围的中非合作，同时也要在资源开发、产能合作、农业合作、安全合作以及非洲互联互通等领域选择若干有着相对优势的国家，在具体领域和议题上开展先导性、引领性、示范性合作。推进政府间全面战略对接，还需要发挥好中非合作论坛的作用，充分发挥论坛在推动中非合作中的引领力，同时重视同非盟的双边战略对话与合作，充分发挥非盟在推动非洲国家发展和撬动地区合作中的塑造力和整合力。仅以非盟而言，中国于2005年向非盟派遣兼驻代表，于2015年正式设立驻非盟使团，2018年非盟正式设立驻华代表处，实现了双边关系的常态化机制化。双方自2008年召开首次"中国—非盟战略对话"以来，截至2018年已举办七次战略对话，共同探讨双方关心的重大合作议题。特别是，自2015年以来，中国携手非盟共同推进非洲"三网一化"建设，打造"四纵六横"铁路网、"三纵六横"公路网和区域航空网，全面助力非洲互联互通建设。

党际对话交流。党际外交是中国总体外交工作的重要组成部分，在中国发展与外部世界关系中发挥着不可替代的重要作用。70年来，中国共产党先是广泛支持非洲的民族政党和政治组织进行的民族独立斗争，在非洲国家取得独立后也注重同非洲革命党和执政党开展党际交流与合作。改革开放以后，中国共产党根据国内国际形势的新变化，及时调整党际关系的理论和原则，根据"独立自主、完全平等、相互尊重、互不干涉内政"四项原则同非洲各国的执政党、参政党、在野党甚至反对党开展了多渠道、多形式的交往，推动中非政党外交不断开创新局面。截至 2012 年年底，与中国共产党保持党际关系的非洲政党有 80 多个。[①] 党的十八大以来，中国共产党以习近平外交思想为指引，着力"抓政党、抓调研、抓人脉、抓形象"，在携手共建中非命运共同体进程中发挥着重要而又独特的作用。[②] 主要体现在：一是塑造共识，中非政党通过双多边渠道就涉及共同关注的双边、区域和全球性问题进行沟通，有助于各方在战略或舆论层面凝聚共识、减少分歧，进而为国家关系的开展奠定重要基础；二是塑造形象，通过政党交流渠道对外讲好中国故事，向非洲方面客观介绍中国的国内发展、治国理政经验和对外政策，有利于增信释疑、增进认同；三是培育人脉，政党外交在本质上是做"人"的工作，要通过政党交流在非洲各国各界广交朋友、广结人缘；四是助力中非合作和非洲发展，通过政党交流的广泛影响力和辐射力推动中非企业界和民间力量参与中非互利合作，助推非洲发展和治理难题，比如，"中非农业合作论坛"和"中国—西亚北非中小企业论坛"就是在中联部的倡议和推动下发起成立的合作机制。

民间全面互动。民间外交和公共外交是推动中非民间互动的外交方式，二者既有关联又有区别，前者指非官方的对外交流，比如社会团体、智库、媒体、学者、企业界人士参与对外交往活动；后者则专指一国政府着眼他国公众而开展的外交活动，比如一国政府针对他国公众举办的展览和宣介，或者邀请他国民间组织人士来华参观和学习，其主体是官方，而客体则是外国公众。二者的共同之处，在性质上都属于人文交流的大范畴，在目的上都着眼增进他国公众对本国的认识和了解，进而为双边关系铸就民间和舆论基础。中国高度重视中非人文交流，无论是在中非合作论坛约翰内斯堡峰会提出的"十大合作计划"，还是中非合作论坛北京峰会提出的"八大行动"，都明确提出若干支持中非人文交流的政策和举措。比如，在"八项行动"中，中国决定设立中国非洲研究院、

[①] 钟伟云：《当前非洲政党政治的阶段性特征及中非政党关系》，载张宏明主编《非洲发展报告（2014—2015）——中国在非洲的软实力：成效、问题与出路》，社会科学文献出版社 2015 年版，第 190—205 页。

[②] 《"习近平外交思想与新中国成立七十年党的对外工作理论创新研讨会"在京举行》，《人民日报》2019 年 10 月 26 日。

打造中非媒体合作网络、继续推动中非互设文化中心、支持非方申办孔子学院,同时承诺在三年内为非洲提供 5 万个中国政府奖学金名额,为非洲提供 5 万个研修培训名额,邀请 2000 名非洲青年来华交流。[1] 加强对非民间外交和公共外交,推进中非人文交流合作,其历史意义与时代价值极为重要,它有助于中国构建更有亲和力、吸引力和感召力的国家形象和现代身份,有助于通过中非人文相互激荡进而促进各自文化的繁荣、提升各自文化自信,有助于中非双方通过文化交流和观念互动减少分歧、增进互信,进而培育共享价值,为中非关系的永续发展奠定坚实的人文和情感基础。

二 着力三条路径

以共建"一带一路"筑牢共同利益纽带。非洲是"一带一路"的重点区域,非盟和非洲国家是共建"一带一路"的重要伙伴。截至 2019 年 3 月底,中国政府已与 125 个国家和 29 个国际组织签署 173 份合作文件[2],其中包括非盟和近 40 个非洲国家。[3] 对中国而言,中非携手推进"一带一路"国际合作,能够显著拓展中国与外部世界的合作关系,助推形成"陆海内外联动、东西双向互济"的对外开放新格局。借助向西"走出去",中国能够显著推动亚欧非大陆的互联互通,推动太平洋和印度洋在发展上的更趋联动,从而更加有效连接三个"10 亿人口"的大市场,即欧亚大陆桥区域超过 10 亿人口的大市场,南亚超过 10 亿人口的大市场,以及非洲超过 10 亿人口的大市场。对于非洲国家,它们期待更多分享中国的发展机遇,借助中非合作全面助力非洲基础设施建设和产业现代化,抓住新一轮全球产业链供应链价值链的重塑更加深度融入全球

---

[1] 习近平:《携手共命运 同心促发展——在 2018 年中非合作论坛北京峰会开幕式上的主旨演讲》,《人民日报》2018 年 9 月 3 日。

[2] 推进"一带一路"建设工作领导小组办公室:《共建"一带一路"倡议:进展、贡献与展望》,2019 年 4 月 22 日,中国政府网,http://www.gov.cn/xinwen/2019-04/22/content_5385144.htm(2020-06-29)。

[3] 截至 2018 年 8 月,中国已与 37 个非洲国家及非盟签署了共建"一带一路"谅解备忘录。参见《中国与非洲 37 国及非洲联盟签署共建"一带一路"谅解备忘录》,2018 年 9 月 8 日,中国政府网,http://www.gov.cn/xinwen/2018-09/08/content_5320263.htm(2020-06-29)。

市场。在过去几十年里,许多非洲国家在市场上屈居于西方经济体系的边缘,在发展政策和经验上听命于西方大国及其主导的国际金融机构的指点,但结果未能如愿实现发展,一些国家甚至存在事实上的"去工业化"进程。在经历了独立后几十年的艰辛探索后,非洲国家普遍把目光投向中国和东亚国家,希望有效连接蓬勃发展的东亚市场,更多分享东亚发展经验,为非洲发展探寻新的发展机遇。虽然新一轮亚非合作成效的完整显现尚需时日,但可以肯定的是,"一带一路"合作能为非洲国家带来新的发展选择,为它们展现新的发展路径,对那些苦苦追求发展数十年的非洲国家,这本身就具有重要意义。

以全球治理合作深化共同责任精神。中非深化全球治理合作,不只是携手解决非洲和全球的重大治理难题,也在于携手推进全球治理体系变革和完善。全球治理体系变革完善的重要方向,就是要提升发展中国家的国际影响力和话语权,改变长期以来发达国家"治人"、发展中国家"治于人"的不平等治理体系,推动全球治理体系由不平等的中心—边缘结构转变为更为平等均衡的偏平化、网格化结构。尤其需要着力提升四种全球治理话语权:一是规则制定权,即参与国际规则的制定和修改,最大程度通过规则和规范来维护发展中国家的应有权益;二是议程设置权,即在重大国际组织或多边场合参与议程设置,特别是积极参与关乎发展中国家和平与发展重大议题的讨论和解决;三是话语呈现权,即在重大国际场合发出发展中国家的声音、提出发展中国家的方案、贡献发展中国家的智慧;四是是非裁判权,也就说要捍卫发展中国家在重大国内国际问题上是非曲直的判断权力,不能任由他国他人曲解和误读。中非双方一直秉持共商共建共享的原则不断提升中非合作论坛的机制化水平和务实合作成效,充分展现了论坛在引领国际对非合作中的示范性意义;中国携手南非不断推进金砖组织的发展,通过"金砖+"模式推动新兴发展中大国更加关注非洲的和平与发展;中国一直支持非洲在联合国安理会改革问题上的立场和主张,一直支持非盟在非洲若干重大问题上的政策和决定,都是中非携手推进全球治理体系改革并提升发展中国家应有国际话语权的重要举措。

以人文交流增进中非共享价值。人者,仁也,爱人;文者,纹也,风采。[①] 人文交流就是要推动不同民族不同国家相互理解、相互信任，推动不同文化不同文明相互尊重、互学互鉴，正所谓美人之美，才能美美与共。新时代中非人文交流，就是要以推动构建文化共兴的中非命运共同体为时代使命，以增进中非民心相通、培育中非共享价值、推动中非文化共荣为历史责任。这种使命和责任呈现三个纬度：一是增进中非民心相通，就是要对彼此的历史、文化、风土、人情有更多的了解，对彼此的宗教、哲学和观念有更多的尊重，对彼此的发展诉求和期待有更多的理解。二是培育中非共享价值，就是要在历史和文化的相互了解基础上，推动更为深层次的思想、观念和制度层面的互学互鉴，特别是通过治国理政经验交流更多了解、尊重和学习对方的发展道路选择及其背后的理论逻辑和价值追求。如果说中国与西方国家的治理经验交流主要在于释疑增信的话，那么中非治理经验交流则着眼培育共享价值，着眼为中非世代友好打下坚实的价值观基础。三是推动中非文化共荣，就是要通过相互间思想文化上的相互激荡，共同推动中非文化上的共同发展和繁荣，其意义，在于能够增进中非人民的文化自立和文化自信，为亚非复兴提供更为深厚的文化基础和更为强劲的文化动力，从更为宽广的全球纬度讲，中非文化共荣能够显著推进全球文化的多样化多元化发展，推动南北双方在文化、思想和观念层面的更为平等、更为均衡，这是当今世界体系变革和发展的重要方面。

第三节 中国对非外交实践创新

携手打造更加紧密的中非命运共同体，还需要不断推进对非外交实践创新，不断提升中非务实合作水平。

一 实现政治、经济、文化、安全各领域平衡发展的"全方位"合作新局面

70年来，中非合作始终着眼亚非复兴进程，其历史任务由亚非民族

[①] 刘鸿武、林晨：《人文交流推动中非合作行稳致远》，《西亚非洲》2020年第2期，第22—32页。

独立时期的携手反帝反殖反霸,到政治独立后共同追求经济发展,再到当前携手追求更加全面意义上民族复兴,呈现出阶段性向前推进的态势。在此背景下,中非合作的领域不断拓展、合作内容不断丰富、合作方式更加多元,合作机制不断完善,已经形成一种政治、经济、文化、安全各领域平衡发展的"全方位"合作新局面。其内在逻辑关系,政治互信是引领,经济互利合作是主体,人文交流和安全合作则是两"翼",是为中非合作提供不可或缺的软支撑和硬支撑。[①] 中非关系要行稳致远,必须实现各领域合作的均衡发展。

全方位互利合作为中非关系健康可持续发展奠定了重要基础。从纵向的历史比较,虽然中非在携手反帝反殖反霸时期有过紧密的政治合作,但就中非关系的全面性、稳定性、可持续性而言,当前中非合作无疑是 70 年中非关系史上最好的时期。从横向的国际比较,虽然西方大国在非洲部分国家和地区有着牢固的历史和文化联系,对非洲也有着长期的政治和安全渗透,但就中非合作的发展速度、双边关系的不断跃升、中国对非洲大陆的全面重视程度,以及中非合作全球示范效应的不断增长而言,中非关系在非洲与外部世界关系中可以说是最为突出的。总体上讲,中非相互依赖、相互影响不断深化,中非利益和责任的相互交融越来越深入,中非关系的国际影响力越来越大,使中非关系已经发展到了一个具有高度稳定性的阶段。

二 打造政府外交与政党外交、公共外交与民间外交、国家外交和地方外事相互携手的"大外交"新体系

当前中国对非外交早已是"大外交"格局。随着合作领域的不断拓展和外交任务的多元化,对非外交形成了以外交部为主,各领域、各层级、各部门共同参与,政党、人大、政协、妇女、青年、智库、学者密切配合的新局面。这里尤其需要强调的,是首脑外交在中非合作中的关键性引领作用。从 2013 年到 2018 年,习近平以国家主席身份已经先后四

---

① 张宏明:《如何辩证地看待中国在非洲的国际处境——兼论中国何以在大国在非洲新一轮竞争中赢得"战略主动"》,《西亚非洲》2014 年第 4 期,第 4—25 页。

次踏上非洲大陆，特别是他在当选和连任国家主席后的首次出访都选择了非洲，足见中国对非洲的重视。习近平主席着眼中非世代友好和非洲人民的根本福祉，明确提出"真实亲诚"的对非合作理念和正确义利观，推动对非合作理念在历史继承的基础上呈现重大创新，为 21 世纪中非合作提供了理论指导和根本遵循。在他的推动下，中非双方携手把中非关系从"新型战略伙伴关系"提升到了"全面战略合作伙伴关系"，进而上升到共筑更加紧密的"中非命运共同体"的历史高度，为中非关系的长远发展绘制了蓝图和方向。

随着"一带一路"的深入发展，地方政府对中非合作的参与日趋广泛和深入，成为国家外交的重要补充，成为对非"大外交"的重要组成部分，成为中国对非合作的亮丽风景线。特别是，各省市积极响应和对接"一带一路"合作倡议，与时俱进地调整自身在对非"走出去"中的定位，充分挖掘地方资源禀赋和发展要素，主动全面融入新时代国家对外开放大格局。其形式，在继续强调对非文化交流、旅游合作、友城建设的同时，近年来显著加强了对非经贸往来，推动地方企业参与非洲的境外经贸合作区建设，以及利用国内自贸试验区和上海进口博览会等新平台不断推动中非互利合作，日益形成外事、外宣、外经、外资、外贸"五外"联动新格局。中国人民对外友好协会为推进中非交往，在中非合作论坛框架下建立并不断完善中非地方政府合作论坛，以促进中非地方政府合作和民间往来，成为中非地方合作的重要平台。

三 构筑双边、三边、多边与整体外交相互配合的"立体化"外交新格局

21 世纪以来，中非合作在双边之外，多边合作和整体外交得到了快速发展，成为推动中非关系不断转型升级的重要因素。以三边合作为例，中国一直本着开放的心态与美欧探讨并逐步开展在非洲的三边合作，同时提出并始终尊重"非洲提出、非洲同意、非洲主导"三原则。再以多边合作为例，当前中非多边合作在多层面、多维度、多领域全面展开。比如，中国与南非携手推进金砖合作，通过"金砖+"模式更多关注非洲和平与发展问题。中国一直注重同 77 国集团的协调合作，同时开创了

"77国集团和中国"模式，通过集体发声共同捍卫非洲和发展中国家的权益。在2020年4月3日，"77国集团和中国"就全球抗疫发表声明，呼吁国际社会在抗疫中团结合作，同时加大对发展中国家的支持力度。此外，中非外长在联合国层面有着正式或非正式的会晤，共同协调在联合国的重要行动。

在双边、三边和多边之外，中非合作论坛机制还开创了对非整体外交这一新形式。整体外交是一种"1＋N"模式，即以中国为一方，以一个地区所有国家为另一方的合作模式，兼具双边合作和多边合作的性质。[①] 自2000年中非合作论坛开启中国与非洲国家的多边磋商和集体对话以来，中国相继搭建了中阿合作论坛、中国—中东欧"17＋1"合作机制、中拉合作论坛，实现了对发展中国家整体外交的全覆盖。中非合作论坛自成立以来，显著提升了中非合作的制度化水平，其功能和价值至少有如下六点：

（1）不断提升中非关系的战略定位。从2006年中非合作论坛北京峰会宣布共同致力于建设政治上平等互信、经济上合作共赢、文化上交流互鉴的"新型战略伙伴关系"，到2015年约翰内斯堡峰会上提出政治上平等互信、经济上合作共赢、文明上交流互鉴、安全上守望相助、国际事务中团结协作的"全面战略合作伙伴关系"，中非关系的定位不断深化和提升，中非合作内涵不断拓展。

（2）绘就中非合作的发展愿景。习近平主席在2013年首次提出中非命运共同体以来，在2018年中非合作论坛峰会上更是明确提出构建"更加紧密的中非命运共同体"的时代命题，深刻指出其内涵在于责任共担、合作共赢、幸福共享、文化共兴、安全共筑、和谐共生的"六位一体"，为未来中非友好合作指明了前进方向。

（3）不断创新合作机制和平台。论坛框架下搭建了中非企业家大会、中非民间论坛、中非智库论坛、中非青年领导人论坛等交流平台，设立

---

① 国内学者对中国整体外交的相关论述可参见张春《中国对发展中地区整体外交研究》，《国际展望》2018年第5期，第18—35页；孙德刚：《合而治之：论新时代中国的整体外交》，《世界经济与政治》2020年第4期，第53—80页。

了诸如中非人力资源开发基金、中非和平安全合作基金，倡议实施了"非洲人才计划""非洲跨区域基础设施建设伙伴关系""中非联合研究计划""中非智库10+10合作伙伴计划"等具体的合作倡议。

（4）共同商议并确定中非重大合作事项。论坛每三年都会推出"一揽子"合作计划，并通过行动计划予以具体落实，比如2006年提出中非合作"八项举措"，2009年提出"八项新举措"，2012年提出"五个重点领域"合作，2015年提出"十大合作计划"，2018年提出"八项行动"。

（5）推动中非务实合作取得重大合作成就。在中非合作论坛的牵引和推动下，中非双方显著加大了在非洲的基础设施合作，建立了诸如蒙内铁路、亚吉铁路、阿卡铁路等一批铁路和公路项目，在推动非洲互联互通方面发挥了重要作用。中非经贸成果不断创下新高，2019年中非贸易往来突破2000亿美元，中国已连续11年成为非洲第一大贸易伙伴。中非双方还不断挖掘新的合作增长点，特别是通过在减贫、卫生等领域的合作助推非洲民生发展，通过经验交流和人力资源培训助推非洲能力建设。[①]

（6）引领和推动了国际对非合作。中非合作论坛在创立后，特别是2006年中非北京峰会召开之后，日益呈现出规格高、阵容大、议题广、务实举措多、国际影响大的特点，同时也展现了中非合作一贯坚持的真诚友好、平等相待、合作共赢、共同发展的原则和特色。论坛极大地推动了一些发达国家更加重视与非洲的高层对话，比如，日本主导的"东京非洲发展国际会议"在2016年第六届峰会上决定把会议频率从以往五年一次调整为三年一次，同时显著加大了对非洲的投资和援助；欧盟在

[①] 王毅外长在2020年1月会见非洲朋友时谈道，在基础设施方面，中国在非洲建设的铁路和公路已分别超过6000公里，还建设了近20个港口和80多个大型电力设施，促进了非洲工业化进程，提升了非洲的自主发展能力。在民生领域，中方迄今已援建了130多个医疗设施、45个体育馆、170多所学校，近5年培训非洲各类人才超过20万人次，分布在非洲各行各业，为增进非洲人民的切身利益和福祉做出了重要贡献。在贸易和投资方面，2019年，中非贸易额突破2000亿美元，中国已连续11年成为非洲第一大贸易伙伴。中国对非直接投资存量达1100亿美元，3700多家中国企业在非洲各地投资兴业，为非洲经济的持续增长提供了强劲动力。王毅：《中非合作引领国际对非合作》，2020年1月13日，中国政府网，http://www.gov.cn/guowuyuan/2020-01/13/content_5468541.htm（2020-07-02）。

2017年把以前的"欧非峰会"(EU-Africa Summit)的传统称谓改为"非盟—欧盟峰会"(AU-EU Summit),显示出欧盟更加尊重非洲的主体地位,更加重视与非盟的双边合作。中非合作论坛也极大推动新兴经济体更加关注非洲以及与非洲的合作。在此背景下,韩国—非洲论坛、南美—非洲峰会、印度—非洲峰会和土耳其—非洲峰会等相继举办,非洲与新兴经济体的制度化合作平台不断增多。① 由中非合作论坛带动的国际对非多边外交热潮为非洲创造了更多的国际合作机会,为非洲发展赢得了更多的外部支持,有助于推动非洲国家更为深入地参与全球化进程(表8—1)。

表8—1　　新兴国家(地区)主办的非洲论坛(峰会)一览

论坛名称	首次举办的时间和地点	首次论坛的规模	机制
韩国—非洲论坛	2006年11月7—9日,首尔	24个非洲国家代表团与会,其中包括刚果(布)、尼日利亚、加纳、坦桑尼亚和贝宁5个非洲国家的总统	三年一届
南美—非洲峰会	2006年11月30日,阿布贾	47个非洲国家和11个南美洲国家的代表,包括23个国家的总统	计划三年一届
印度—非洲论坛峰会	2008年4月8—9日,新德里	14个非洲国家的领导人及非洲联盟委员会主席科纳雷	计划三年一届
土耳其—非洲峰会	2008年8月18—21日,伊斯坦布尔	非洲50个国家的政府首脑或代表	2014年11月第二届峰会
伊朗—非洲论坛	2010年9月14—15日,德黑兰	30个非洲国家代表,包括马拉维和塞内加尔总统	尚未举办第二届

资料来源:作者根据相关资料整理。

---

① 国内学者对此多有论述。李安山:《论中非合作的原则与面临的困境》,《上海师范大学学报》(哲学社会科学版)2011年第6期,第111—121页。

第九章

合作范例二：中拉命运共同体的机遇、挑战与建议

  拉丁美洲和加勒比国家是发展中国家的重要组成部分，是中国全面推进"一带一路"国际合作和深入参与全球治理进程的重要合作伙伴。中国提出并积极推动"中拉命运共同体"，正是着眼打造双方利益共享、责任共担、命运与共的新局面，携手拉美国家实现互利共赢和共同发展。中拉命运共同体面临许多新的发展契机，双方在发展合作中相互需求不断深化，治理经验互学互鉴稳步推进，政治与外交领域的相互支持也在不断加强。但同时也面临双方互信不足、拉美民粹主义带来不确定性，以及来自美国对中拉合作的"域外干扰"等问题。未来中拉合作的顺利开展，需要以"一带一路"合作为主线厚植中拉利益纽带，以人文交流合作为主线培育中拉互信与共识，以全球治理合作为主线筑牢中拉责任共担新格局。

拉丁美洲和加勒比国家是发展中国家的重要组成部分，是中国全面推进"一带一路"国际合作和深入参与全球治理进程的重要合作伙伴。中国提出并积极推动"中拉命运共同体"，正是着眼打造双方利益共享、责任共担、命运与共的新局面，携手拉美国家实现互利共赢和共同发展。近年来，中拉全方位互利合作不断增进，诸如发展上的相互需求、治国理政经验的互学互鉴，以及国际事务中的相互配合，为构建中拉命运共

同体提供了重要机遇。与此同时，中拉互信不足、拉美民粹主义盛行，以及美国的"域外干涉"，仍是当前中拉合作面临的挑战与困难。着眼未来，中拉需要继续在双边层面厚植互利合作和情感认同，不断拓展提升双边合作的层次和水平，同时也需要从更大的全球纬度来认识新时代中拉命运共同体的战略价值和世界意义，进而为全球发展、全球治理乃至全球治理体系的变革做出更大贡献。

第一节　中拉命运共同体的提出

党的十八大以来，中国日益站在新的历史方位上审视自身利益与国际责任，重新思考自身与外部世界的关系。中国外交的重要追求，是通过更加全方位的对外开放推动与外部世界的互利共赢共同发展，通过更加深入参与全球发展和治理进程进而彰显自身不断提升的大国责任。继续推进提升与拉丁美洲和加勒比国家的互利合作，借此更加全面拓展与发展中国家的团结合作，自然是新时代中国外交的重要方面。面对中国的快速发展，拉美国家也注重"向西看"，希望更多分享中国发展机遇以实现经济增长，希望通过中拉合作整体性改善和提升拉美在世界的影响力。2014年7月，习近平主席出访拉美期间，呼吁打造携手共进的中拉命运共同体，构建政治上真诚互信、经贸上合作共赢、人文上互学互鉴、国际事务中密切协作、整体合作和双边关系相互促进的中拉关系"五位一体"新格局，得到了拉美国家的积极响应。[①] 中拉命运共同体的提出和稳步推进，为中拉实现发展战略的全面对接勾画了蓝图，为双方全方位互利合作注入了强大动力。中拉合作由此进入历史新阶段。

在"中拉命运共同体"理念的指导下，中拉合作不断取得新成就，中拉关系不断跃上新台阶。中国在拉美地区的"朋友圈"不断扩大，先后与巴西、秘鲁、墨西哥、委内瑞拉、阿根廷、智利、厄瓜多尔等国建立全面战略伙伴关系，与乌拉圭、哥斯达黎加建立战略伙伴关系。2017

[①] 习近平：《努力构建携手共进的命运共同体——在中国—拉美和加勒比国家领导人会晤上的主旨讲话》，《人民日报》2014年7月19日。

年至2018年，中国先后与巴拿马、多米尼加和萨尔瓦多正式建立外交关系。与此同时，中拉合作平台也在不断丰富，合作渠道不断拓展。一是海上丝绸之路不断向拉美延伸，截至2020年1月，已有19个拉美国家与中国签署了共建"一带一路"双边文件[①]；二是截至2020年5月，已有7个拉美国家成为亚投行（意向）成员国，中拉在多边投融资活动中的对话与合作进一步加强[②]；三是2015年1月中国—拉共体论坛首届部长级会议召开，中拉整体合作正式启动，迄今已召开两届部长级会议，日益形成整体合作与双边合作并行发展、相互促进的新局面。在此背景下，双方战略对接不断推进，高层往来、经贸合作、人文交流得到全面发展，在国际事务中相互支持也得到显著加强。

中拉合作前景广阔，发展成就显著，但双方合作仍存在不少干扰和制约因素，需要各方予以正视并妥善解决。中拉经贸合作还存在结构性失衡，战略互信程度仍有待提高，民众相互理解和认同还须不断发展。当前全球经济复苏缓慢，经济增长乏力，特别是新冠肺炎疫情发生以来，世界范围内"逆全球化"倾向愈加明显，助长了部分拉美国家的贸易保护主义和经济民族主义情绪。美欧民粹主义继续走强、社会极化加深，与拉美国家的民粹主义情绪相互影响，极大影响着一些拉美国家的政治发展和内外政策选择。世界范围内大国战略互信不断走低，大国竞争态势不断升级，特别是中美竞争关系显著复杂，对拉美国家的外交选择产生了不同程度的影响，给中拉合作带来了更多不确定性因素。这些因素，需要双方予以正视并妥善解决。

第二节　中拉命运共同体的合作增长点

中拉命运共同体的稳步推进，需要双方基于共同利益需要，不断扩

[①] 统计数据截至2020年1月底。参见《已同中国签订共建"一带一路"合作文件的国家一览》，中国"一带一路"网，https：//www.yidaiyilu.gov.cn/xwzx/roll/77298.htm（2020-06-12）。

[②] "Members and Prospective Members of the Bank"，Asian Infrastructure Investment Bank，https：//www.aiib.org/en/about-aiib/governance/members-of-bank/index.html（2020-06-12）.

大利益契合点和交融点，不断深化双方互利合作和全球层面的相互配合。中国快速发展所呈现的巨大发展机遇，中国治理经验所彰显的独特魅力，双方不断增加的全方位互利合作需求，以及双方在国际体系层面的相互配合和支持，都是双方合作可以继续挖掘的生长点。

一 发展合作中的相互需求

如何实现经济社会的快速发展是发展中国家的普遍关切，也是拉美地区长期以来的强烈诉求。历史上，拉美国家尝试过多种发展模式，先后经历了"进口替代工业""新自由主义"等发展模式和政策，在实现了阶段性的经济增长后，无一例外地遭遇了发展瓶颈。一直以来，拉美地区国家被视为"中等收入陷阱"的典型案例。根据世界银行 2020 年最新的收入划分标准与统计数据，42 个拉美国家和地区之中，25 个位列中等收入乃至低收入行列，整体上拉美地区依然迟滞于"中等收入陷阱"[①]。经合组织的研究报告显示，对于大部分拉美国家而言，如果经济无法实现较快增长，则其跨越中等收入阶段至少还需要 40 年的时间。[②] 世界银行的数据显示，若按 2010 年美元不变价格计算，1980—2018 年，拉美地区占世界 GDP 的比重已由 8.9% 降至 7.4%。[③] 这并不意味着过去 40 年拉美经济没有增长，而是相对于中国和东亚国家的经济快速提升，拉美地区的经济发展显然明显滞后。

如何回应拉美国家的发展诉求，是外部世界与拉美交往的关键所在。在拉美国家长期流行的结构主义认为，造成拉美发展困境的重要原因在于"中心—外围"的世界经济结构，"中心"国家的技术垄断、美元金融霸权及拉美自身"外向型"经济的脆弱性，都使拉美至今难以摆脱对中心世界的依附。自 2008 年国际金融危机以来，经济全球化遭遇波折，西方国家经

---

① "World Bank Country and Lending Groups", World Bank, https://datahelpdesk.worldbank.org/knowledgebase/articles/906519 – world – bank – country – and – lending – groups（2020 – 05 – 02）.

② "Latin American Economic Outlook 2019: Development in Transition", *OECD Development Centre*, p. 98.

③ World Bank Data, https://data.worldbank.org.cn/indicator/NY.GDP.MKTP.KD.ZG?end = 2018&locations = ZJ&start = 1961&view = chart（2020 – 05 – 02）.

济发展明显放缓,保护主义、内顾倾向加重,特别是美国特朗普政府奉行了一系列美国利益优先政策,例如修建美墨边境隔离墙、驱逐拉美裔非法移民、退出"跨太平洋伙伴关系协定"(TPP),既为世界带来了诸多不确定因素,又给美拉关系造成龃龉。在此情况下,中国利用自身经济红利,积极促进全球合作和共同发展,为世界提供了诸如"一带一路"和亚投行等国际公共产品,无疑是对世界发展和全球治理的有益补充。

当前中拉互利合作主要有三种形态。一是中拉在能源资源领域的相互依赖,这是拉升中拉经贸合作关系的原动力。中国是拉美在农产品、矿产品和工业原材料的主要出口国,如石油、大豆、铜、铁,稳定对中国的原材料出口是拉美国家维系经济发展的重要基础。同时,中国能源资源的对外依存度高,也迫切希望实现资源能源进口的多元化,拉美地区对于保障中国经济发展所需的资源能源供应、维护能源安全有着至关重要的作用。二是双方在产能合作上的巨大需求,这是提升中拉经贸合作水平的新动力。中国经济结构调整需要适度向外转移优质过剩产能,而拉美的工业化进程发展迟缓,一些国家甚至存在持续地去工业化现象,因此也希望借助与中国的合作提升它们的工业化能力。拉美国家的迫切期望,是希望通过产能合作提高能矿产品的附加值,从而摆脱长期以来的"资源诅咒"。三是双方在政策、标准、规则上的对接,这是中拉合作提质增效的必需。中拉加强在贸易、投资、金融、保险、知识产权等领域的全面对接,加强双多边合作机制和规则建设,有助于扫除双方合作中的规则、法律和体制机制障碍,有助于打造更加稳定、透明、廉洁的投融资环境。当前"一带一路"国际合作强调战略政策的对接和标准规则的共建,其意义正在于此。

对于中国发展之于拉美的积极意义,包括拉美在内的国际社会给予了积极肯定。巴西瓦加斯基金会国际关系研究中心主任奥利弗·施廷克尔(Oliver Stuenkel)认为,中国利用"新丝绸之路"建立起连接亚洲与外部世界的一体化平台,中国将在其中担当世界和地区领导者的角色。[1]

---

[1] Oliver Stuenkel, "China Consolida Protagonismo na Economia Mundial", *Avaliam Analistas*, June 6, 2017, https://www12.senado.leg.br/noticias/materias/2017/06/05/china–consolida–protagonismo–na–economia–mundial–avaliam–analistas(2020–05–14).

一些国际多边机构看好中国在世界经济中扮演的积极角色，认为中国在实现自身发展的同时也为世界经济注入了新动力。联合国拉美经委会发布的《拉美经济展望 2019》认为，中国、美国和欧盟是世界发展的三大中心。世界银行《2020 年世界发展报告：在全球价值链时代以贸易促发展》指出，中国和美国是全球价值链中的两大角色，"21 世纪以来，全球价值链加速发展，中国加入世界贸易组织和融入全球经济是主要原因之一"[1]。近年来，中拉深化合作相向而行，必将助力拉美实现经济社会的发展愿景。

部分西方媒体和学者将中美两国与拉美的合作进行对比。《金融时报》的一篇报道用"建墙"（Build Wall）与"筑桥"（Build Bridge）来分别形容美国和中国的对外合作政策，"拉美正在遭受 20 世纪 80 年代'失去的十年'以来最慢的经济增长。在这样一个紧要关头，美国没有帮助拉美，而是在退却……在拉美，特朗普在筑墙，而习近平则在建桥"[2]。《迈阿密先驱报》记者奥本海默认为，"美国在拉美留下的'真空'正在被中国填补"[3]。美国学者西蒙德·罗伯逊（Raymond Robertson）认为，"美国对拉丁美洲的相对冷漠为中国创造了巨大的机会。过去 20 年，中国在拉美的影响力不断扩大，促使一大批学者关注中国与拉美的关系"[4]。波士顿大学教授凯文·伽拉格（Kevin Gallagher）将拉美国家独立后的经济发展分为四个历史阶段，即大宗商品"彩票"期（Commodity Lottery）、国家主导的工业化（State-Led Industrialization）、"华盛顿共识"（Washington Consensus）、"北京繁荣"（China Boom）（表 9—1）。他认为，自入

---

[1] "World Development Report 2020: Trading for Development in the Age of Global Value Chains", *World Bank Group*, p. 19.

[2] Kevin P. Gallagher, "Trump Builds Walls, Xi Builds Bridges in Lat-Am," *Financial Times*, November 16, 2016, http://blogs.ft.com/beyond-brics/2016/11/16/trump-builds-walls-xibuilds-bridges-in-latam/? mhq5j=e3（2020-05-21）.

[3] Andrés Oppenheimer, "Trump's Negative Latin American Agenda Will Help China", *Miami Herald*, December 21, 2016, http://www.miamiherald.com/news/local/news-columns-blogs/andres-oppenheimer/article121973974.html（2020-05-28）.

[4] Raymond Robertson, "Red is the New Green: The Rise of China's Influence in Latin America", *Latin American Research Review*, Volume 53, Issue 4, 2019, pp. 763-771.

世以来中国对拉美经济发展的贡献巨大,"北京共识"对拉美经济的提升带动力超越了"华盛顿共识"时期。他同时指出拉美在2008年金融危机后得以恢复并在其后十年实现增长正是得益于中国的经济发展,因而呼吁拉美国家搭乘中国的顺风车(ride China's coattails)。[1] 凯文教授的统计数据是否完全精准暂且不论,但他的论点无疑具有一定的冲击力,为世人思考拉美经济发展提供了一些新的视角。

表9—1　　　　　　　　　拉美国家独立后的经济发展

发展阶段	时间	GDP增长率(%)	人均GDP增长率(%)
大宗商品"彩票"(Commodity Lottery)	1870—1929年	3.4	1.5
国家主导的工业化(State-Led Industrialization)	1930—1980年	4.9	2.2
华盛顿共识(Washington Consensus)	1980—2002年	2.4	0.5
北京繁荣(China Boom)	2003—2013年	3.6	2.4

资料来源：Kevin P. Gallagher, *The China Triangle*: *Latin America's China Boom and the Fate of the Washington Consensus*, Oxford University Press, 2016, p. 18。

二　治理经验的互学互鉴

长期以来,很多拉美国家一直未能处理好社会转型与政治稳定的关系,成为拉美政治发展的一个痼疾。《拉美经济展望2019》以"新发展陷阱"(New development traps)来描述当前拉美的治理困境,认为拉美国家存在生产力陷阱(Productivity trap)、社会脆弱陷阱(Social vulnerability trap)、制度陷阱(Institutional trap)和环境陷阱(Environmental trap)四大发展陷阱。其中,制度陷阱体现为国家治理能力不足,特别是无法为约占社会总人口40%的中产阶层提供有效的服务和保障,无法满足他们

---

[1] Kevin P. Gallagher, *The China Triangle*: *Latin America's China Boom and the Fate of the Washington Consensus*, Oxford University Press, 2016, pp. 5 – 30.

在公共安全和公共服务等领域的诉求,这是导致拉美中产阶层不稳定进而引发社会脆弱的重要原因。[1] 如何提升治理能力已经成为拉美发展的优先议程之一。

改革开放以来,中国经济社会发展取得巨大成功,在贫困治理、经济建设、体制改革、社会转型等方面积累了丰富的经验。如何相互分享治国理政和发展经验,如何更好推动中拉双方的发展与现代化进程,成为中拉合作的重要内容。在2016年11月中国政府发布的《中国对拉美和加勒比政策文件》中,明确载入"从各自历史传统和发展实践中汲取经验智慧,进一步加强在治国理政和发展领域经验交流,助力双方共同发展"[2]。2018年1月中拉论坛第二届部长级会议发布《圣地亚哥宣言》,明确宣布双方秉持"和平合作、开放包容、互学互鉴、互利共赢"的精神,推动政府、政党、智库、企业家、青年、妇女各层面的人文交流,加强在经济、教育、科技、文化、体育各领域的经验交流。[3] 在此背景下,中拉人文交流得到快速发展,各层面、各领域的经验交流和人力资源开发合作相继展开。

治国理政经验交流是一种基于相互平等基础上的互学互鉴。中国需要更多了解拉美的历史文化和经济社会发展,更多了解拉美的洲情、国情、社情和民情,这是开展对拉美工作的前提。中国还需要认真研究拉美国家的发展道路、发展路径和发展政策选择,既包括它们如何率先进入新兴工业化国家和新兴经济体行列的经验,也包括它们何以长期陷入"中等收入陷阱"和"新自由主义陷阱"的教训。在当前中国改革进入深水区、经济结构性矛盾更加突出的特殊时期,拉美发展的经验教训对于中国如何推进改革开放、如何完善国内治理体系、如何加强现代治理能力建设,特别是如何规避经济转型过程中面临的诸多难题,都有着特殊的意义。

---

[1] "Latin American Economic Outlook 2019: Development in Transition", *OECD Development Centre*, pp. 97 – 118.

[2] 《中国对拉美和加勒比政策文件》,《人民日报》2016年11月25日。

[3] 《中国—拉共体第二届部长级会议圣地亚哥宣言》,2018年2月2日,中拉论坛官网,http://www.chinacelacforum.org/chn/zywj/t1531606.htm(2020 – 06 – 14)。

三 政治与外交领域的相互支持

在人权、台湾、南海等涉及中国核心利益的主权问题上，拉美是中国外交争取的重要对象。尤其在台湾问题上，拉美在过去很长时期里一直是两岸在国际舞台争夺的重要对象。在巴拿马、多米尼加和萨尔瓦多相继与中国建立外交关系后，拉美地区仍有 9 个国家与台湾保持了所谓的"外交关系"，在总共 17 个台湾"邦交国"中占据多数。台湾地区领导人经常借出访拉美"邦交国"过境美国，以此实现美台高层互动。因此，争取更多拉美国家支持中国在国家核心利益问题上的立场，仍是中国外交的重要方面。

中国是世界最大的发展中国家，拉美是发展中国家的密集板块，双方在全球发展、全球治理乃至国际秩序改革完善等问题上有着广阔的合作空间。虽然很多拉美国家与美欧都有着程度不同的历史和现实联系，也难以完全脱离与美欧的合作关系，但拉美国家也一直有着追求更加自立自强的强烈愿望，有着打破"以西方为中心"传统政治经济格局的强烈呼声。中拉合作的重要诉求，就在于以发展中国家的身份为出发点，以共同发展为着眼点，推动构建以相互尊重、公平正义、合作共赢为基础的新型国际关系，推动国际秩序更加公平公正的发展。以奥利弗·施廷克尔为代表的拉美学者认为，中国的崛起正在使全球力量平衡发生转变，对全球秩序产生了广泛和系统性影响。中国和其他新兴国家，日益抛开狭隘的西方中心主义，通过改革现有秩序或者建立"平行秩序"，正在重塑全球秩序，这增强了新兴国家的自主性。他由此断言，中国正在引领全球治理的新航向。[①]

第三节 当前中拉合作面临的困难与挑战

在世界大变局背景下，中拉合作既面临许多新的历史机遇，有着许

---

① ［巴西］奥利弗·施廷克尔：《中国之治终结西方时代》，宋伟译，中国友谊出版公司 2017 年版，第 76—125 页。

多新的合作增长点，但也面临双边层面的制约因素，以及域外大国的政治干扰。

一 中拉互信仍存不足

中拉双方地理遥远、人文交流不便、相互了解不深，加之双方在政治制度、发展模式上存在差异，以及拉美传统上与美欧关系紧密等诸多原因，导致拉美各界对中国的历史和发展了解不多。在中拉合作不断取得新成绩、开创新局面之时，唱衰、抹黑与抨击之声也随之而来，其中不乏许多拉美学者对中拉合作的质疑。

有关中国的"新殖民主义""新帝国主义"论调在拉美也有回响。[①]巴西学者德西奥马查多（Decio Machado）认为，中国在拉美的商贸投资是一种"软性"的帝国主义行为，"中国的资本使拉美产生了一种新的依赖，一种经济上的新殖民主义，而非军事上的依赖，并造成了拉美再次去工业化的现象"。他同时否定了中拉合作的"互利共赢"，"如果进行定性分析，你会看到中国或拉丁美洲领导人关于双赢关系的说辞只是一种幻想。拉美正在产生一张新的地缘政治地图，在该地图中，中国—美国是首要的经济合作伙伴，也是该地区的帝国主义行为者，它们征服了农产品、资源和原材料，为其不断增长的经济提供动力。中国购买巴西和阿根廷的大豆、智利的铜和委内瑞拉的石油，销售自己廉价的制成品，这些制成品通常质量低下，并由中国和亚洲数百万的被剥削者生产。"[②]还有拉美学者认为与中国的贸易往来损害了当地就业。"对拉丁美洲来说，与中国的国际贸易是一把双刃剑。自新世纪以来，从中国进口的增加阻碍了国内工业的发展，因而阻碍了制造业领域的就业。中国的竞争对墨西哥制造业的打击尤其严重（2008 年——作者注）。中国已取代墨西

[①] Pierre Rousset, "China-Un Imperialismo en Construcción," Mas, https：//www.mas.org.ar/? p = 3347；"Imperialismo Chino en Latino America", Mercadeo, January 31, 2015, http：// www.mercadeo.com/blog/2015/01/8021/（2020 - 05 - 12）.

[②] Decio Machado, "El Imperialismo 'Blando' de China Conquista América Latina", *Diagonald Periodico*, March 5, 2014, https：//www.diagonalperiodico.net/global/22639 - imperialismo - blando - china - conquista - america - latina.html（2020 - 06 - 03）.

哥成为美国的主要贸易伙伴表明,墨西哥和中国在美国服装和纺织品市场的竞争造成了墨西哥重大的就业损失。"[1]

上述观点缺乏对中拉经贸关系的充分调查,是对中拉合作的严重误解和误读,也充满着对中国的偏见。拉美制造业的出路,在于不断提高产业多元化,不断提高农矿产品的附加值。在此方面,中拉产能合作恰恰是拉美制造业升级转型的重要助力。当前中拉"一带一路"合作的重要方面,就在于通过更加多元化的投资,着眼帮助拉美重塑制造业,整体性提升拉美的产业发展水平。大西洋委员会和经济合作与发展组织(OECD)曾于2015年联合发布报告,详细分析了中国FDI在拉丁美洲的新趋势与全球影响。报告指出,2003年至2005年中国企业在拉美投资超过1100亿美元。早年间,中国企业在拉美的投资主要集中在采掘业,现在,超过一半的投资集中在服务领域,特别是交通、金融、电力、信息和通信技术(ICT)和替代能源。报告同时指出,如果当前的趋势能够持续下去,中拉伙伴关系将会成为就业增长和更广泛经济发展的引擎。[2] 该机构在2017年发布的另一份报告认为,自2003年以来,中国企业在拉美地区投资了300多笔绿地交易,价值460亿美元,创造了大约11.1万个就业机会。报告还详细介绍了中国企业在墨西哥的投资情况,中国在墨西哥的绿地投资超过50亿美元,为墨西哥创造了2万多个就业岗位,主要集中在制造业和服务业,"不仅使那些拥有新工作的人受益,而且使该区域一些国家的整体经济状况受益"[3]。可以看到,关于中拉合作的质疑声和批评声之中,多数是对事实的歪曲解读,这些声音有碍于双方增进互信,对中拉关系良性持久发展产生了不利影响。

二 拉美民粹浪潮的影响

拉美政治多陷于左右之争,社会动荡频仍,成为制约拉美发展的重

---

[1] Gaston Fornes and Alvaro Mendez, *The China-Latin America Axis: Emerging Markets and their Role in an Increasingly Globalised World*, Springer Nature, 2018, Second Edition, pp. 190-194.

[2] Enrique Dussel Peters, "China's Evolving Role in Latin America, Can It Be a Win-Win?", *Atlantic Council's Adrienne Arshtlatin America Center*, September 2015, p. 10.

[3] Rolando Avendano, Angel Melguizo and Sean Miner, "Chinese FDI in Latin America: New Trends with Global Implications", *Atlantic Council's Adrienne Arshtlatin America Center*, June 2017, pp. 6-9.

要因素，也是影响中拉合作的一个隐忧。其中，民粹主义泛滥及其衍生的社会和政治问题已成为拉美地区的沉疴宿疾。

民粹主义并非拉美国家所独有，但在民族国家的发展进程中，拉美民粹主义有其内在特殊性。其一，民粹主义长期流行。早在 20 世纪 20 年代，随着阿根廷民粹领导人伊里戈廷上台执政，拉美民粹主义就开启了序幕。此后近一百年里，民粹势力在拉美各国此消彼长、绵延不绝。智利学者塞巴斯蒂安·爱德华兹以长历史视角分析拉美长期衰退时，得出了"民粹主义的恶性循环是首要原因"这一重要结论。[1] 其二，民粹政府频繁上台。与当前欧美民粹主义"黑天鹅"性质有所不同，利用民粹主义获取政治权力已成为拉美国家政客赢得选举的基本路线。在拉美不同国家或者一个国家的不同时期，民粹主义政治家所需迎合的"民众诉求"也不完全相同，自然民粹主义政策也不完全一致，但无论秉持何种政策理念，政治家都在不同程度上遵循民粹主义的逻辑，即通过偏激的政治口号或许诺最大程度迎合民众的利益诉求，最大程度激发民众的政治热情和政治参与，以达到攫取权力和影响力的目的。当前拉美最大两个国家巴西和墨西哥，都是民粹主义领导人执政。墨西哥总统奥布拉多在政治上属于左翼，巴西总统博尔索纳罗在政治上属于右翼，但二者都主张激进变革，前者主张救助穷人，声称严厉打击腐败，后者则强调小政府和私有化，要求对既有的养老金制度进行大刀阔斧的改革。

拉美政治极化和民粹化由来已久，其根源在于拉美特殊的政治结构、经济结构、社会结构以及独特的历史文化传统，也与该地区经济危机的频繁发生不无关系。[2] 仅以经济发展为例，拉美地区外向型的经济脆弱性使其极易遭受经济危机影响，经济衰退时，民生问题突出，民粹主义政

---

[1] ［智利］塞巴斯蒂安·爱德华兹：《掉队的拉美：民粹主义的致命诱惑》，郭金兴译，中信出版社 2019 年版，第 23—50 页。
[2] ［阿根廷］古斯塔沃·桑蒂连：《拉美的"民粹主义"：争议、特征及比较研究的局限》，《拉丁美洲研究》2018 年第 1 期，第 116—132 页；张芯瑜：《政治学中拉美民粹主义概念辨析及界定》，《拉丁美洲研究》2019 年第 3 期，第 117—133 页；林红：《论现代化进程中的拉美民粹主义》，《学术论坛》2007 年第 1 期，第 51—55 页；赵聚军：《利民粹主义的生成逻辑及其政策实践——基于拉美地区和泰国的经验》，《政治学研究》2015 年第 6 期，第 59—75 页。

府迎合民众改革呼声，成为其上台执政的资本。"民众知道的是他们曾被允诺可以实现稳定、增长和繁荣，然而……许多人失去了工作，拥有更高生活水平的梦想也破灭了，这一灾难性的现实使民粹主义领袖和夸夸其谈的政客在 21 世纪前十年得到民众越来越多的支持。"[①] 21 世纪初以委内瑞拉"查韦斯主义"为代表的"粉红浪潮"得以席卷拉美，正是由于 20 世纪 80—90 年代拉美"新自由主义"的改革失败，造成社会财富分配差距过大和不平等问题凸显。此后，委内瑞拉、玻利维亚、厄瓜多尔等拉美国家民粹主义政党和领袖以"国家干预"理念成功上台执政。

拉美地区民粹主义的盛行造成了极大的社会影响，加剧了拉美地区的社会撕裂，同时，也对中拉合作的长期存续构成了隐患。

首先，"逢选必乱"的现象已成为拉美社会的一大痼疾，带来政府政策缺乏连贯性和一致性。每逢选举之际，不同政党间的政治力量博弈，极易引发政党格局的大调整、社会的大动荡乃至社会冲突。自 2017 年智利选举开始，拉美开启了新一轮的"超级选举周期"。此后，从阿根廷、巴西到海地、洪都拉斯，多国相继爆发抗议运动；"粉红浪潮"也在新一轮选举周期中黯然退潮，玻利维亚前总统莫拉莱斯在 2019 年辞职后逃难墨西哥，马杜罗政府几近破产、委内瑞拉政变等问题，至今仍未得到妥善处理。政权的非理性更迭极容易导致政府政策的不连贯，特别是左右翼政府政策倾向的明显不同，势必加深外国投资者对拉美投资环境的担忧。同时，国家内部的分裂也为外部势力的介入和干预提供了可乘之机。例如委内瑞拉问题的不断发酵，与美、俄等外部势力的操作不无关联。美国等西方国家推波助澜，进一步加剧拉美国家的分歧，严重危及地区一体化进程，不利于拉美的团结稳定。

其次，拉美民粹主义容易催生保护主义政策，进而危及外来投资者的利益。一些民粹主义政权为了取悦民众，或者兑现选举承诺，对外推行贸易保护主义，对内实施严格管制，将公共部门或战略资源收归国有，给外来投资带来严重的不确定性因素。对国家经济活动的过度行政干预，

[①] ［智利］塞巴斯蒂安·爱德华兹：《掉队的拉美：民粹主义的致命诱惑》，郭金兴译，中信出版社 2019 年版，第 19 页。

以及由于行政权力缺乏有效监管进而带来严重的政治腐败、司法不独立、政策不透明等现象，严重侵蚀着拉美的投融资环境。从世界经济论坛发布的全球竞争力指数相关指标来看，拉美国家的产权保护、政府效率和国家安全状况都低于全球平均水平，政府的腐败和"不正当影响"（undue influence）则高于全球平均水平。① 从现实案例来看，2014年11月墨西哥政府突然宣布取消由中国铁建联合体中标的墨西哥城至克雷塔罗高铁项目，给中方企业正常投资活动带来极大干扰。政治环境因素成为影响中拉合作的制度性原因。

三 来自美国的"域外干扰"

在中拉命运共同体构建过程中，美国的域外干扰始终是最突出的外部因素。② 美国一直把拉美视为其"后院"，把其他大国视为拉美的"外来者"。21世纪以来，美国对中拉合作的不断发展心存芥蒂，对中国在拉美地区影响力的不断上升保持高度警惕。特朗普政府执政后，伴随美国对华战略定位的显著调整，美国对中拉合作也从高度关注演变为直接干预。中拉合作面临的不确定性因素显著增加。

"门罗主义"重提被视为美国"重返"拉美的重要信号。③ 2018年美国国务卿蒂勒森访问拉美前夕发表演讲，公开赞扬了"门罗主义"："我认为，它在今天仍然适用，就像它被提出的那天一样。"同时他警告拉美防范中国的"帝国主义"野心，"中国的政策重点是获得来自巴西、委内瑞拉、阿根廷和秘鲁等国的大宗商品，但这些政策并没有给这些国家带来什么持久的好处。"④ 蒂勒森的讲话全盘否定了奥巴马政府对该地区的

---

① Klaus Schwab, "The Global Competitiveness Report 2019", *World Economic Forum*, pp. 11-22.
② 有学者认为，美国与拉美国家共处西半球，因而美国不是拉美的域外国家。
③ "重返"一词是国内外学者对近年来美国强化其拉美政策的表述。作者借用这一概念，并不意味着美国力量曾经离开过拉美，而只是意在强调近年来美国对拉美介入的显著加强。
④ Robbie Gramer, Keith Johnson, "Tillerson Praises Monroe Doctrine, Warns Latin America of 'Imperial' Chinese Ambitions", *Foreign Policy*, February 2, 2018, https：//foreignpolicy.com/2018/02/02/tillerson-praises-monroe-doctrine-warns-latin-america-off-imperial-chinese-ambitions-mexico-south-america-nafta-diplomacy-trump-trade-venezuela-maduro/ (2020-05-21).

政策立场,因为2013年时任国务卿约翰·克里(John Kerry)曾宣布门罗主义时代的结束。"门罗主义"是美国在美西战争后,为警告欧洲列强不得干预西半球事务的口号,也是美国正式将拉美纳入自身势力范围的重要标志。近两个世纪后,美国政要重提门罗主义,显然是在有意强化美国的西半球"霸权",挑拨中国与拉美国家的关系,迫使拉美国家选边站队,将中美间的竞争上升为地缘政治威胁和势力范围划分。

在上述背景下,美国频频干涉中拉合作。经济上,美国政府、媒体和智库一再炒作"中国威胁论"和"债务陷阱论",意图阻扰中国在拉美的经济活动。美国指称中国投资具有"腐蚀性",认为中国"通过投资和贸易成功控制拉美",指责中国对拉美的全方位介入给拉美带来诸多负面影响,例如高额贷款加深了拉美对华经济依赖,使部分国家背上了沉重的债务负担,借而告诫拉美国家警惕中国的经济行为。[①] 2018年,蓬佩奥访问巴拿马时,告诫巴拿马政府警惕中国国有企业在当地的"掠夺性经济活动","中国投资不会造福巴拿马人民,只会造福中国政府"[②]。在政治领域,美国借由台湾问题发力,意图对中国外交形成掣肘。自2017年后,随着巴拿马、多米尼加和萨尔瓦多三个中美洲和加勒比国家与台湾"断交"并与中国建交,美国政府便不断向这些国家施加压力。例如,白宫猛烈抨击萨尔瓦多塞伦政府"暗箱操作","萨尔瓦多政府对中国明显干涉一个西半球国家内政的接受态度引起美国的严重关切,并将导致我们重新评价与萨尔瓦多的关系。美国将继续反对中国破坏两岸关系稳定

[①] "China's Engagement with Latin America and the Caribbean", U. S. – China Economic and Security Review Commission, p. 25; John Hudson, "Pompeo says China trade activity often linked to its national security goals", *The Washington Post*, April 12, 2019, https://www.washingtonpost.com/world/national-security/pompeo-accuses-china-and-russia-of-abetting-corrupt-regimes-in-latinamerica/2019/04/12/c236fc58-5d69-11e9-9625-01d48d50ef75_story.html(2020-05-21); R. Evan Ellis, "It's time to think strategically about countering Chinese advances in Latin America", February 2, 2018, https://theglobalamericans.org/2018/02/time-think-strategically-countering-chinese-advances-latin-america/(2020-05-29).

[②] Edward Wong, "Mike Pompeo warns Panama against doing business with China", *The New York Times*, October 19, 2018, https://www.nytimes.com/2018/10/19/world/americas/mike-pompeo-panama-china.html?searchResultPosition=1(2020-06-02).

和对西半球的政治干预"①。美国兰德公司发布报告称,近年来中国采取手段在拉美地区孤立台湾,使台湾遭遇"雪崩式'断交'潮",美国应帮助台湾维护其所谓的"国际生存空间"、维持台湾在国际上的外交承认、扩大其国际组织的参与,以有效压制中国。②

　　美国强硬的外交攻势对这些国家造成了一定的压力,部分新近与中国建交的拉美国家对华态度也曾出现过微妙变化。萨尔瓦多右翼政府上台后,在部分议题上一度采取对华强硬姿态。2019年3月,新总统布克尔在美国保守智库传统基金会发表演讲时,公开指责中国"不遵守规则、干涉他国内政、制造债务陷阱",并希望重新审视对华关系。③ 巴拿马新总统科尔蒂索认为中美竞争态势使巴拿马政府面临一定压力,其上台后,已暂停原计划由中方参与的从巴拿马城到西部边境城市戴维的铁路项目。历史上,拉美国家也曾积极追求更大程度的自立自主,一些国家也曾与美国"若即若离",但始终"难舍难分",更无法"彻底决裂"。对此,我们要有清醒的认识。

　　事实上,中国十分理解美国在拉美地区的利益存在,无意于挑战或削弱美国在西半球的传统影响力。中拉合作没有任何地缘政治考虑,也不针对第三方,当然也不希望受到第三方的无理干涉。而且,中国还认为,大国在拉美绝非零和的竞争关系,各方与拉美合作完全可以并行不悖,甚至可以做到相互促进。中国政府在国际场合一再表示,愿意在尊重拉美国家意愿上同各方开展三边合作、多边合作,实现各方利益的双

---

① "Statement from the Press Secretary on El Salvador", *The White House*, August 23, 2018, https: //www. whitehouse. gov/briefings – statements/statement – press – secretary – el – salvador/ (2020 – 05 – 29).

② Scott W. Harold, Lyle J. Morris & Logan Ma, "Countering China's Efforts to Isolate Taiwan Diplomatically in Latin America and the Caribbean: The Role of Development Assistance and Disaster Relief", *Rand Corporation*, April 12, 2019, pp. 20 – 23.

③ Nelson Renteria, "Responding to El Salvador president – elect, China denies it meddles", *Reuters*, March 15, 2019, https: //www. reuters. com/article/us – el – salvador – diplomacy – china/responding – to – el – salvador – president – elect – china – denies – it – meddles – idUSKCN1QV3AI (2020 – 06 – 02).

赢、多赢和共赢。① 但美国无视中国合理的利益诉求，不断采取多种手段干扰甚至破坏中国同拉美国家发展伙伴关系，阻止中国在该地区多元化外交的努力。可以预见的是，随着中美战略竞争持续走高，中美在拉美地区的博弈态势也将随之加强。

第四节 对中拉合作的一些建议

思考中拉合作，既要着眼大势和长远，看到中拉互利合作广度和深度地不断推进，看到中拉命运共同体不断拓展提升的广阔前景，也要着眼当下和细节，携手拉美理性分析和合理解决当前中拉合作进程中面临的若干问题和挑战。中拉合作可以通过三条主线为牵引，推动构建中拉关系"五位一体"新格局。

一 以"一带一路"合作为主线，厚植中拉利益纽带

中拉命运共同体首先是利益共同体。以"农矿产品—制造品"为特色的传统贸易结构不符合拉美提升经济发展水平的期待，在一定程度上给中拉关系带来了"敏感性"和"脆弱性"。中拉双方应当抓住"一带一路"国际合作带来的巨大合作机遇，厚植中拉合作的利益纽带，以此构筑中拉合作的牢固基础。

其一，拉美国家大多存在基础设施发展相对滞后、投入资金严重不足的短板。为克服这一发展瓶颈，拉美国家可以借助中国在基础设施建设方面的资金、技术和装备优势，有效弥合拉美地区"基础设施鸿沟"，显著改善和提升经济社会发展条件。

其二，当前经济全球化正在经历深度调整，新一轮全球产业链价值链供应链重塑正在稳步推进。拉美国家可以着眼中拉产业对接，通过承接中国的劳动密集型和部分资本、技术密集型产业，提高拉美农矿产品

---

① 2019年7月25日，国务委员兼外交部长王毅在与巴西外长阿劳若共见记者时强调，中拉合作符合双方需要，既不针对第三方，也不受第三方影响。参见《王毅：中拉合作不针对第三方，不受第三方影响》，2019年7月26日，中国政府网，http://www.gov.cn/guowuyuan/2019-07/26/content_5415551.htm（2020-06-18）。

的加工和制造能力，建立更加完整的工业体系，从而助力拉美地区的"再工业化"。

其三，长期以来，拉美国家一直希望突破传统的"中心—外围"结构，提高拉美在世界产业链价值链中的位势。当前拉美面临的一个重大机遇，是有效抓住"一带一路"合作契机，通过"一带一路"更加紧密地连接中国市场、亚洲市场，进而实现亚洲—拉美两大板块的联动，在拉美—欧美市场之外形成一个新的经济循环。

其四，中拉"数字丝绸之路"建设恰逢其时，中拉双方需要携手创新数字合作市场，挖掘数字合作潜力，在数字经济和智能化等高科技领域深化合作。近年来，中国利用自身在数字产业的后发优势，与"一带一路"伙伴国家开展"数字化"合作，这是拉美国家实现数字化转型的重大机遇。特别是进入2020年以来，新冠肺炎疫情的全球性蔓延和多国封国封城举措带来了全球范围的"物理隔离"，倒逼国际数字贸易、数字会议和数字展会等数字产业的发展。2020年4月，中国贸促会发起主办了长达15天的中国—拉美（墨西哥）国际贸易数字展览会。这是迄今全球规模最大的在线贸易数字展，旨在通过大数据为企业提供在线洽谈机会和精准配对服务，助力企业应对疫情冲击，拓展国际经贸合作。展会上，墨西哥—中国商业科技协会主席阿玛宝拉·格里哈瓦尔认为，中国提出的数字化解决方案不仅有效，而且物美价廉。数字贸易已经成为全球贸易中最具活力的贸易形式，成为推动传统贸易转型升级的核心力量和未来发展方向。[①] 未来，在物联网、5G网络、自动驾驶和人工智能等新型基础设施领域，在人力资源培训、项目开发和数字经济规则制定等方面，中拉还有很大的合作空间。这不仅将帮助拉美国家把握住第四次科技革命的历史机遇，为其跨越式发展提供可能，还将提升发展中国家在全球数字经济治理中的地位，带动发展中国家深入参与数字经济国际规则的制定和修正，提升发展中国家在该领域的话语权和影响力。

---

① 周春雨、胡心媛：《数字贸易创新促中拉合作提速》，《中国贸易报》2020年4月16日。

二 以人文交流合作为主线，培育中拉互信与共识

互信与共识的培育是构建中拉命运共同体的重要保障。当前尤其迫切的，是扭转拉美方面对中拉合作的认知偏差，消除拉美社会对中国发展模式存在的误解误读，这是双方增进互信与认同的关键所在。

这有赖于中国开展更加细致的人文交流工作，尤其要通过长期的文化外交和公共外交，从浅层次的文化交流上升到深层次的文明交流互鉴，帮助拉美人民了解中华文明的精神和特质，了解中国人的思维方式和价值取向。中国需要从自身民族解放和国家独立的历史经历出发，向拉美讲述中拉之间相似的殖民记忆，引发拉美国家的共鸣，从而向其传达中国外交一贯珍视的相互平等和相互尊重等原则，以及中国一贯坚持的"己所不欲，勿施于人"的处事理念。中国还需要从发展中国家的共同身份出发，讲好南南合作故事，阐述建构中拉命运共同体的价值和世界意义，进而培育双方的共识与认同。此外，人文交流的顺利开展还需要中国深入了解拉美地区特有的文化环境和历史背景，以及拉美社会对外部力量进入该地区可能产生的反应，在此基础上不断完善中拉人文交流的内容和形式，不断提升中拉人文交流的成效与影响。

中拉人文交流的开展以及互信的培育，离不开双方在战略层面的相互对接。习近平上任以来已经四次出访拉美，拉美地区多国领导人也先后来华访问，中拉高层交往将中拉关系推进了深度发展的黄金时期。今后，中拉双方仍需进一步加强政策沟通，继续强化战略对接，把构建"中拉命运共同体"上升到双方国家发展的战略高度。鉴于拉美地区国家众多、国情差异明显，中国宜选择同中方战略互信牢固、合作基础深厚的国家予以重点发展关系，以此形成示范效应和支点效应，撬动地区其他国家对中拉合作的认同与期待。在涉及中国核心利益的台湾、南海等领土主权问题上，中国仍需加强同拉美国家、区域和此区域组织的政策协调，争取更多来自拉美国家的理解和支持。在拉美同外部大国合作问题上，中国也需要向拉美清晰传达自己的态度，即中国希望深化同拉美的全面互利合作，也希望获得更多来自拉美的支持和信任，但中国从不谋求特殊的地缘政治利益，从不干涉其他外部大国与拉美的合作关系，

从不要求拉美国家在外部大国之间选边站队。中国乐见国际社会重视拉美，欢迎各方在尊重拉美基础上就拉美发展开展更多双边、三边和多边合作，这是中国外交的一贯立场。

当前还须重视的工作是加强智库建设，为中拉政治、经济和文化交往提供智力支持。仅从中国方面讲，同中拉关系发展的复杂现实相比，中拉研究以及拉美研究的智库建设亟待加强。很长一段时间内，中国社会科学院拉美研究所作为国内唯一一家专门从事拉丁美洲的研究机构而存在。近几年，随着区域国别研究布局的开展，拉美研究中心在一些高校相继设立，拉美研究由此得到较快发展。加强对拉美的研究，还需要支持和鼓励国内智库、学者、NGO、民间团体、商会组织更多"走进"拉美，更多开展民间层面的对话和交流，通过"二轨"或"一轨半"外交真正推进中拉双方的相互了解和互信。

三 以全球治理合作为主线，筑牢中拉责任共担新格局

责任共担是中拉命运共同体的题中之意。当今世界面临严峻的和平赤字、发展赤字、治理赤字，且这些问题和挑战主要集中在发展中国家和地区。中拉同为发展中国家，双方携手解决彼此面临的发展和治理难题，本身就是对全球治理的重要贡献，同时双方还可以携手推进全球治理体系变革，为打造更加公平公正的世界秩序做出更多贡献。

在双边和区域层面，中拉可以加大在减贫、反腐、禁毒、反恐、社会治理等领域的经验交流和治理合作。仅以社会治理为例，虽然当前只有哥伦比亚存在传统意义的国内武装冲突，但绝大多数拉美国家的暴力水平居高不下，犯罪团伙和非国家武装组织横行，严重挑战公共安全。据斯德哥尔摩和平研究所发布的报告称，"这一地区20个国家中的17个，2018年谋杀率都是全球前列"[1]。由于政治极化和民粹主义盛行，大选常常引发政治骚乱，各种形式的政治集会、游行常常伴以暴力冲突。2018年4月，尼加拉瓜爆发反政府的抗议活动，安全部队和亲政府武装

---

[1] 斯德哥尔摩国际和平研究所：《SIPRI年鉴2019：军备、裁军和国际安全》（中文版），牛津大学出版社2019年版，第44页。

军事团体随即展开镇压，导致300—450人死亡，数千人受伤。① 中拉双方完全可以在社会治理领域加强合作，其形式，既可以是相关领域的治理经验交流，也可以是有针对性的人力资源开发合作，还可以是双方行政、司法、安全部门间的跨国合作。

中拉双边或区域合作的机制和平台，即包括中国—拉共体论坛框架下的各层次、各领域的合作，也包括中国与拉美其他区域、次区域组织的对话与协调。拉共体全称拉美和加勒比国家共同体，是南半球规模最大的地区合作组织，在深化拉美一体化进程、推进拉美团结和发展进程中发挥着重要的作用。中国—拉共体论坛已经建立了中拉农业部长论坛、科技创新论坛、企业家峰会、智库交流论坛、青年政治家论坛、基础设施合作论坛、民间友好论坛、政党论坛，通过论坛为牵引推动中拉塑造合作共识、制定合作议程。中国还搭建了同拉共体"四驾马车"的定期会晤和磋商机制，通过在联合国大会期间会晤或互访的方式，就共同关心的重大国际和地区问题保持对话与协调。② 中国也积极与拉美地区的其他区域或次区域组织保持了应有的联系，包括安第斯国家共同体、中美洲共同市场、南方共同市场，它们在各自地区或相关领域也有着特殊的影响力。拉美地区有着悠久的地区统一思想和地区一体化进程，其最早可以追溯到19世纪初期拉美独立运动领袖西蒙·玻利瓦尔的"美洲联盟"设想。在当前经济全球化进入滞缓和调整期、而地区一体化进程不断发展的大背景下，中国更是需要开展同拉美的区域和次区域组织的整体对话与合作，不仅可以整体性推进中拉合作事务，也可以助推拉美区域一体化进程，从而扩大中国在拉美发展进程中的作用。

在更大层面的全球领域，中拉可以携手推进全球治理体系的改革与完善。其形式，既可以是在诸如联合国、WTO、G20等重大国际组织团结合作，在全球减贫、人道主义援助、全球气候治理、全球公共卫生等议题上相互携手，共同维护发展中国家的应有权益，共同推动国际社会

---

① 斯德哥尔摩国际和平研究所：《SIPRI年鉴2019：军备、裁军和国际安全》（中文版），第44页。

② 拉共体"四驾马车"是拉共体轮值主席国、前任轮值主席国、候任轮值主席国以及加勒比共同体轮值主席国。

更多关注发展中国家的发展和治理问题；也可以是共同推动创制新的国际组织、机制和规则，比如中国携手巴西、印度、俄罗斯共同打造金砖组织，通过"金砖+"开展同其他发展中国家的对话与合作，充分发挥新兴经济体和发展中大国在南南合作中的引领作用。中拉在全球治理领域的合作，其目的，在于着眼维护发展中国家权益，着眼提升发展中国家的话语权和影响力；其性质，是南南合作在全球领域的展现，是南方国家共同推动全球治理体系创新和发展；其意义，早已超越中拉双边或区域层面，而具有更为广泛的世界意义。这正是中拉命运共同体之于中国、拉美和世界的意义。

总　结

一个有待继续研究的课题

本课题回答的核心问题是，新时代中国为何、如何深化与发展中国家的团结合作？也即是说，在中华民族伟大复兴和世界百年大变局相互激荡的大历史背景下，继续深化与发展中国家团结合作究竟具有何种重要的战略价值和世界意义，面临何种主要机遇和挑战，在此前提下，中国又如何不断创新和完善对发展中国家的外交理念与实践。

一　研究的议题与主要观点

新时代深化与发展中国家团结合作的背景与意义、机遇与挑战。课题认为，运筹中国与发展中国家团结合作，需要有全球纬度的大历史视野。需要把中国与发展中国家置于世界百年大变局这一宏大历史背景之中，认识到世界大变局的重要变量正在于包括中国在内的一批发展中国家出现群体性崛起的新态势，其突出特点在于南南合作的显著深化拓展及其世界影响力的不断提升。但也要看到，百年大变局关乎国际体系在利益、权力、规则和观念上的大变化大调整，其间也自然充满着矛盾、分歧和斗争，可能伴随着困难、反复与挫折，特别是要看到，全球疫情背景下大国竞争的显著升级和全球共识的显著势微给世界带来了更多的不确定性、不稳定性因素。在此背景下，发展中国家对于中国拓展发展机遇、筑牢外交依托、舒缓外部环境、提升国际影响，以及弘扬国际道义精神具有重要的战略意义。不断深化拓展的新时代南南合作，也为其他发展中国家追求发展和复兴提供了新选择和新路径，通过助推全球发展和治理问题的解决因而呈现出更加宏大的世界意义。

新时代中国的国家身份定位与大国责任。课题回应了"中国是否还是一个发展中国家"的问题。中国发展具有典型的复合性、多维性,在经济社会发展程度上仍然是一个发展中国家,但在总体国力和地位上又是一个世界大国。这种身份定位决定了中国外交追求具有双重纬度,既需要为中国发展和复兴拓展发展机遇、提供有力保障,又要承担应有的大国责任,为世界和平与发展贡献更大力量。作为一个"负责任的发展中大国",中国外交的重要进取方向,就是把广大发展中国家作为自身履行大国责任的重点区域,通过发展机遇的相互分享以推动发展中国家实现互利共赢和共同发展,通过向世界贡献中国方案和中国力量以全面助推全球发展和治理问题的解决,通过推动全球治理体系变革和完善以携手推动国际秩序更为公平公正的发展。中国通过不断增进的国际责任担当,不仅显著拓展了自身发展的国际空间、提升了自身国际影响力和话语权,也有力推动了发展中国家的和平与发展进程、国际秩序的合理变迁以及全人类共同福祉的增进。中国发展不仅造福自身,也正在惠及世界。

正确义利观是中国特色大国外交的重要价值观,是新时代中国对发展中国家外交理论创新的重要成果。其核心要义在于全面、辩证地阐述了"义"与"利"的关系,集中表达了中国外交义利兼顾、弘义融利的道义观和责任观,公道正义、平等相待的权力观和秩序观,互利共赢、共同发展的合作观与发展观。正确利益观集中展现了中国外交"天下大同"的世界追求、"自我约束"的内敛风格、"以义为先"的价值取向、"言必信、行必果"的实践作风。践行对发展中国家的正确义利观,需要稳步推进与发展中国家的"一带一路"国际合作,进一步完善对发展中国家的发展援助,深入推进南南治国理政经验交流,建设性参与发展中国家的和平与安全建设。

践行正确义利观,需要以共建"一带一路"筑牢与发展中国家的利益纽带。课题回应了外部世界对"一带一路"的质疑,指出"一带一路"不是中国的地缘战略工具,不是中国的"债务陷阱外交",也不是在既有国际秩序之外"另起炉灶"。在本质上,它是中国对外开放和对外合作的管总规划,是推动世界互利共赢共同发展的新平台,是携手推动构建人类命运共同体的新实践。可以讲，"一带一路"是21世纪实现各国互联互通的超级"互联网"，集中体现了和平、合作、互利、共赢的当代丝路精神。中国希望通过基础设施建设、产能合作和治国理政经验交流，全面助推发展中国家改善民生，提升"造血"能力，通过南南合作整体影响力提升发展中国家的国际地位，更好捍卫发展中国家应有权益。稳步推进"一带一路"国际合作，还需努力实现中国发展方位的东西平衡，平衡推进对外开放"请进来"与"走出去"，实现"硬联通"与"软联通"的齐头并进，理性认识"中国倡导""中国主导"和"中国参与"的辩证关系。

践行正确义利观，需要以更高质量的对外援助撬动发展中国家的发展与治理进程。中国对外援助遵循着南南合作的基本精神与原则，体现着中国的民族特色与国家使命，其历史演进始终与南南合作历史主题的阶段性嬗变相一致，始终与中国和发展中国家的复兴进程相契合。在理论特色上，中国对外援助以中国传统文化思想和无产阶级国际主义精神为思想渊源，以中华人民共和国重大外交理念和思想为理论基础，以国家利益和国际责任相统一为政策取向，以不干涉内政、不附加任何政治条件为最大特色，以"南南合作"而非"南北关系"为根本性质。就实践经验而言，始终尊重受援国的发展议程和自主选择，始终坚持对外援助的"发展"和"民生"导向，始终注重对外援助的务实、廉洁和高效，始终坚持平等相待和真诚友好的优良作风，始终坚持力所能及和重信守诺的优良传统。推动对外援助理论与实践的不断发展，还需思考如下几个问题：如何在坚持不附带任何政治条件基础上适度加大对受援国国家治理的关注，如何思考对外援助的政治效益与经济效益的辩证关系，如何推动成套项目的完善以提高援助项目的可持续发展能力，如何在继承发扬自身优势和特色基础上适度开展同发达国家在援助领域的相互交流与合作。

践行正确义利观，需要以治国理政经验交流打造南南知识与价值共同体。治国理政经验交流是中国与发展中国家在南南合作框架下的知识、经验和价值互学互鉴，是新时代南南合作深入发展的重要生长点和着力点。如何向国际社会讲好中国治国理政经验，如何推动治国理政经验交流的行稳致远，对新时代南南合作意义重大。课题从两个纬度界定了中国治国理政经验的本质，即从中国自身发展的角度看，中国治国理政经验是中国人追求独立、发展和富强的经验积累；从全球角度看，中国发展及其经验是亚非拉发展中国家追求发展和复兴的一种积极努力，是当今世界在解决全球发展和全球治理问题上的一种重要实践。中国治国理政经验的总结提炼需要平衡两个指向，既要呈现中国的创新因而彰显中国个性中国特色，又要能够进行世界表达因而能为世界所理解，推动世界读懂中国，进而通过经验交流互鉴助推世界减贫与发展进程以及发展中国家治理能力的提升。课题从国家现代化和民族构建的角度概括了中国治国理政经验的基本内涵，即自立精神、发展主义、有效政府、多元共识。中国治理模式呈现四个显著特点，即四个"State"：有为政府（Effective State）、回应型政府（Responsive State）、中性政府（Deinterested State）、共识型国家（Concensus State）。同时指出，治国理政经验交流需要坚持相互平等、互学互鉴、存异求同的原则。考虑到中国与其他发展中国家的国情差异甚大，因此尽量不去争辩意识形态的高下之分和政治制度的孰优孰劣，而应从一般意义上的国家构建的角度去探讨国家治理能力的提升，多从国家发展的角度去强调现代国家制度建设，多从人类文明共同繁荣的角度去培育共享的文化、观念和价值。

践行正确义利观，需要以建设性参与的姿态更加深入地参与发展中国家的和平与安全建设。近年来，中国对国际事务更加深入的参与，以及在全球事务中扮演更加积极的角色，让世界看到了中国不断增加的大国责任。这种大国责任，不仅只是中国经济增长带来的发展红利和机遇，也表现为中国对世界和平与安全事务的积极介入和参与，为国际安全治理提供来自中国的理念、方案和行动。在非洲，中国通过参与联合国维和行动、支持非盟集体安全机制建设等方式，逐步加大了对非洲和平与安全事务的建设性参与，在非洲安全治理进程中扮演了越来越积极的角色，发挥了越来越重要的作用。"建设性参与"的内涵有二：一是更加积极的"参与"，即中国要以更加积极的态度，更富创造性的手段和方式参与一些重大热点难点问题的解决；二是参与的"建设性"，即中国要始终尊重当事国的主权，始终尊重联合国和相关区域组织的立场和决议，始终保持不偏不倚和客观公正。世界正在见证，日益崛起的中国不只是全球发展的"推动者"和"贡献者"，也是世界和平的"维护者"和"建设者"。

课题还探讨了中非命运共同体和中拉命运共同体两个区域合作案例。推动构建人类命运共同体，愿景十分美好，但也需要分领域、分地区、分层次予以稳步推进。通过双边和区域层次的命运共同体建设，逐步上升到世界范围的互利共赢共同发展以及国际体系的更加公平公正，是最终构建人类命运共同体的可行路径之一。在中国与世界各主要地区的整体性关系中，中非关系是基础最为牢固、发展最为稳定、外交上最值得倚重的一组关系。中非命运共同体是习近平主席最早提出的区域命运共同体，中国的意愿很明确，正是希望通过中非共筑更加紧密的利益共同体、责任共同体和价值共同体，为推动构建人类命运共同体树立样板和典范。拉丁美洲和加勒比国家也是发展中国家的重要组成部分，是中国全面推进"一带一路"国际合作和深入参与全球治理进程的重要合作伙伴。中拉命运共同体面临许多新的发展契机，双方在发展合作中相互需求不断深化，治理经验互学互鉴稳步推进，政治与外交领域的相互支持也在不断加强。但同时也面临双方互信不足、拉美民粹主义带来不确定性，以及来自美国对中拉合作的"域外干扰"等问题。未来中拉合作的顺利开展，需要以共建"一带一路"合作为主线厚植中拉利益纽带，以人文交流合作为主线培育中拉互信与共识，以全球治理合作为主线筑牢中拉责任共担新格局。

二 有待继续探讨的问题

及时跟踪研判全球疫情背景下世界变局的演变趋向及其重大影响。突如其来的新冠肺炎带来了世界秩序的加速演变，给国际社会带来了更多的不确定性和不稳定性因素。世界如何变，我们怎么办？中国与发展中国家需要及时研判世界形势新变化新动向，据此分析此种变化对中国与发展中国家带来的机遇与挑战。诸如，许多发展中国家面临疫情防控和民生困难的双重压力，其发展和复兴进程在多大程度上会受到影响甚至出现中断？长期以来发展中国家总体实力日益接近发达国家的态势是否会发生重大逆转？如果发达国家借疫情之机显著推进产业链重塑，把事关国家安全和重大民生的基础性产业搬回国内，这将在多大程度上影响全球产业链价值链供应链的布局，多大程度上影响发展中国家的工业化产业化进程？疫情凸显全球面临的严峻治理赤字和信任赤字，发达国家全球投入意愿和能力的下降给全球治理带来严重负面影响，这将在多大程度上影响发展中国家的发展和治理进程？疫情没有开启大国合作的新时代，相反大国竞争显著加剧，全球战略博弈有增无减，在此背景下，中国与发展中国家关系将面临何种新变数？如何评估全球疫情背景下发展中国家对中国外交的战略意义？如何有效运筹发展中国家关系以实现全球战略平衡？这些都是新问题，且正在不断演变，需要我们予以及时分析和研判。

继续深入探讨有关中国的发展中国家身份定位问题。中国是一个"负责任的发展中大国"，也即是，中国在经济社会发展程度上是一个发展中国家，在整体实力和影响力上又是一个世界大国，在国际社会还承担了力所能及的国际责任。新的问题在于，随着中国经济继续发展，中国的人均GNI在未来五年左右可能跨越中等收入国家而进入高收入国家行列，届时更多的国家可能会把中国视为一个发达国家而非发展中国家，中国在诸如WTO等国际组织中的权利和义务关系也将面临更大的调整压力。中国在国家身份定位上将做出何种调适，既符合中国经济社会发展还不充分不均衡的现实，又能适度满足国际社会对中国快速发展的观感和期待？目前可能的应对之策，一是继续延续发展中国家的身份定位，同时在WTO等国际组织中主动放弃部分应该享有的"特殊与差别待遇"（SDT），主动承担更大的国际责任，以适度缓解自身身份定位与国际期待之间的紧张关系；二是就中国身份定位提出新的概括和主张，比如，携手其他新兴经济体推动国际社会对"发展中国家"概念进行更细化的分类，在发展中国家群体里专门分出"新兴国家"，以区别于一般发展中国家、最不发达国家，且承担超过一般发展中国家的国际责任。但是，在WTO框架下探讨建立一套新的有关发展中国家的分类方法，可能耗时太长且难有实质性结果，因为WTO框架下的身份定位往往与特定的权利和义务紧密关联，任何相关讨论都不只是纯粹的经济讨论，还是一场旷日持久的政治争议。究竟如何理解和界定中国的发展中国家身份，如何推动WTO在发展中国家身份上达成基本共识，还需要学术界进行更多深入探讨。

加大力度研究"一带一路"高质量发展问题。"一带一路"是一个新事物，还需要边推进边学习边完善。国内各地区、各部门、各领域如何有效对接"一带一路"国际合作，才能有效统筹利用国内国际两个市场、两种资源、两类规则？"一带一路"是否需要提升机制化水平，如果是，又需要打造什么样的制度化框架？如何不断创新对外投融资方式，更好推动中国企业"走出去"，在实现重大合作项目可持续发展进程中推动各方实现双赢、多赢和共赢？面对很多发展中国家投资环境不佳、国家风险高企的现实问题，如何有效保护中国不断增长的海外利益？特别重要的是，在全球疫情背景下，如何思考并谋划今后"一带一路"的整体布局和推进速度？亚非拉是"一带一路"国际合作的重点地区，发展中国家是共建"一带一路"的重要伙伴，实现"一带一路"高质量发展关乎中国与发展中国家的互利共赢和共同发展。

加快推进对发展中国家的区域和国别研究。深入推进与发展中国家的全面合作，精准制定对发展中国家的战略与政策，离不开对发展中国家洲情、国情、社情、民情的深入了解，离不开对发展中国家历史、文化、政治、经济、社会发展的深入研究。此种研究工作需要做到三个结合：一是既要有基础和理论研究，着眼知识的传承和累积，也要有战略与对策研究，着眼对外实践和当下应用需要；二是既要有地理范围较大的区域研究，着眼总体把握地区形势和特点，也要有扎实的国别研究，打造一批专门掌握当地语言且拥有良好人脉的专家队伍；三是既要有高校、智库、学术机构的积极参与，也要鼓励更多的社会力量参与相关研究工作，鼓励媒体、商界、青年、社会团体更多走向发展中国家，通过深度耕耘积累知识、积攒人脉、搭建平台、树立形象，打造中国与发展中国家全方位人文交流大格局。发展中国家研究是一个大课题，需要更多同人共同研究、携手合作，经年累月方能产生重大新成就。

参考文献

中文部分

习近平:《永远做可靠朋友和真诚伙伴——在坦桑尼亚尼雷尔国际会议中心的演讲》,《人民日报》2013年3月26日。

习近平:《为我国发展争取良好的周边环境 推动我国发展更多惠及周边国家》,《人民日报》2013年10月26日。

习近平:《努力构建携手共进的命运共同体——在中国—拉美和加勒比国家领导人会晤上的主旨讲话》,《人民日报》2014年7月19日。

习近平:《携手构建合作共赢新伙伴 同心打造人类命运共同体——在第七十届联合国大会一般性辩论时的讲话》,《人民日报》2015年9月29日。

习近平:《习近平出席推进"一带一路"建设工作座谈会并发表重要讲话》,《人民日报》2016年8月18日。

习近平:《携手建设更加美好的世界——在中国共产党与世界政党高层对话会上的主旨讲话》,《人民日报》2017年12月2日。

习近平:《开放共创繁荣 创新引领未来——在博鳌亚洲论坛2018年年会开幕式上的主旨演讲》,《人民日报》2018年4月11日。

习近平:《坚持以新时代中国特色社会主义外交思想为指导 努力开创中国特色大国外交新局面》,《人民日报》2018年6月24日。

习近平:《携手共命运 同心促发展——在2018年中非合作论坛北京峰会开幕式上的讲话》,《人民日报》2018年9月4日。

习近平:《齐心开创共建"一带一路"美好未来——第二届"一带一路"

国际合作高峰论坛开幕式上的主旨演讲》,《人民日报》2019 年 4 月 27 日。

《"习近平外交思想与新中国成立七十年党的对外工作理论创新研讨会"在京举行》,《人民日报》2019 年 10 月 26 日。

习近平:《开放合作 命运与共——在第二届中国国际进口博览会开幕式上的主旨演讲》,《人民日报》2019 年 11 月 6 日。

习近平:《携手抗疫 共克时艰》,《人民日报》2020 年 3 月 27 日。

《习近平在第 73 届世界卫生大会视频会议开幕式上致辞》,《人民日报》2020 年 5 月 19 日。

习近平:《团结抗疫 共克时艰——在中非团结抗疫特别峰会上的主旨讲话》,《人民日报》2020 年 6 月 18 日。

李克强:《开创中非合作更加美好的未来——在非盟会议中心的演讲》,《人民日报》2014 年 5 月 6 日。

[德] 白小川:《欧盟对中国非洲政策的回应——合作谋求可持续发展与共赢》,《世界经济与政策》2009 年第 4 期。

[加] 贝淡宁:《贤能政治》,吴万伟译,中信出版集团 2016 年版。

[赞比亚] 丹比萨·莫约:《援助的死亡》,王涛等译,世界知识出版社 2010 年版。

陈向阳:《"正确义利观"指引中国与发展中国家新合作》,《对外传播》2015 年第 5 期。

谌园庭:《中拉关系 70 年回顾与前瞻:从无足轻重到不可或缺》,《拉丁美洲研究》2019 年第 6 期。

崔守军:《中国和拉美关系转型的特征、动因与挑战》,《中国人民大学学报》2019 年第 3 期。

[美] 黛博拉·布罗蒂加姆:《龙的礼物——中国在非洲的真实故事》,沈晓雷等译,社会科学文献出版社 2012 年版。

[瑞典] 斯德哥尔摩国际和平研究所:《SIPRI 年鉴 2018:军备、裁军与国际安全》(中文版),牛津大学出版社 2018 年版。

[瑞典] 斯德哥尔摩国际和平研究所:《SIPRI 年鉴 2019:军备、裁军和国际安全》(中文版),牛津大学出版社 2019 年版。

[美] 弗朗西斯·福山：《国家构建：21 世纪的国家治理与世界秩序》，黄胜强、许铭原译，中国社会科学出版社 2007 年版。

[美] 弗朗西斯·福山：《政治秩序的起源：从前人类时代到法国大革命》，毛俊杰译，广西师范大学出版社 2014 年版。

孙德刚：《合而治之：论新时代中国的整体外交》，《世界经济与政治》2020 年第 4 期。

宫力、王红续主编：《新时期中国外交战略》，中央党校出版社 2014 年版。

宫力：《"三个世界划分"理论对当代中国的深远影响》，《中国社会科学》2012 年第 8 期。

[阿根廷] 古斯塔沃·桑蒂连：《拉美的"民粹主义"：争议、特征及比较研究的局限》，《拉丁美洲研究》2018 年第 1 期。

郭新宁、徐弃郁：《从历史走向未来——中国与发展中国家关系析论》，事实出版社 2007 年版。

国家统计局：《沧桑巨变七十载 民族复兴铸辉煌——新中国成立 70 周年经济社会发展成就系列报告之一》，2019 年 7 月 1 日。

国务院发展研究中心课题组：《未来 15 年国际经济格局变化和中国的战略选择》，《管理世界》2018 年第 12 期。

国务院新闻办公室：《新时代的中国与世界》，2019 年 9 月，（http://www.gov.cn/zhengce/2019-09/27/content_5433889.htm，2020-04-12）。

国务院新闻办公室：《中国的对外援助（2014）》，《人民日报》2014 年 7 月 11 日。

国务院新闻办公室：《中国与非洲经贸合作》，2010 年 12 月，中国政府网（http://www.gov.cn/zwgk/2010-12/23/content_1771638.htm，2020-07-06）。

国务院新闻办公室：《中国与非洲经贸合作》，《人民日报》2013 年 8 月 30 日。

国务院新闻办：《新时代的中国与世界》，《光明日报》2019 年 9 月 28 日。

国务院新闻办：《中国的对外援助（2014）》，《人民日报》2014 年 7 月 11 日。

国务院新闻办：《中国的对外援助》，《光明日报》2011 年 4 月 22 日。

贺大兴、姚洋：《社会平等、中性政府与中国经济增长》，《经济研究》2011 年第 1 期。

黄华：《亲历与见闻——黄华回忆录》，世界知识出版社 2007 年版。

江时学：《中国特色大国外交中的中国与拉美国家关系》，《国际论坛》2019 年第 2 期。

[加] 江忆恩：《中国参与国际体制的若干思考》，《世界经济与政治》1999 年第 7 期。

姜恒昆、罗建波：《达尔富尔问题的政治解决进程及对中国外交的启示》，《西亚非洲》2008 年第 3 期。

黎文涛：《非洲安全治理特点及对中非安全合作的思考》，载张宏明主编《非洲发展报告（2012—2013）：中国与非洲区域经济合作的机遇与路径》，社会科学文献出版社 2013 年版。

黎文涛、王磊：《非洲政治在碰撞与磨合中发展前行》，载《非洲发展报告（2017—2018）——非洲形势：新情况、新特点和新趋势》，社会科学文献出版社 2018 年版。

李安山：《论中非合作的原则与面临的困境》，《上海师范大学学报》（哲学社会科学版）2011 年第 6 期。

李安山：《论中非合作论坛的起源——兼论对中国非洲战略的思考》，《外交评论》2012 年第 3 期。

李安山：《论"中国崛起"语境中的中非关系》，《世界经济与政治》2006 年第 11 期。

李安山：《释"文明互鉴"》，《西北工业大学学报》（社会科学版）2019 年第 4 期。

李安山：《中国援外医疗队的历史、规模及其影响》，《外交评论》2009 年第 1 期。

李捷：《世界多极化趋势与毛泽东的三个世界理论划分》，《当代中国史研究》1997 年第 1 期。

[毛里塔尼亚] 古尔默·阿布杜罗：《非洲与中国：新殖民主义还是新型战略伙伴关系？》，马京鹏译，《国外理论动态》2012 年第 9 期。

林被甸、董经胜：《拉丁美洲史》，人民出版社 2010 年版。

林红：《论现代化进程中的拉美民粹主义》，《学术论坛》2007 年第 1 期。

林尚立：《中国政党制度与国家建设》，《毛泽东邓小平理论研究》2009 年第 9 期。

刘海方：《卢旺达的盖卡卡法庭》，《西亚非洲》2006 年第 3 期。

刘鸿武、林晨：《人文交流推动中非合作行稳致远》，《西亚非洲》2020 年第 2 期。

刘鸿武：《论中非关系三十年的经验累积与理论回应》，《西亚非洲》2008 年第 11 期。

刘鸿武：《中非关系 30 年：撬动中国与外部世界关系结构的支点》，《世界经济与政治》2008 年第 11 期。

刘青建：《坚持基本立足点　开拓外交新思路——关于中国与发展中国家关系的几点思考》，《教学与研究》2001 年第 7 期。

卢沙野：《关于中非新型战略伙伴关系的几点思考》，《新战略研究》2013 年第 1 期。

陆庭恩、何芳川、宁骚等主编：《非洲通史》（全三卷），华东师范大学出版社 1995 年版。

罗建波、姜恒昆：《达尔富尔危机的和解进程与中国国家形象塑造》，《外交评论》2008 年第 3 期。

罗建波：《如何认识 21 世纪上半叶非洲在中国外交战略中的重要地位》，《西亚非洲》2011 年第 2 期。

罗建波：《亚非复兴进程与世界地缘政治演变》，《西亚非洲》2009 年第 3 期。

罗建波：《亚非复兴视野下中国与发展中国家关系：历史变迁与世界意义》，《当代亚太》2009 年第 5 期。

罗建波：《在世界百年未有大变局中把握战略机遇期》，《科学社会主义》2019 年第 3 期。

罗建波：《正确义利观与中国对发展中国家外交》，《西亚非洲》2018 年第 5 期。

罗建波：《中国特色大国外交：新理念、新战略与新特色》，《西亚非洲》2017 年第 4 期。

罗建波：《中国与发展中国家的治国理政经验交流：历史、理论与世界意义》，《西亚非洲》2019 年第 4 期。

秦亚青：《正确义利观：新时期中国外交的理念创新与实践原则》，《求是》2014 年第 12 期。

阮忠泽：《深刻领会习近平外交思想的理论与实践意义》，《国际问题研究》2020 年第 1 期。

阮宗泽：《负责任的保护：建造一个更安全的世界》，《国际问题研究》2012 年第 3 期。

［美］塞缪尔·P. 亨廷顿：《变化社会中的政治秩序》，王冠华等译，生活·读书·新知三联书店 1989 年版。

［坦桑尼亚］梅威斯加·巴热古：《非洲—中国—欧盟关系：来自非洲的观点》，祝鸣译，《国际问题论坛》2008 年夏季号（总第 51 期）。

王绍光、胡鞍钢、周建明：《第二代改革战略：积极推进国家制度建设》，《战略与管理》2003 年第 2 期。

沈晓雷：《论中非合作论坛的起源、发展与贡献》，《太平洋学报》2020 年第 3 期。

［美］斯蒂芬·金泽：《千丘之国：卢旺达浴火重生及其织梦人》，延飞译，世界知识出版社 2014 年版。

［美］斯科特·斯特劳斯：《大战终结：撒哈拉以南非洲政治暴力变化的模式》，王学军译，《西亚非洲》2013 年第 6 期。

［美］斯塔夫里阿诺斯：《全球通史》，吴象婴等译，上海社会科学院出版社 1988 年版。

孙广相：《关于援外工作改革及若干问题的思考》，《外贸调研》1995 年第 25 期。

《孙广相谈援外体制改革》，《国际经济合作》1993 年第 5 期。

田春荣：《2017 年中国石油进口状况分析》，《国际石油经济》2018 年第 3 期。

《推动中南关系深入发展　建设中非新型战略伙伴关系典范》，《光明日报》2013年3月27日。

推进"一带一路"建设工作领导小组办公室：《共建"一带一路"倡议：进展、贡献与展望》，2019年4月22日，中国政府网（http://www.gov.cn/xinwen/2019-04/22/content_5385144.htm，2020-04-03）。

吴传华：《中非命运共同体：历史地位、典范作用与世界意义》，《西亚非洲》2020年第2期。

吴志成、吴宇：《习近平外交思想析论》，《世界经济与政治》2020年第2期。

［巴西］奥利弗·施廷克尔：《中国之治终结西方时代》，宋伟译，中国友谊出版公司2017年版。

谢文泽：《改革开放40年中拉关系的回归与思考》，载《拉丁美洲研究》2018年第1期。

谢益显主编：《中国外交史（中华人民共和国时期1949—1979）》，河南人民出版社1988年版。

新华社：《二十国集团领导人应对新冠肺炎特别峰会声明》，《人民日报》2020年3月27日。

《新形势下援外工作改革方针出台》，《国际经济合作》1995年第7期。

徐坚：《论和平共处五项原则的理论与实践》，《国际问题研究》2005年第1期。

徐伟忠：《中国参与非洲安全合作及其发展趋势》，《西亚非洲》2010年第5期。

杨光斌：《中国的政策过程追求的是一种共识民主》，《北京日报·理论周刊》2018年3月5日。

杨洁篪：《以习近平外交思想为指导　深入推进新时代对外工作》，《求是》2018年第15期。

杨洁勉：《中国特色大国外交和话语权的使命与挑战》，《国际问题研究》2016年第5期。

姚洋：《中国经济成就的根源与前景》，《文化纵横》2010年第4期。

[美] 伊曼纽尔·沃勒斯坦:《现代世界体系》(第一卷),罗荣渠等译,高等教育出版社1998年第1版。

王逸舟:《发展适应新时代要求的不干涉内政学说——以非洲为背景并以中非关系为案例的一种解说》,《国际安全研究》2013年第1期。

王毅:《坚持正确义利观 积极发挥负责任大国作用——深刻领会习近平同志关于外交工作的重要讲话精神》,《人民日报》2013年9月10日。

王毅:《进入新时代的中国外交:开启新航程 展现新气象》,《国际问题研究》2018年第1期。

王毅:《新时代跨越大洋的牵手——王毅外长在中拉论坛第二届部长级会议开幕式上的致辞》,2018年1月23日,新华网(http://www.xinhuanet.com/2018-01/23/c_1122303902.htm,2018-07-28)。

王毅:《中非合作引领国际对非合作》,2020年1月13日,中国政府网(http://www.gov.cn/guowuyuan/2020-01/13/content_5468541.htm,2020-07-02)。

《王毅:中拉合作不针对第三方,不受第三方影响》,2019年7月26日,中国政府网(http://www.gov.cn/guowuyuan/2019-07/26/content_5415551.htm,2020-06-18)

[英] 戴维·米勒著,《社会正义原则》,应奇译,江苏人民出版社2001年版。

[英] 赫德利·布尔著:《无政府社会——世界政治秩序研究》,张小明译,世界知识出版社2003年版。

[英] 杰弗里·巴勒克拉夫:《当代史导论》,张广勇等译,上海社会科学院出版社1996年版。

[英] 汤因比:《历史研究》,曹未风等译,上海人民出版社1997年版。

袁鹏:《新时代中国国际战略思想和外交布局》,《现代国际关系》2017年第11期。

[美] 约翰·罗尔斯著:《正义论》,何怀宏等译,中国社会科学出版社2009年版。

[美] 约翰·伊肯伯里:《大战胜利之后:制度、战略约束与战后秩序重建》,门洪华译,北京大学出版社2008年版。

《在第三届全国人民代表大会第一次会议上周恩来总理作政府工作报告》，《人民日报》1964年12月31日。

张春：《新时代中国与发展中国家关系的挑战与应对》，《太平洋学报》2018年第7期。

张春：《中国对发展中地区整体外交研究》，《国际展望》2018年第5期。

张凡：《中拉关系的问题领域及其阶段性特征——再议中国在拉美的软实力构建》，《拉丁美洲研究》2019年第3期。

张宏明：《多维视野中的非洲政治发展》，社会科学文献出版社1999年版。

张宏明：《如何辩证地看待中国在非洲的国际处境——兼论中国何以在大国在非洲新一轮竞争中赢得"战略主动"》，《西亚非洲》2014年第4期。

张慧玲：《当前拉美一体化进程新变化及对中拉关系的影响刍议》，《太平洋学报》2016年第10期。

张清敏：《理解中国特色大国外交》，《世界经济与政治》2018年第9期。

张象：《论中非关系的演变：历史意义、经验与教训》，《西亚非洲》2009年第5期。

张芯瑜：《政治学中拉美民粹主义概念辨析及界定》，《拉丁美洲研究》2019年第3期。

张永蓬：《国际发展合作与非洲——中国与西方援助非洲比较研究》，社会科学文献出版社2012年版。

张忠祥：《构建中非命运共同体与利益共同体：基础、挑战与路径》，《中国战略报告》2018年第1期。

赵聚军：《利民粹主义的生成逻辑及其政策实践——基于拉美地区和泰国的经验》，《政治学研究》2015年第6期。

《赵总理宣布中非经济技术合作四项原则即平等互利、讲求实效、形式多样、共同发展》，《人民日报》1983年1月15日。

郑瑞祥：《和平共处五项原则产生的历史背景与时代意义》，《当代亚太》2004年第6期。

［智利］塞巴斯蒂安·爱德华兹著：《掉队的拉美：民粹主义的致命诱

惑》，郭金兴译，中信出版社2019年版。

王中美：《发展中国家的分类争议及特殊与差别待遇的适用》，《国际经贸探索》2020年第6期。

《中非合作论坛北京峰会宣言》，《人民日报》2006年11月6日。

《中非合作论坛——北京行动计划（2019—2021年）》，2018年9月5日，商务部官网（http：//www.mofcom.gov.cn/article/i/dxfw/gzzd/201809/20180902783477.shtml，2020-06-23）。

《中国成为联合国两项预算第二大出资国》，2018年12月23日，新华社官网（http：//www.xinhuanet.com/world/2018-12/24/c_1123895921.htm，2020-06-22）。

《中国对非洲政策文件》，《经济日报》2015年12月5日。

《中国对非洲政策文件》，《人民日报》2006年1月13日。

《中国对拉美和加勒比政策文件》，《人民日报》2016年11月25日。

《中国海军第33批护航编队起航赴亚丁湾》，2019年8月29日，国防部网站（http：//www.mod.gov.cn/action/2019-08/29/content_4849233.htm，2020-06-22）。

《中国坚定奉行对非友好政策》，《人民日报·海外版》2013年3月29日。

《中国—拉共体第二届部长级会议圣地亚哥宣言》，2018年2月2日，中拉论坛官网（http：//www.chinacelacforum.org/chn/zywj/t1531606.htm，2020-06-14）。

中国商务部国际贸易经济合作研究院、联合国开发计划署驻华代表处：《中国"一带一路"境外经贸合作区助力可持续发展报告》，2019年4月。

《中国与非洲37国及非洲联盟签署共建"一带一路"谅解备忘录》，2018年9月8日，中国政府网（http：//www.gov.cn/xinwen/2018-09/08/content_5320263.htm，2020-06-29）。

中华人民共和国外交部、中共中央文献研究室编：《毛泽东外交文选》，中央文献出版社、世界知识出版社1994年版。

《中央外事工作会议在京举行》，《人民日报》2014年11月30日。

钟伟云：《当前非洲政党政治的阶段性特征及中非政党关系》，载张宏明主编《非洲发展报告（2014—2015）——中国在非洲的软实力：成效、问题与出路》，社会科学文献出版社 2015 年版。

钟伟云：《新世纪中非党际关系的回顾与展望》，载张宏明主编《非洲发展报告（2011—2012）——新世纪中非合作关系的回顾与展望》，社会科学文献出版社 2012 年版。

周春雨、胡心媛：《数字贸易创新促中拉合作提速》，《中国贸易报》2020 年 4 月 16 日。

《周恩来选集》下卷，人民出版社 1984 年版。

周南口述，吴志华整理：《回顾中国重返联合国》，《决策探索》2005 年第 12 期。

周鑫宇：《南非乌班图思想与新兴大国本土政治思想崛起》，《现代国际关系》2018 年第 2 期。

周玉渊：《中国在非洲债务问题的争论与真相》，《西亚非洲》2020 年第 1 期。

［美］兹比格纽·布热津斯基：《大棋局——美国的首要地位及其地缘战略》，中国国际问题研究所译，上海人民出版社 1998 年版。

外文部分

AFDB, *African Economic Outlook 2019*, African Developing Bank, 2019.

AFDB, *African Economic Outlook 2020: Developing African Workforce for the Future*, African Developing Bank, 2020.

African Union Commission, Agenda *2063*: The Africa We Want, Final Edition, Popular Version, January 2015.

Afrobarometer, *China's Growing Presence in Africa Wins Largely Positive Popular Reviews*, Dispatch No. 122, 24 October 2016.

Antunes, F. Adelio, Xjuu Ke, Janes D. Chris, et al. , *General Budget Support – has it Benefited the Health Sector*, World Health Report, Background Paper, No. 14, 2010.

"An Undifferentiated WTO: Self – declared Development Status Risks Institutional Irrelevance", *SOL' Comments*, 16 January, 2019, World Trade Organization.

Apuuli, Phillip Kasaija, *The Principle of 'African solutions to African Problems' under the spotlight: The African Union (AU) and the Libya Crisis*, Open Society Institute, Africa Governance Monitoring & Advocacy Project, 6 September, 2011.

Asia Africa Growth Corridor: Partnership for Sustainable and Innovative Development (A Vision Document), Ahmedabad, India, 22 – 26 May, 2017.

Avendano, Rolando, Melguizo Angel and Miner Sean, "Chinese FDI in Latin America: New Trends with Global Implications", *Atlantic Council's Adrienne Arshtlatin America Center*, June 2017.

Beeson, Mark, "Geoeconomics with Chinese Characteristics: The BRI and China's Evolving Grand Strategy", *Economics and Political Studies*, Volume 6, Issue 3, 2018.

Brautigam, Deborah, *The Dragon' Gift: The Real Story of China in Africa*, New York: Oxford University Press, 2009.

Brown, Kerry, "China's Foreign Policy Since 2012: A Question of Communication and Clarity", *China Quarterly of International Strategic Studies*, Vol. 03, No. 03, 2017.

Building a Better World: The Diplomacy of Ubuntu (Final Draft), White Paper on South Africa's Foreign Policy, Republic of South Africa, 13 May 2011.

Buruny, Matthieu, *China's Foreign Policy and External Relations*, European Parliament, July, 2016.

Chellaney, Brahma, "China's Debt – Trap Diplomacy", *Project Syndicate*, Jan. 23, 2017.

"China's Engagement with Latin America and the Caribbean", U. S. – China Economic and Security Review Commission.

"Clinton warns against 'new colonialism' in Africa", *Reuters*, Jun. 11, 2011.

Davidson, Daniel John, "How China's Expansionist Foreign Policy Threatens the Globe", April 12, 2016.

Deyassa, G. Kassaye, "To What Extent Does China's Aid in Africa Affect Traditional Donors?", *International Journal of Sociology and Social Policy*, Vol. 39, No. 5/6, 2019.

Eisenman, Joshua & Heginbotham Eric, *China Steps Out: Beijing's Major Power Engagement with the Development World*, Routledge, New York & London, 2018.

Ellis, Evan, "It's time to think strategically about countering Chinese advances in Latin America", February 2, 2018.

Feigenbaum, A. Evan, "Beijing's Billions", *Foreign Policy*, May 20, 2010.

Fornes, Gaston and Mendez Alvaro, *The China – Latin America Axis: Emerging Markets and their Role in an Increasingly Globalised World*, Springer Nature, 2018, Second Edition.

Foster, Vivien & Cecilia Briceño – Garmendia edited, *Africa's Infrastructure: A Time for Transformation*, The World Bank, 2010.

Freschi, Laura, "China in Africa: Myths and Reality", *Aid Watch*, February 9, 2010.

Gallagher, P. Kevin, *The China Triangle: Latin America's China Boom and the Fate of the Washington Consensus*, Oxford University Press, 2016.

Gallagher, P. Kevin, "Trump Builds Walls, Xi Builds Bridges in Lat – Am," *Financial Times*, November 16, 2016.

Ghoshal, Debalina, "China's Aggression in the South China Sea", Gatestone Institute, April 18, 2019, https://www.gatestoneinstitute.org/14068/china – aggression – south – china – sea.

Goldmann, Matthias, "Sierra Leone: African Solutions to African Problems?", in A. von Bogdandy and R. Wolfrum (eds.), *Max Planck Yearbook of United Nations Law*, Volume 9, 2005.

Gonzalez – Vicente, Ruben, "The Limits to China's Non – Interference Foreign Policy: Pro – State Interventionism and the Rescaling of Economic Governance", *Australian Journal of International Affairs*, Volume 69, Issue 2, March 2015.

Gramer, Robbie, Johnson Keith, "Tillerson Praises Monroe Doctrine, Warns Latin America of 'Imperial' Chinese Ambitions", *Foreign Policy*, February 2, 2018.

Harold, W. Scott, Morris J. Lyle & Ma Logan, "Countering China's Efforts to Isolate Taiwan Diplomatically in Latin America and the Caribbean: The Role of Development Assistance and Disaster Relief", *Rand Corporation*, April 12, 2019.

Huber, Rudolf, "The Perils of China's 'Debt-trap Diplomacy'", *the Economist*, Sep. 6, 2018.

Hudson, John, "Pompeo Says China Trade Activity Often Linked to its National Security Goals", *The Washington Post*, April 12, 2019.

IMF, "A Crisis Like No Other, An Uncertain Recovery", *World Economic Outlook Update*, June 2020.

IMF: Still Sluggish Global Growth, World Economic Outlook UPDATE, Washington DC, July 2019.

Johnson, Boris, "Beyond Brexit: A Global Britain", 2 December 2016.

Johnston, I. Alastair, "How New and Assertive Is China's New Assertiveness?", *International Security*, Volume 37, Issue 4, 2013.

Johnston, I. Alastair, "Is China a Status Quo Power?", *International Security*, Volume 27, Issue 4, 2003.

Jubilee Debt Campaign, *Africa's Growing Debt Crisis: Who is the Debt Owned to?*, October 2018.

Kambudzi, Mupoki Admore, "Africa and China's Non-Interference Policy: Towards Peace Enhancement in Africa", in Mulugeta Gebrehiwot Berhe & Liu Hongwu (eds), *China-Africa Relations: Governance, Peace and Security*, Ethiopia, 2013.

Kenyatta, Uhuru, "What We See When We Look East," *China Daily*, August 19, 2013.

King, Kenneth, *China' Aid and Soft Power in Africa: the Case of Education and Training*, Boydell & Brewer Ltd, 2013.

Kjollesdal, Kristian, "Foreign Aid Strategies: China Taking Over?", *Asian Social Science*, Vol. 6, No. 10, October 2010.

Klippe, Nathan Vander, "China Finally Getting Serious About Becoming a Good Global Citizen", *The Global and Mail*, Apr. 11, 2014.

Knight, John, China as a Developmental State, *The World Economy*, 2014, No. 10, Vol. 37.

Kratz, Agatha, Feng Allen, Wright Logan, "New Data on the 'Debt Trap' Question", *Rhodium Group*, April 29, 2019.

Kristian, Kjollesdal, "Foreign Aid Strategies: China Taking Over?", *Asian Social Science*, Vol. 6, No. 10, October 2010.

Lester, Simon & Zhu Huan, "The WTO still considers China a 'developing nation.' Here's the big problem with that", April 25, 2018.

Luo Jianbo & Zhang Xiaoming, "Multilateral Cooperation in Africa between China and Western Countries: from Differences to Consensus", *Review of International Studies*, Volume 37, 2011.

Machado, Decio, "El Imperialismo 'Blando' de China Conquista América Latina", *Diagonald Periodico*, March 5, 2014.

Manji, Firoze & Stephen Marks (eds.), *African perspectives on China in Africa*, Cape Town, Fahamu – Networks for Social Justice, 2007.

Matsiko, Haggai, "Is it time for a China – Africa Command?", *The dependent*, 16 November, 2014.

Mhandara, Lawrence & Ronald Chipaike, "Chinese Investment in Africa: Opportunities and Challenges for Peace and Security in Zimbabwe", in Mulugeta Gebrehiwot Berhe & Liu Hongwu eds, *China – Africa Relations: Governance, Peace and Security*, Ethiopia, 2013.

Monson, Jamie, *Africa's Freedom Railway: How a Chinese Development Project Changed Lives and Livelihoods in Tanzania*, Indiana University Press, Bloomington, 2011.

Monson, Jamie, "Defending the People's Railway in the era of Liberalization: TAZARA in Southern Tanzania", *Africa*, Vol 76, Issue 1, 2006.

Nee, Victor, Sonja Opper &Sonia M. L. Wong, "Developmental State and Corporate Governance in China", *Management and Organization Review*, Vol. 3, No. 1, March 2007.

Niambi, T. Nathanael, China in Africa: Debtbook Diplomacy, *The Open Journal of Political Science*, Volume 9, Issue 1, 2019.

Nieuwkerk, Van Anthoni, "South Africa and the African Peace and Security Architecture", *NOREF Report*, Norwegian Peacebuilding Resource Center, March 2014.

OECD, "Busan Partionship for Effective Development Cooperation", http://www.oecd.org/dac/effectiveness/Busan%20partnership.pdf.

OECD, "The Paris Declaration on Aid Effectiveness: Five Principles for Smart Aid", http://www.oecd.org/dac/effectiveness/45827300.pdf.

Oliver, Stuenkel, "China Consolida Protagonismo na Economia Mundial", Avaliam Analistas, June 6, 2017.

Opoku – Mensah, Paul, *China and the International Aid System: Challenges and Opportunities*, IDR Research Series Working Paper No. 141, Aalborg University, Denmark.

Oppenheimer, Andrés, "Trump's Negative Latin American Agenda Will Help China", *Miami Herald*, December 21, 2016.

Oreilly, Colin & Zhang Yi, "Post – Genocide Justice: The Gacaca Courts", *Development Policy Review*, Volume 36, Issue 5.

Parker, Sam & Chefitz Gabrielle, "Debtbook Diplomacy", Belfer Center for Science and International Affairs, Harvard Kennedy School, May 24, 2018.

Peters, Dussel Enrique, "China's Evolving Role in Latin America, Can It Be a Win – Win?", Atlantic Council's Adrienne Arshtlatin America Center, September 2015.

Pew Research Center, "In Global Popularity Contest, U. S. and China – not Russia – vie for first", https://www.pewresearch.org/fact – tank/2017/08/23/in – global – popularity – contest – u – s – and – china – not – russia – vie – for – first/.

"Price Tag for Sustainable Infrastructure Spending in Developing Countries is 4.5% of GDP", *World Bank Press Release*, Feb. 19, 2019.

Reisen, Helmut, *Is China Actually Helping Improve Debt Sustainability in Africa?*, G24 Policy Brief, No. 9.

"Remarks by Security Advisor Ambassador John R. Bolton on the Trump Administration's New Africa Strategy", December 13, 2018, Washington DC.

"Remarks – Secretary of State Rex Tillerson On U.S. – Africa Relations: A New Framework", March 2018, U.S. Department State.

Renteria, Nelson, "Responding to El Salvador president – elect, China denies it meddles", *Reuters*, March 15, 2019.

"Report on Countries that are Candidates for Millennium Challenge Compact Eligibility for Fiscal Year 2019 and Countries that would be Candidates but for Legal Prohibitions", https://www.mcc.gov/resources/doc/report–candidate–country–fy2019.

Robertson, Raymond, "Red is the New Green: The Rise of China's Influence in Latin America", *Latin American Research Review*, Volume 53, Issue 4, 2019.

Robson, Seth, "China's Aggressive Tactics Turning off Asian Neighbors", *Stars and Stripes*, June 25, 2013.

Ruta, Michele, Dappe H. Matias, et al., *Belt and Road Economics: opportunities and Risks of Transport Corridors*, World Bank Working Paper, Washington DC, June 18, 2019.

Schwab, Klaus, "The Global Competitiveness Report 2019", World Economic Forum.

"Singapore PM calls for end to US – China blame game", Mar 30, 2020.

Singh, Abhijit, "China's Strategic Ambitions Seen in the Hambantota Port in Sri Lanka", July 26, 2018.

Smith, M. Jeff, "China's Investments in Sri Lanka: Why Beijing's bonds come at a price", *Foreign Affairs*, May 23, 2016.

"Statement from the Press Secretary on El Salvador", *The White House*, August

23, 2018.

Stephanson, Anders, *Manifest Destiny: American Expansion and the Empire of Right*, New York: Hill & Wang, 1995.

Strange, Austin, Bradley Parks, Michael J. Tierney, Andreas Fuchs, Axel Dreher & Vijaya Ramachandran, "China's Development Finance to Africa: A Media – Based Approach to Data Collection", Center for Global Development, Working Paper 323, April 2013.

Strauss, C. Julia, "The Past in the Present: Historical and Rhetorical Lineages in China's Relations With Africa", *The China Quarterly*, Vol. 199.

Straziuso, Jason, "China Skirting African Corruption in Direct Aid", Associated Press, Feb. 9, 2012.

Tan – Mullins, May, Mohan Giles & Power Marcus, "Redefining 'Aid' in the China – Africa Context", *Development and Change*, Vol. 41, No. 5, 2010.

Taylor, Nicholas, "China As a Status Quo or Revisionist Power? Implications for Australia", *Security Challenge*, Vol. 3, No. 1, 2007.

The Department of Defense, *Indo – Pacific Strategy Report: Preparedness, Partnerships, and Promoting a Networked Region*, June 1, 2019, Washington DC.

The Department of Defense, *National Security Strategy of the United States of America*, December 2017, Washington DC.

The Department of Defense, *Nuclear Posture Review*, January 2018, Washington DC.

The Department of Defense, *Summary of the 2018 National Defense Strategy: Sharpening the American Military's Competitive Edge*, January 2018, Washington DC.

The Editors, "China's Debt – Trap Diplomacy", *National Review*, July 3, 2018.

Tull, M. Denis, "China's Engagement in Africa: Scope, Significance and Consequences", *The Journal of Modern African Studies*, Vol. 44, No. 3, 2006.

UNCTAD, *The Least Development Countries Report 2018*, New York & Geneva, 2018, https://unctad.org/en/PublicationsLibrary/ldcr2018_en.pdf.

UNDP, *Beyond Income, Beyond Averages, Beyond Today: Inequalities in Human Development in the 21st Century*, Human Development Report 2019, New York.

Webster, Timothy, "China's Human Rights Footprint in Africa", Faculty Publications, Paper 620.

Weiss, Linda, "Development States in Transition: Adapting, Dismantling, Innovating, not 'Normalizing'", *The Pacific Review*, 2000, Vol. 13, Issue 1.

Weston, Jonathan, Caitlin Campbell & Katherine Koleski, *China's Foreign Aid Assistance in Review: Implications for the United States*, U. S. – China Economic and Security Review Commission, Updated September 1, 2011.

Wong, Edward, "Mike Pompeo warns Panama against doing business with China", *The New York Times*, October 19, 2018.

Yahuda, Michael, "China's New Assertiveness in the South China Sea", *Journal of Contemporary China*, Volume 22, Issue 81.

Zoellick, Robert B., "Whither China: From Membership to Responsibility?" Remarks to National Committee on U. S. – China Relations, September 21, 2005.